この本の特長と使い方

✎問題回数ギガ増しドリル!

1年間で学習する内容が、この1冊でたっぷり学べます。

※音読みはカタカナ、訓読みはひらがなになっています。
※色になっている文字は送りがなです。
※（　）は、小学校で習わない読みです。

1枚ずつはがして
使うこともできます。

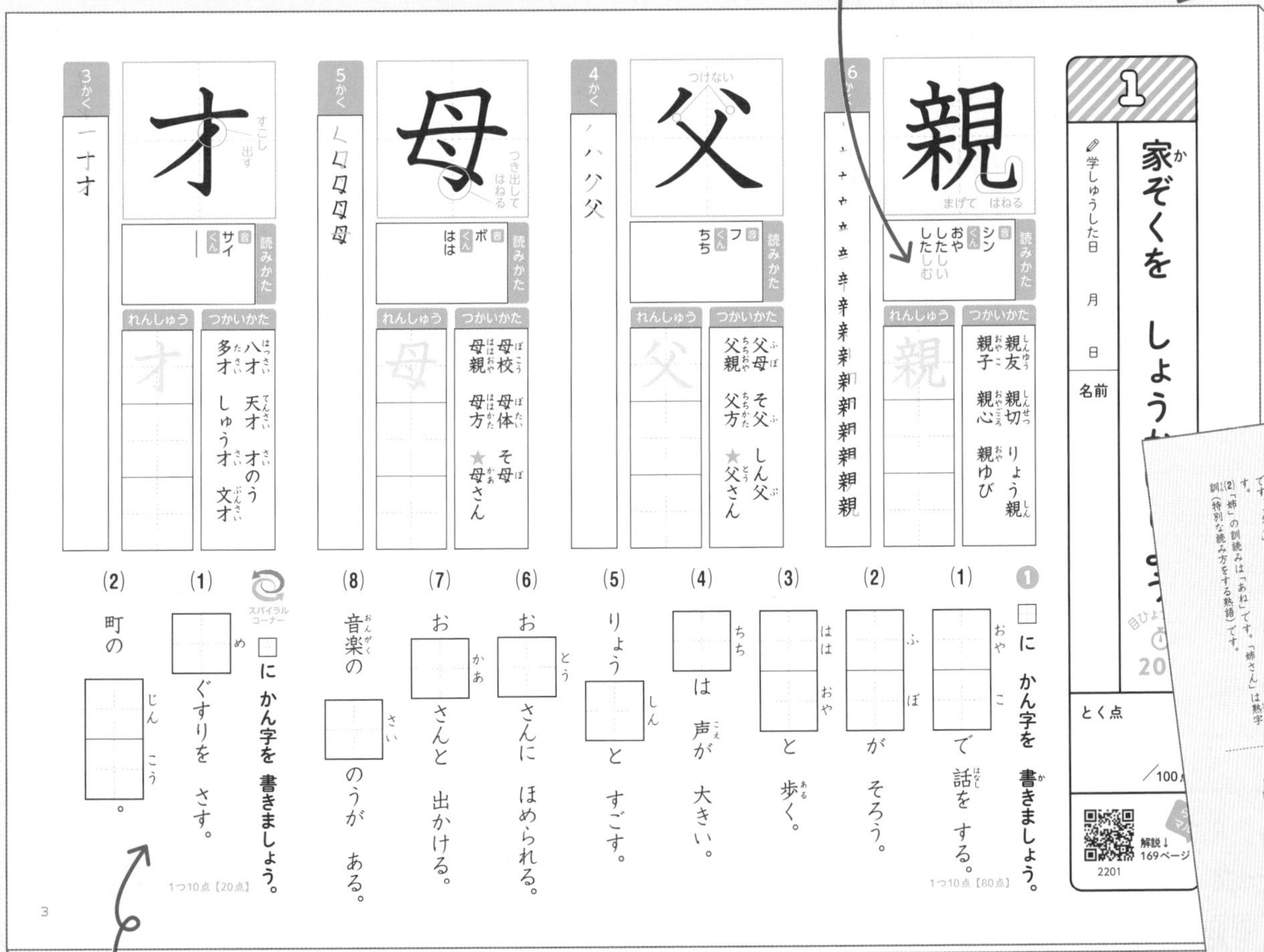

✎もう1回チャレンジできる!

裏面には、表面と同じ問題を掲載。
解きなおしや復習がしっかりできます。

裏面

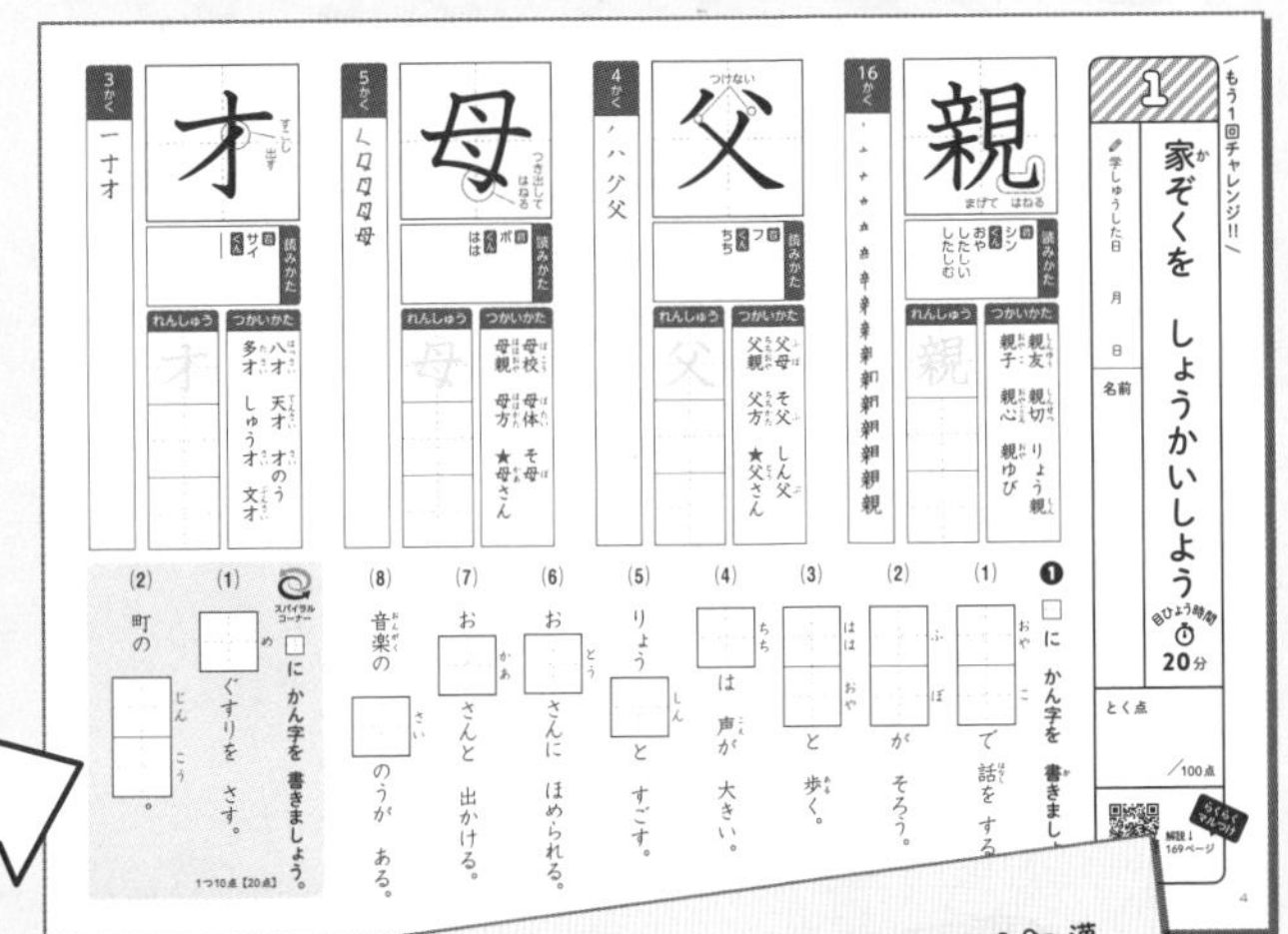

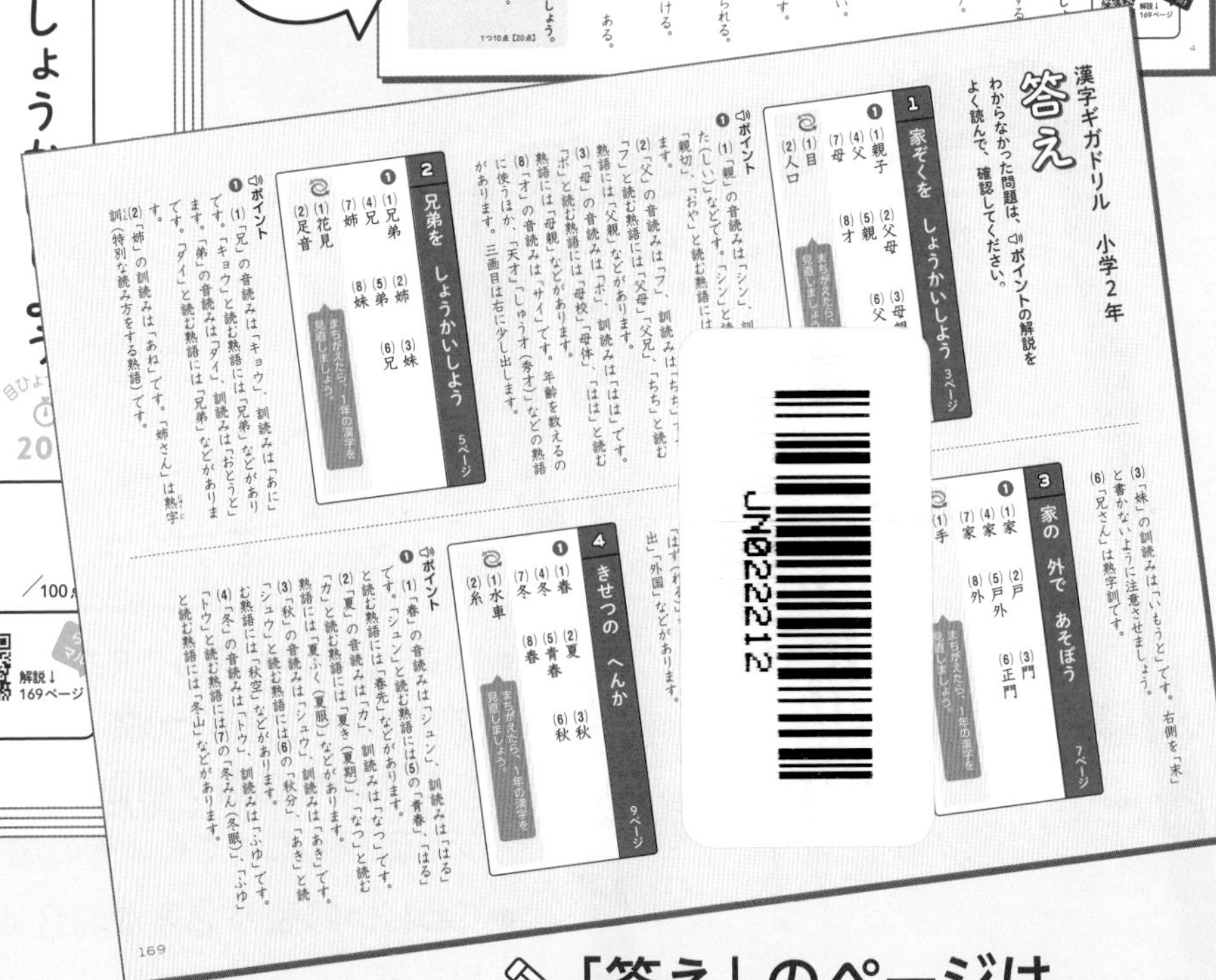

✎スパイラルコーナー!

何回か前に学習した内容が登場。
くり返し学習で定着させます。

※「使い方」の部分に★が付いている語は
特別な読みをするもの（熟字訓）です。

✎マルつけは スマホでサクッと!

その場でサクッと、赤字解答入り誌面が見られます。

くわしくはp.2へ

✎「答え」のページは ていねいな解説つき!

解き方がわかる🔈ポイントがついています。

スマホでサクッと!
らくらくマルつけシステム

「答え」のページを
見なくても!
その場でスピーディーに!

● 問題ページ右下のQRコードを、お手持ちのスマートフォンやタブレットで読みとってください。そのページの解答が印字された状態の誌面が画面上に表示されるので、「答え」のページを確認しなくても、その場ですばやくマルつけができます。

● くわしい解説が必要な場合は、「答え」のページの🔈ポイントをご確認ください。

●「らくらくマルつけシステム」は無料でご利用いただけますが、通信料金はお客様のご負担となります。●すべての機器での動作を保証するものではありません。●やむを得ずサービス内容に予告なく変更が生じる場合があります。●QRコードは㈱デンソーウェーブの登録商標です。

プラスαの学習効果で成績ぐんのび!

パズル問題で考える力を育みます。

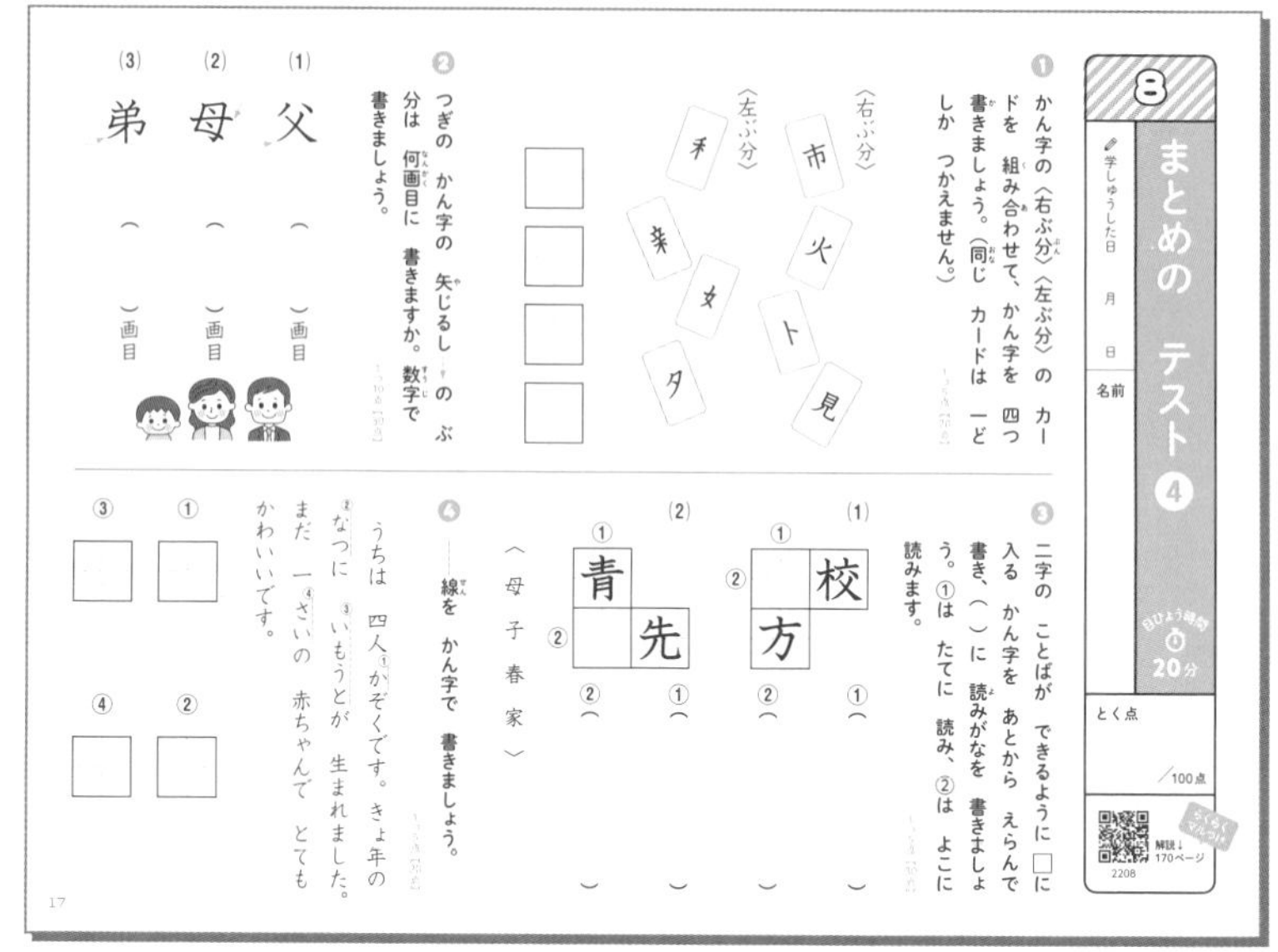

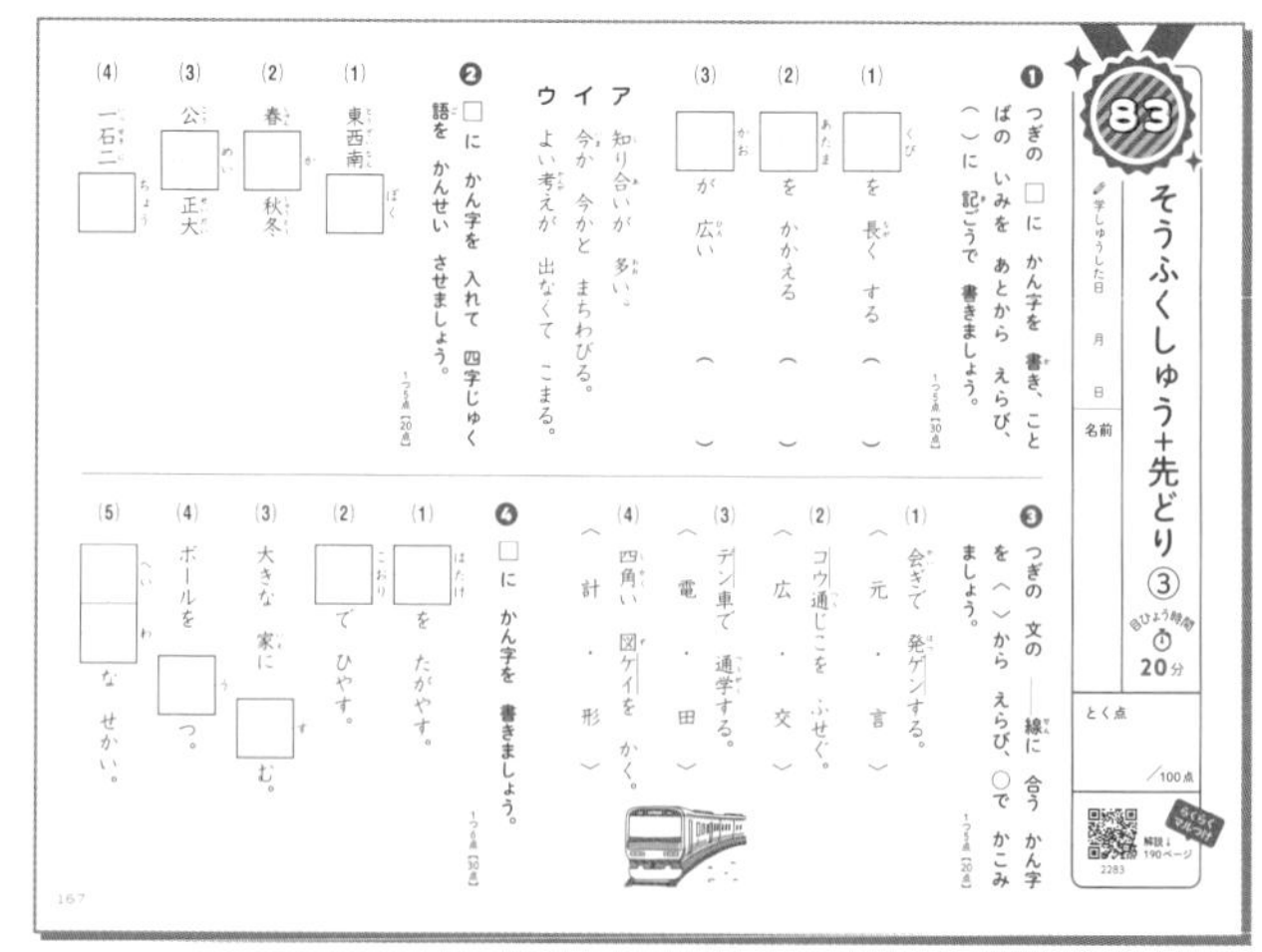

巻末のそうふくしゅう+先どり問題で、今より一歩先までがんばれます。

1 家(か)ぞくを しょうかいしよう

目ひょう時間 20分

学しゅうした日　月　日

名前

とく点　／100点

らくらくマルつけ　解説↓169ページ

2201

親（16かく）

まげて はねる

読みかた　音 シン　くん おや・した(しい)・した(しむ)

つかいかた：親友(しんゆう)　親切(しんせつ)　りょう親(しん)　親子(おやこ)　親心(おやごころ)　親(おや)ゆび

れんしゅう：親

父（4かく）

つけない

読みかた　音 フ　くん ちち

つかいかた：父母(ふぼ)　そ父(ふ)　しん父(ぷ)　父親(ちちおや)　父方(ちちかた)　★父(とう)さん

れんしゅう：父

母（5かく）

つき出して はねる

読みかた　音 ボ　くん はは

つかいかた：母校(ぼこう)　母体(ぼたい)　そ母(ぼ)　母親(ははおや)　母方(ははかた)　★母(かあ)さん

れんしゅう：母

才（3かく）

すこし出す

読みかた　音 サイ　くん —

つかいかた：八才(はっさい)　天才(てんさい)　才(さい)のう　文才(ぶんさい)　多才(たさい)　しゅう才(さい)

れんしゅう：才

1 □に かん字を 書(か)きましょう。

1つ10点【80点】

(1) □□(おやこ)で 話(はなし)を する。

(2) □□(ふぼ)が そろう。

(3) □□(ははおや)と 歩(ある)く。

(4) □□(ちち)は 声(こえ)が 大きい。

(5) りょう□(しん)と すごす。

(6) お□(とう)さんに ほめられる。

(7) お□(かあ)さんと 出かける。

(8) 音楽(おんがく)の □(さい)のうが ある。

スパイラルコーナー

□に かん字を 書きましょう。

1つ10点【20点】

(1) □(め)ぐすりを さす。

(2) 町の □□(じんこう)。

1 家(か)ぞくを しょうかいしよう

目ひょう時間 20分

学しゅうした日　月　日

名前

とく点　／100点

解説↓ 169ページ　らくらくマルつけ

2201

親 16かく

丶 亠 ⺊ 立 立 辛 辛 亲 亲 新 親 親 親 親 親 親

（まげて　はねる）

読みかた　音 シン　くん おや　したしい　したしむ

つかいかた
- 親友(しんゆう)
- 親子(おやこ)
- 親切(しんせつ)
- 親心(おやごころ)
- りょう親(しん)
- 親(おや)ゆび

れんしゅう

父 4かく

ノ ハ グ 父

（つけない）

読みかた　音 フ　くん ちち

つかいかた
- 父母(ふぼ)
- 父親(ちちおや)
- そ父(ふ)
- 父方(ちちかた)
- しん父(ぷ)
- ★父(とう)さん

れんしゅう

母 5かく

ㄥ 𠃋 囚 母 母

（つき出して　はねる）

読みかた　音 ボ　くん はは

つかいかた
- 母校(ぼこう)
- 母親(ははおや)
- 母体(ぼたい)
- 母方(ははかた)
- そ母(ぼ)
- ★母(かあ)さん

れんしゅう

才 3かく

一 ナ 才

（すこし出す）

読みかた　音 サイ　くん ―

つかいかた
- 八才(はっさい)
- 多才(たさい)
- 天才(てんさい)
- しゅう才(さい)
- 才(さい)のう
- 文才(ぶんさい)

れんしゅう

1 □に かん字を 書(か)きましょう。　1つ10点【80点】

(1) □□(おや こ)で 話(はなし)を する。

(2) □□(ふ ぼ)が そろう。

(3) □□(はは おや)と 歩(ある)く。

(4) □(ちち)は 声(こえ)が 大きい。

(5) りょう□(しん)と すごす。

(6) お□(とう)さんに ほめられる。

(7) お□(かあ)さんと 出かける。

(8) 音楽(おんがく)の □(さい)のうが ある。

スパイラルコーナー　□に かん字を 書きましょう。　1つ10点【20点】

(1) □(め)ぐすりを さす。

(2) 町の □□(じん こう)。

2 兄弟を しょうかいしよう

学しゅうした日　月　日

名前

目ひょう時間 20分

とく点　／100点

解説↓169ページ

2202

らくらくマルつけ

兄（5かく）

はねる　まげて

書きじゅん：丨 ㇐ 口 口 兄

読みかた：音（ケイ）キョウ　くん あに

つかいかた：父兄（ふけい）　長兄（ちょうけい）　兄弟（きょうだい）　★兄（にい）さん　兄（あに）

れんしゅう：兄

弟（7かく）

とめる

書きじゅん：丶 丷 丷 当 当 弟 弟

読みかた：音（テイ）ダイ（デ）　くん おとうと

つかいかた：子弟（してい）　門弟（もんてい）　兄弟（きょうだい）　弟子（でし）　弟（おとうと）　弟分（おとうとぶん）

れんしゅう：弟

姉（8かく）

やや　右上に　はらう

書きじゅん：く 女 女 女 女 姉 姉 姉

読みかた：音（シ）　くん あね

つかいかた：姉妹（しまい）　姉弟（してい）　長姉（ちょうし）　★姉（ねえ）さん　姉（あね）

れんしゅう：姉

妹（8かく）

とめる

書きじゅん：く 女 女 女 女 妹 妹 妹

読みかた：音（マイ）　くん いもうと

つかいかた：姉妹（しまい）　弟妹（ていまい）　妹（いもうと）　妹思（いもうとおも）い　妹分（いもうとぶん）

れんしゅう：妹

1 □に かん字を 書（か）きましょう。　1つ10点【80点】

(1) 二人（ふたり）は □□（きょうだい）だ。

(2) 中学生の □（あね）が いる。

(3) □（いもうと）と 本を 読（よ）む。

(4) □（あに）が 父（ちち）を 見る。

(5) □（おとうと）は いつも 元気（げんき）だ。

(6) お□（にい）さんは いますか。

(7) お□（ねえ）さんと あそぶ。

(8) □（いもうと）思（おも）いで ある。

スパイラルコーナー

□に かん字を 書きましょう。　1つ10点【20点】

(1) お□□（はなみ）を する。

(2) □□（あしおと）が 聞（き）こえる。

もう1回チャレンジ!!

2 兄弟(きょうだい)を しょうかいしよう

学しゅうした日　月　日

名前

目ひょう時間 20分

とく点 ／100点

解説↓ 169ページ

らくらくマルつけ

2202

兄 5かく

丨 ロ ロ 尸 兄

まげて はねる

読みかた
音 (ケイ) キョウ
くん あに

つかいかた
父兄(ふけい)　長兄(ちょうけい)　兄弟(きょうだい)
兄(あに)
★兄(にい)さん

れんしゅう

弟 7かく

丶 丷 䒑 当 弓 弟 弟

とめる

読みかた
音 (テイ) ダイ (デ)
くん おとうと

つかいかた
子弟(してい)　門弟(もんてい)　兄弟(きょうだい)
弟子(でし)　弟(おとうと)　弟分(おとうとぶん)

れんしゅう

姉 8かく

く 女 女 女' 女亠 女Ⅰ 姉 姉

やや 右上に はらう

読みかた
音 (シ)
くん あね

つかいかた
姉妹(しまい)　姉弟(してい)　長姉(ちょうし)
姉(あね)
★姉(ねえ)さん

れんしゅう

妹 8かく

く 女 女 女一 女二 女午 妹 妹

とめる

読みかた
音 (マイ)
くん いもうと

つかいかた
姉妹(しまい)　弟妹(ていまい)　妹(いもうと)
妹思(いもうとおも)い　妹分(いもうとぶん)

れんしゅう

1 □に かん字を 書(か)きましょう。 1つ10点【80点】

(1) 二人(ふたり)は [きょうだい] だ。

(2) 中学生の [あね] が いる。

(3) [いもうと] と 本を 読(よ)む。

(4) [あに] が 父(ちち)を 見る。

(5) [おとうと] は いつも 元気(げんき)だ。

(6) お[にい]さんは いますか。

(7) お[ねえ]さんと あそぶ。

(8) [いもうと] 思(おも)いで ある。

スパイラルコーナー

□に かん字を 書きましょう。 1つ10点【20点】

(1) お[はなみ]を する。

(2) [あしおと]が 聞(き)こえる。

3

家(いえ)の 外(そと)で あそぼう

学しゅうした日　月　日

名前

目ひょう時間 20分

とく点　／100点

解説↓ 169ページ

2203

らくらくマルつけ

家

10かく

丶 丶丶 宀 宀 宇 宇 家 家 家 家

まげて はねる

読みかた　音 カ ケ　くん いえ や

つかいかた　家(か)ぞく　家(か)てい　作家(さっか)　家来(けらい)　家元(いえもと)　空(あ)き家(や)

れんしゅう

戸

4かく

一 ヨ 戸 戸

まっすぐ よこに

読みかた　音 コ　くん と

つかいかた　戸外(こがい)　戸(こ)せき　戸数(こすう)　戸(と)だな　雨戸(あまど)　戸口(とぐち)

れんしゅう

門

8かく

丨 丨丨 丨「 門 門 門 門 門

とめる　はねる

読みかた　音 モン　くん (かど)

つかいかた　校門(こうもん)　正門(せいもん)　門番(もんばん)　名門(めいもん)　門戸(もんこ)　門(かど)まつ

れんしゅう

外

5かく

ノ ク タ 夕 外

とめる

読みかた　音 ガイ (ゲ)　くん そと ほか はずす はずれる

つかいかた　外国(がいこく)　外出(がいしゅつ)　外食(がいしょく)　外科(げか)　外(そと)ぼり　町外(まちはず)れ

れんしゅう

---

1 □に かん字を 書(か)きましょう。　1つ10点【80点】

(1) □(いえ)の 中から 出る。

(2) □(と)だなに しまう。

(3) □(もん)を しめる。

(4) □(か)ぞくで ドライブする。

(5) □□(こがい)で あそぶ。

(6) □□(せいもん)で まつ。

(7) おとなりは 空き□(や)だ。

(8) まどから □(そと)を 見る。

スパイラルコーナー

□に かん字を 書きましょう。　1つ10点【20点】

(1) マラソンの せん□(しゅ)。

(2) いすが 一つ □(た)りない。

もう1回チャレンジ!!

3 家の 外で あそぼう

学しゅうした日　月　日

名前

目ひょう時間 20分

とく点　／100点

解説↓ 169ページ

2203

らくらくマルつけ

家（10かく）

筆順：丶 丷 宀 宀 宁 宇 家 家 家 家

まげて はねる

読みかた　音 カ ケ　くん いえ や

つかいかた：家ぞく（かぞく）　家来（けらい）　家てい（かてい）　家元（いえもと）　作家（さっか）　空き家（あきや）

れんしゅう

戸（4かく）

筆順：一 ㇇ ヨ 戸

まっすぐ よこに

読みかた　音 コ　くん と

つかいかた：戸外（こがい）　戸だな（とだな）　戸せき（こせき）　雨戸（あまど）　戸数（こすう）　戸口（とぐち）

れんしゅう

門（8かく）

筆順：丨 ｢ 尸 尸 門 門 門 門

とめる　はねる

読みかた　音 モン　くん （かど）

つかいかた：校門（こうもん）　名門（めいもん）　正門（せいもん）　門戸（もんこ）　門番（もんばん）　門まつ（かどまつ）

れんしゅう

外（5かく）

筆順：ノ ク タ 夕 外

とめる

読みかた　音 ガイ （ゲ）　くん そと ほか はずす はずれる

つかいかた：外国（がいこく）　外科（げか）　外出（がいしゅつ）　外ぼり（そとぼり）　外食（がいしょく）　町外れ（まちはずれ）

れんしゅう

1 □に かん字を 書きましょう。　1つ10点【80点】

(1) □（いえ）の 中から 出る。

(2) □（と）だなに しまう。

(3) □（もん）を しめる。

(4) □（か）ぞくで ドライブする。

(5) □□（こがい）で あそぶ。

(6) □□（せいもん）で まつ。

(7) おとなりは 空き□（や）だ。

(8) まどから □（そと）を 見る。

スパイラルコーナー

□に かん字を 書きましょう。　1つ10点【20点】

(1) マラソンの せん□（しゅ）。

(2) いすが 一つ □（た）りない。

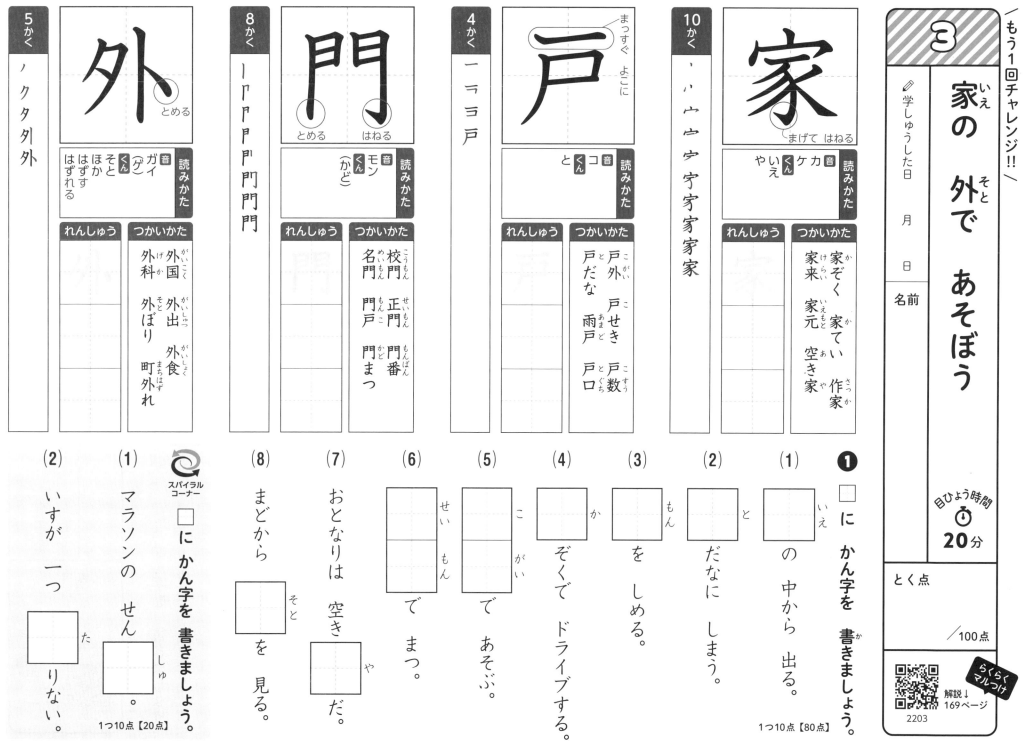

4

きせつの へんか

学しゅうした日　月　日

名前

目ひょう時間 20分

とく点　／100点

解説↓169ページ

らくらくマルつけ

2204

春 9かく

一 二 三 声 夫 夫 春 春 春

はらう

読みかた
音 シュン
くん はる

つかいかた
青春（せいしゅん）　新春（しんしゅん）　春分の日（しゅんぶんのひ）
立春（りっしゅん）　春一番（はるいちばん）　春先（はるさき）

れんしゅう

夏 10かく

一 丆 丌 百 百 百 百 頁 夏 夏

つける

読みかた
音 カ (ゲ)
くん なつ

つかいかた
しょ夏（か）　夏期（かき）　夏休み（なつやすみ）
夏まつり（なつまつり）　夏ふく（なつふく）　ま夏（まなつ）

れんしゅう

秋 9かく

ノ 二 千 千 禾 禾 和 秒 秋

とめる

読みかた
音 シュウ
くん あき

つかいかた
秋分の日（しゅうぶんのひ）　ばん秋（ばんしゅう）　秋空（あきぞら）
秋風（あきかぜ）　秋晴れ（あきばれ）　秋雨（あきさめ）

れんしゅう

冬 5かく

ノ ク 夂 冬 冬

むきに ちゅうい

読みかた
音 トウ
くん ふゆ

つかいかた
冬みん（とうみん）　立冬（りっとう）　春夏秋冬（しゅんかしゅうとう）
冬休み（ふゆやすみ）　冬山（ふゆやま）　冬毛（ふゆげ）

れんしゅう

1 □に かん字を 書き（か）ましょう。

(1) あたたかい □（はる）の 日。

(2) □（なつ）休みが 楽（たの）しみだ。

(3) すずしい □（あき）風（かぜ）が ふく。

(4) さむい □（ふゆ）が くる。

(5) □□（せいしゅん）の 思（おも）い出。

(6) □（しゅう）分（ぶん）の日は しゅく日だ。

(7) くまが □（とう）みんする。

(8) 新（しん）□（しゅん）の ごあいさつ。

1つ10点【80点】

スパイラルコーナー

□に かん字を 書きましょう。

(1) □□（すいしゃ）が まわる。

(2) 毛（け）□（いと）の セーター。

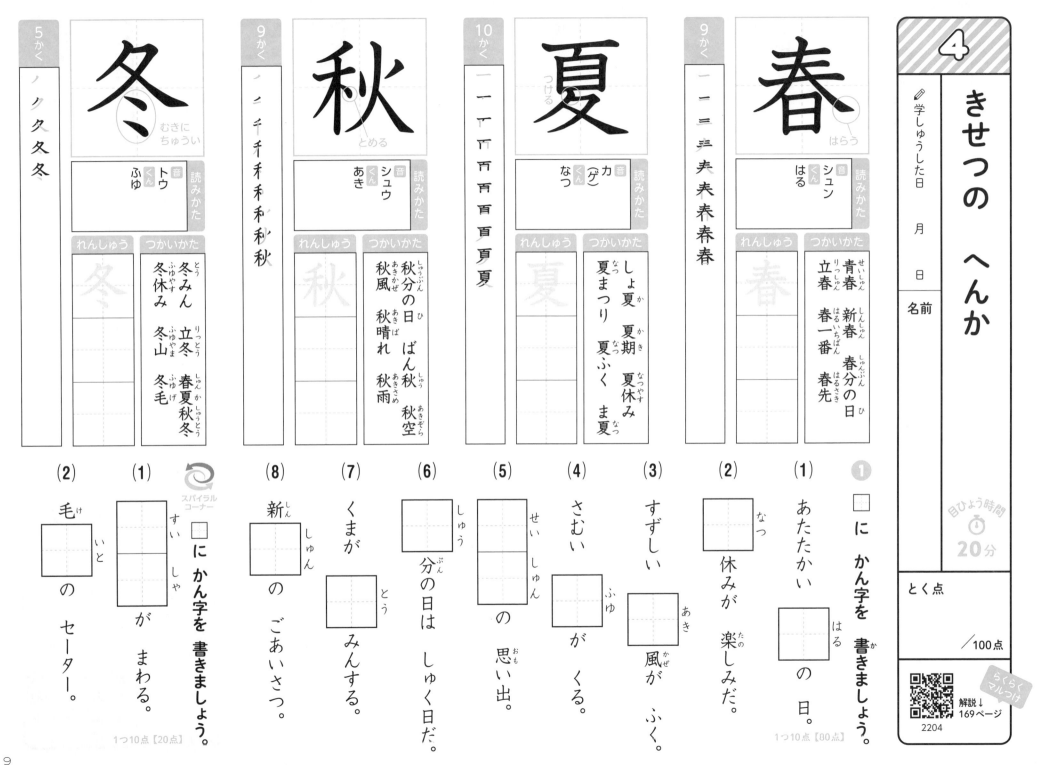

1つ10点【20点】

もう1回チャレンジ!!

4 きせつの へんか

学しゅうした日　月　日

名前

目ひょう時間 20分

とく点　／100点

解説↓ 169ページ

2204

らくらくマルつけ

春（9かく）

はらう

読みかた　音 シュン　くん はる

つかいかた　青春(せいしゅん)　立春(りっしゅん)　新春(しんしゅん)　春一番(はるいちばん)　春分(しゅんぶん)の日(ひ)　春先(はるさき)

れんしゅう

一 二 三 声 夫 表 春 春 春

夏（10かく）

つける

読みかた　音 カ（ゲ）　くん なつ

つかいかた　しょ夏(か)　夏(なつ)まつり　夏期(かき)　夏(なつ)ふく　夏休(なつやす)み　ま夏(なつ)

れんしゅう

一 丆 丆 百 百 百 頁 頁 夏 夏

秋（9かく）

とめる

読みかた　音 シュウ　くん あき

つかいかた　秋分(しゅうぶん)の日(ひ)　秋風(あきかぜ)　秋晴(あきば)れ　ばん秋(しゅう)　秋雨(あきさめ)　秋空(あきぞら)

れんしゅう

ノ 二 千 千 禾 禾 禾 秒 秋

冬（5かく）

むきに ちゅうい

読みかた　音 トウ　くん ふゆ

つかいかた　冬(とう)みん　冬休(ふゆやす)み　立冬(りっとう)　冬山(ふゆやま)　春夏秋冬(しゅんかしゅうとう)　冬毛(ふゆげ)

れんしゅう

ノ ク 夂 冬 冬

---

1 □に かん字を 書(か)きましょう。

(1) あたたかい □(はる) の 日。

(2) □(なつ) 休みが 楽(たの)しみだ。

(3) すずしい □(あき) 風(かぜ)が ふく。

(4) さむい □(ふゆ) が くる。

(5) □□(せいしゅん) の 思(おも)い出。

(6) □(しゅう) 分(ぶん)の日は しゅく日だ。

(7) くまが □(とう) みんする。

(8) 新(しん)□(しゅん) の ごあいさつ。

1つ10点【80点】

スパイラルコーナー □に かん字を 書きましょう。

(1) □□(すいしゃ) が まわる。

(2) 毛(け)□(いと) の セーター。

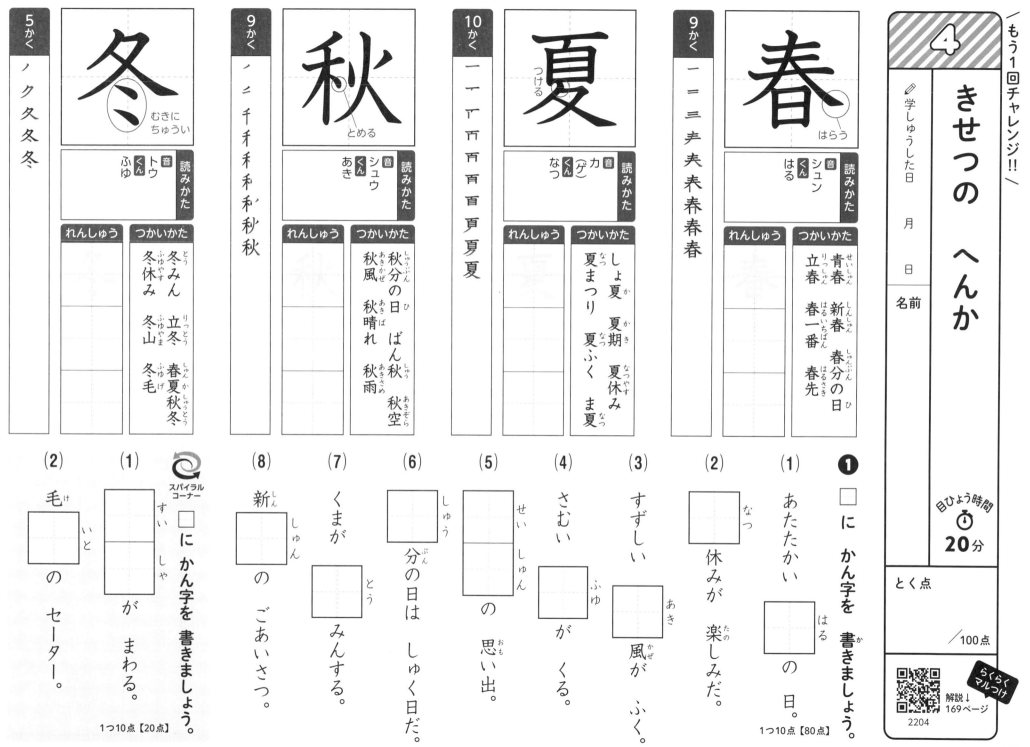

1つ10点【20点】

5 まとめの テスト 1

学しゅうした日　月　日

名前

目ひょう時間 20分

とく点　／100点

らくらくマルつけ

解説↓170ページ

2205

1 （　）に ―線(せん)の 読(よ)みがなを 書(か)きましょう。

(1) 人に 親切(せつ)に する。（　　）（　　）

(2) そ母に 会(あ)う。（　　）

(3) ぼくは 八才だ。（　　）（　　）

(4) よく にた 兄弟。（　　）

(5) 姉は しっかりものだ。（　　）

(6) お父さんと 買(か)いものに 行(い)く。（　　）

(7) 母校を たずねる。（　　）

(8) 父親に そうだんする。（　　）

(9) 友(とも)だちの お兄さん。（　　）

(10) お姉さんは やさしい。（　　）

(11) 妹の めんどうを 見る。（　　）

1つ5点【55点】

2 □に かん字を 書きましょう。

(1) ボタンが □(はず)れる。

(2) □(はる) 一番(いちばん)が ふく。

(3) □(なつ) まつりへ 行く。

(4) 二人(ふたり)の □(もん)番が 立つ。

(5) 日曜日(にちようび)に □□(がいしゅつ)する。

(6) あたたかい □(か)てい。

(7) □□(とぐち)に 立つ。

(8) スポーツの □(あき)。

(9) やがて □(ふゆ)が 来(く)る。

1つ5点【45点】

もう1回チャレンジ!!

5 まとめの テスト ①

学しゅうした日　　月　　日

名前

目ひょう時間 20分

とく点

／100点

らくらくマルつけ

解説↓ 170ページ

2205

❶ （　）に ——線(せん)の 読(よ)みがなを 書(か)きましょう。

(1) 人に 親切(せつ)に する。（　　）

(2) そ母に 会(あ)う。（　　）

(3) ぼくは 八才だ。（　　）

(4) よく にた 兄弟。（　　）

(5) 姉は しっかりものだ。（　　）

(6) お父さんと 買(か)いものに 行(い)く。（　　）

(7) 母校を たずねる。（　　）

(8) 父親に そうだんする。（　　）

(9) 友(とも)だちの お兄さん。（　　）

(10) お姉さんは やさしい。（　　）

(11) 妹の めんどうを 見る。（　　）

1つ5点【55点】

❷ □に かん字を 書きましょう。

(1) ボタンが □(はず)れる。

(2) □(はる) 一番(いちばん)が ふく。

(3) □(なつ) まつりへ 行く。

(4) 二人(ふたり)の □(もん)番が 立つ。

(5) 日曜日(にちようび)に □□(がいしゅつ)する。

(6) あたたかい □(か)てい。

(7) □□(とぐち)に 立つ。

(8) スポーツの □(あき)。

(9) やがて □(ふゆ)が 来(く)る。

1つ5点【45点】

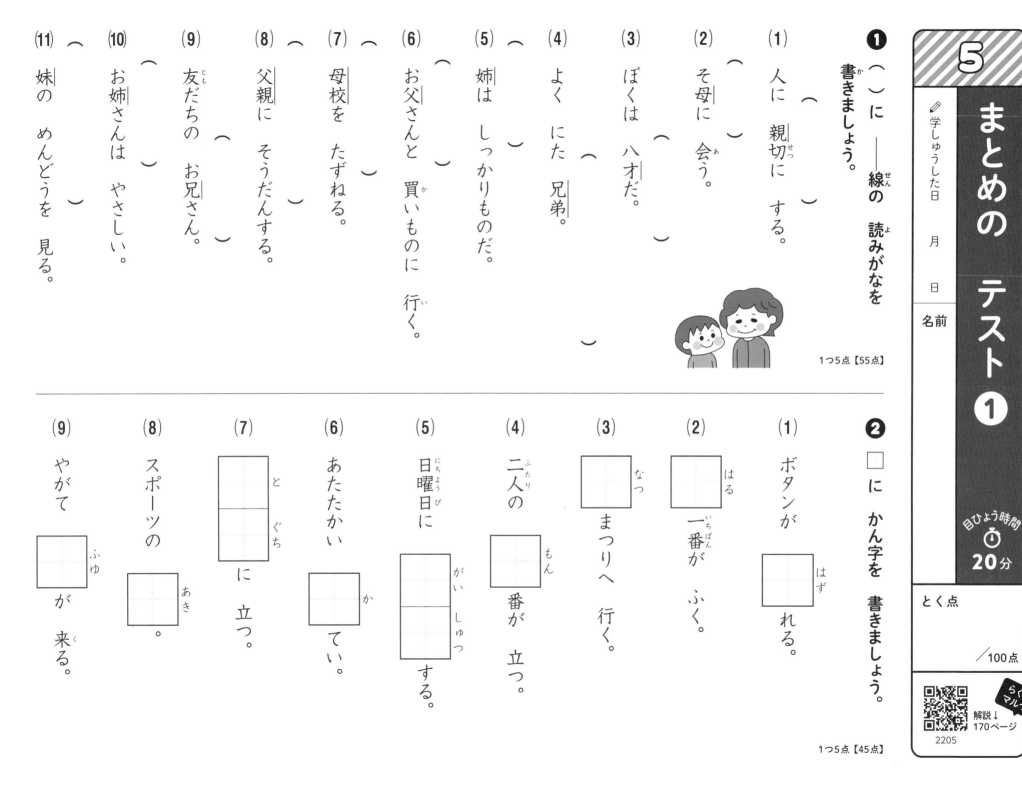

6 まとめの テスト ②

学しゅうした日　月　日

名前

目ひょう時間 20分

とく点　／100点

解説↓ 170ページ

2206

らくらくマルつけ

❶ （　）に ——線の 読みがなを 書きましょう。

(1) 春夏秋冬の けしき。（　　）

(2) 正門から 入る。（　　）

(3) 外国の おみやげ。（　　）

(4) 春分の日は お休みだ。（　　）

(5) 夏期休かを とる。（　　）

(6) ばん秋の さびしい 空。（　　）（　　）

(7) 犬が 冬毛に なる。（　　）（　　）

(8) すきな 作家の 本。（　　）

(9) 雨戸を しめる。（　　）

(10) さわやかな 秋空。（　　）

(11) 冬山に のぼる。（　　）

1つ5点【55点】

❷ □に かん字を 書きましょう。

(1) キャプテンの □（おとうと）分。

(2) □（はは）方の おじさん。

(3) □□（ちち おや）と 出かける。

(4) □□（てん さい）と よばれた 少年。

(5) 音楽に □（した）しむ。

(6) □（あね）を 思いやる。

(7) わたしの □（いもうと）分。

(8) □（しん）友と あそぶ。

(9) □（あに）は せが 高い。

1つ5点【45点】

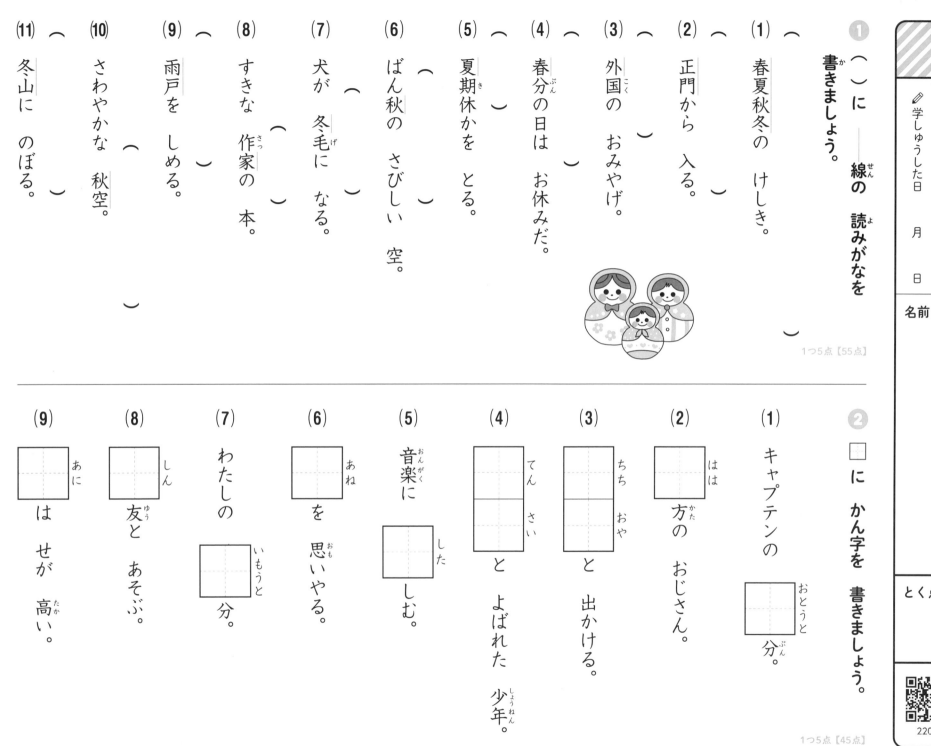

もう１回チャレンジ!!

6 まとめのテスト ②

学しゅうした日　月　日

名前

目ひょう時間 20分

とく点　／100点

解説↓ 170ページ

2206

らくらくマルつけ

1 （　）に ――線の 読みがなを 書きましょう。

1つ5点【55点】

(1) 春夏秋冬の けしき。（　　）

(2) 正門から 入る。（　　）

(3) 外国の おみやげ。（　　）

(4) 春分の日は お休みだ。（　　）

(5) 夏期休かを とる。（　　）

(6) ばん秋の さびしい 空。（　　）

(7) 犬が 冬毛に なる。（　　）

(8) すきな 作家の 本。（　　）

(9) 雨戸を しめる。（　　）

(10) さわやかな 秋空。（　　）

(11) 冬山に のぼる。（　　）

2 □に かん字を 書きましょう。

1つ5点【45点】

(1) キャプテンの □(おとうと)分。

(2) □(はは)方の おじさん。

(3) □□(ちち おや)と 出かける。

(4) □□(てん さい)と よばれた 少年。

(5) 音楽に □(した)しむ。

(6) □(あね)を 思いやる。

(7) わたしの □(いもうと)分。

(8) □(しん)友と あそぶ。

(9) □(あに)は せが 高い。

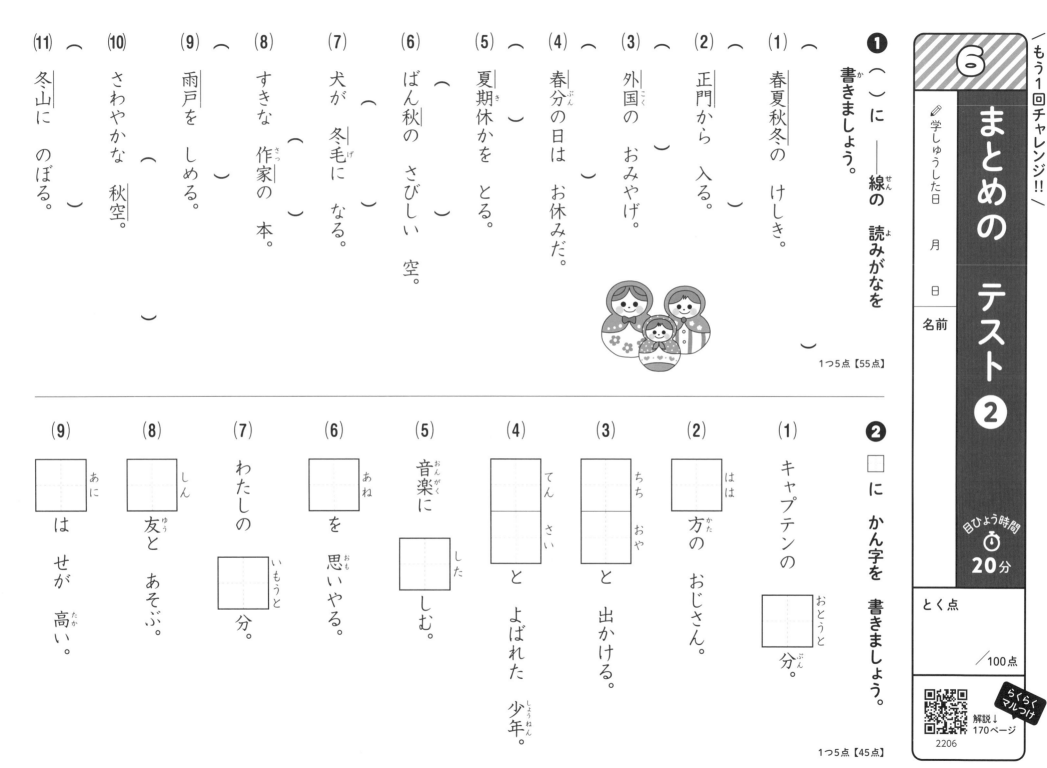

7
まとめの テスト ③

学しゅうした日　月　日

名前

目ひょう時間 20分

とく点

／100点

らくらくマルつけ

解説↓ 170ページ

2207

1 絵に 合うように きせつを かん字一字で 書きましょう。 1つ5点【20点】

(1)

（　　　）

(2)

（　　　）

(3)

（　　　）

(4)

（　　　）

2 ――線を かん字と おくりがなで 書きましょう。 1つ10点【20点】

(1) したしい 友人。（　　　）

(2) くじが はずれる。（　　　）

3 二字の ことばの しりとりに なるように、□に 入る かん字を あとの〈 〉から えらんで 書きましょう。（同じ かん字は 一どしか つかえません。） 1つ10点【40点】

(1) 父→□→校→□

(2) □→雨→□→外

〈親　門　秋　母　戸　家〉

4 つぎの かん字と 画数が 同じ かん字を 線で むすびましょう。 1つ5点【20点】

(1) 父・　　・見

(2) 家・　　・兄

(3) 弟・　　・五

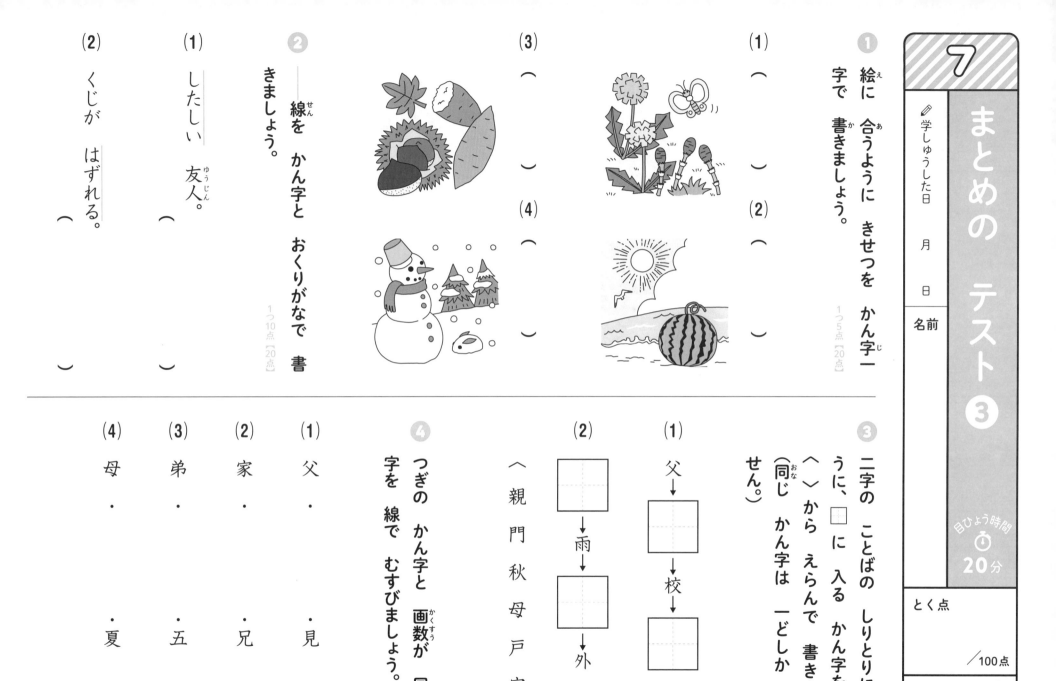

(4) 母・　　・夏

もう1回チャレンジ!!

7 まとめのテスト ③

目ひょう時間 20分

学しゅうした日　月　日

名前

とく点　／100点

らくらくマルつけ

解説↓ 170ページ

2207

❶ 絵に 合うように きせつを かん字一字で 書きましょう。 1つ5点【20点】

(1) （　　）

(2) （　　）

(3) （　　）

(4) （　　）

❷ ――線を かん字と おくりがなで 書きましょう。 1つ10点【20点】

(1) <u>したしい</u> 友人。 （　　）

(2) くじが <u>はずれる</u>。 （　　）

❸ 二字の ことばの しりとりに なるように、□に 入る かん字を あとの〈 〉から えらんで 書きましょう。（同じ かん字は 一どしか つかえません。） 1つ10点【40点】

(1) 父 → □ → 校 → □

(2) □ → 雨 → □ → 外

〈 親　門　秋　母　戸　家 〉

❹ つぎの かん字と 画数が 同じ かん字を 線で むすびましょう。 1つ5点【20点】

(1) 父・　　・見

(2) 家・　　・兄

(3) 弟・　　・五

(4) 母・　　・夏

8 まとめの テスト ④

学しゅうした日　月　日

名前

目ひょう時間 20分

とく点 ／100点

解説↓170ページ

2208

らくらくマルつけ

1 かん字の〈右ぶ分〉〈左ぶ分〉の カードを 組み合わせて、かん字を 四つ 書きましょう。（同じ カードは 一ど しか つかえません。） 1つ5点【20点】

〈右ぶ分〉 市　火　卜　見

〈左ぶ分〉 禾　亲　女　夕

□ □ □ □

2 つぎの かん字の 矢じるし→の ぶ分は 何画目に 書きますか。数字で 書きましょう。 1つ10点【30点】

(1) 父 （　　）画目

(2) 母 （　　）画目

(3) 弟 （　　）画目

3 二字の ことばが できるように□に 入る かん字を あとから えらんで 書き、（　）に 読みがなを 書きましょう。①は たてに 読み、②は よこに 読みます。 1つ5点【30点】

(1)

	①
②	校
方	

①（　　）　②（　　）

(2)

①	
青	
②	先

①（　　）　②（　　）

〈母　子　春　家〉

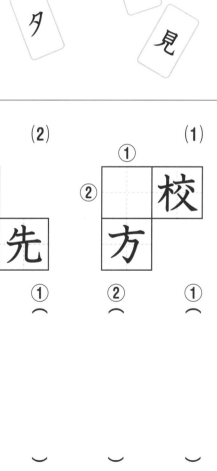

4 ——線を かん字で 書きましょう。 1つ5点【20点】

うちは 四人①かぞくです。きょ年の ②なつに ③いもうとが 生まれました。まだ 一④さいの 赤ちゃんで とても かわいいです。

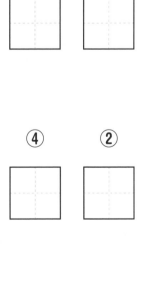

① □　② □

③ □　④ □

8 まとめのテスト④

目ひょう時間 20分

学しゅうした日　月　日

名前

とく点　／100点

解説↓ 170ページ
2208
らくらくマルつけ

❶ かん字の〈右ぶ分〉〈左ぶ分〉の カードを 組み合わせて、かん字を 四つ書きましょう。（同じ カードは 一どしか つかえません。） 1つ5点【20点】

〈右ぶ分〉 市　火　卜　見

〈左ぶ分〉 禾　亲　女　夕

□ □ □ □

❷ つぎの かん字の 矢じるし→の ぶ分は 何画目に 書きますか。数字で 書きましょう。 1つ10点【30点】

(1) 父 （　　）画目

(2) 母 （　　）画目

(3) 弟 （　　）画目

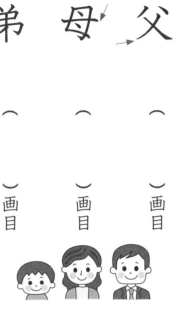

❸ 二字の ことばが できるように□に 入る かん字を あとから えらんで 書き、（　）に 読みがなを 書きましょう。①は たてに 読み、②は よこに 読みます。 1つ5点【30点】

(1) ① □ / 校　② □ / 方
①（　　）　②（　　）

(2) ① 青 / □　② □ / 先
①（　　）　②（　　）

〈 母　子　春　家 〉

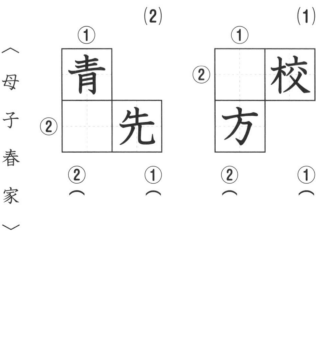

❹ ——線を かん字で 書きましょう。 1つ5点【20点】

うちは 四人①かぞくです。きょ年の ②なつに ③いもうとが 生まれました。まだ 一④さいの 赤ちゃんで とても かわいいです。

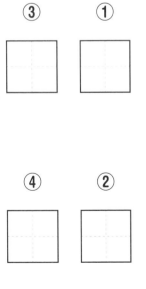

① □　② □　③ □　④ □

9 時間(じかん)を かくにんしよう①

学しゅうした日　月　日

名前

目ひょう時間 20分

とく点　／100点

解説↓ 171ページ

2209

らくらくマルつけ

午（4かく）

つき出さない

ノ 𠂉 𠂉 午

読みかた
音 ゴ
くん ―

つかいかた
午前(ごぜん)　午後(ごご)
正午(しょうご)　子午線(しごせん)

れんしゅう　午

前（9かく）

はねる

丶 丷 䒑 𦍌 广 前 前 前 前

読みかた
音 ゼン
くん まえ

つかいかた
前日(ぜんじつ)　い前(ぜん)　目前(もくぜん)
名前(なまえ)　人前(ひとまえ)　前向(まえむ)き

れんしゅう　前

後（9かく）

おる　とめる

ノ 彳 彳 彳 彳 彳 後 後 後

読みかた
音 ゴ　コウ
くん のち　うし**ろ**　あと　(おく**れる**)

つかいかた
前後(ぜんご)　さい後(ご)　ほうか後(ご)
後(こう)かい　後(うし)ろ足(あし)　後回(あとまわ)し

れんしゅう　後

少（4かく）

はねる

丨 小 小 少

読みかた
音 ショウ
くん すく**ない**　すこ**し**

つかいかた
少年(しょうねん)　少女(しょうじょ)　少数(しょうすう)
多少(たしょう)　年少(ねんしょう)　げん少(しょう)

れんしゅう　少

1 □に かん字を 書(か)きましょう。　1つ10点【80点】

(1) □□(ごぜん)の よてい。

(2) □□(ごご)は 雨が ふる。

(3) ごはんを □(すこ)し 食(た)べた。

(4) □□(しょうご)に なった。

(5) 九時(じ)□(まえ)に ついた。

(6) 兄(あに)の □(あと)に つづく。

(7) 野(や)きゅうを する □□(しょうねん)。

(8) 犬の □(うし)ろ足。

スパイラルコーナー

□に かん字を 書きましょう。　1つ10点【20点】

(1) □(おう)が めいれいする。

(2) しゃぼん□(だま)を とばす。

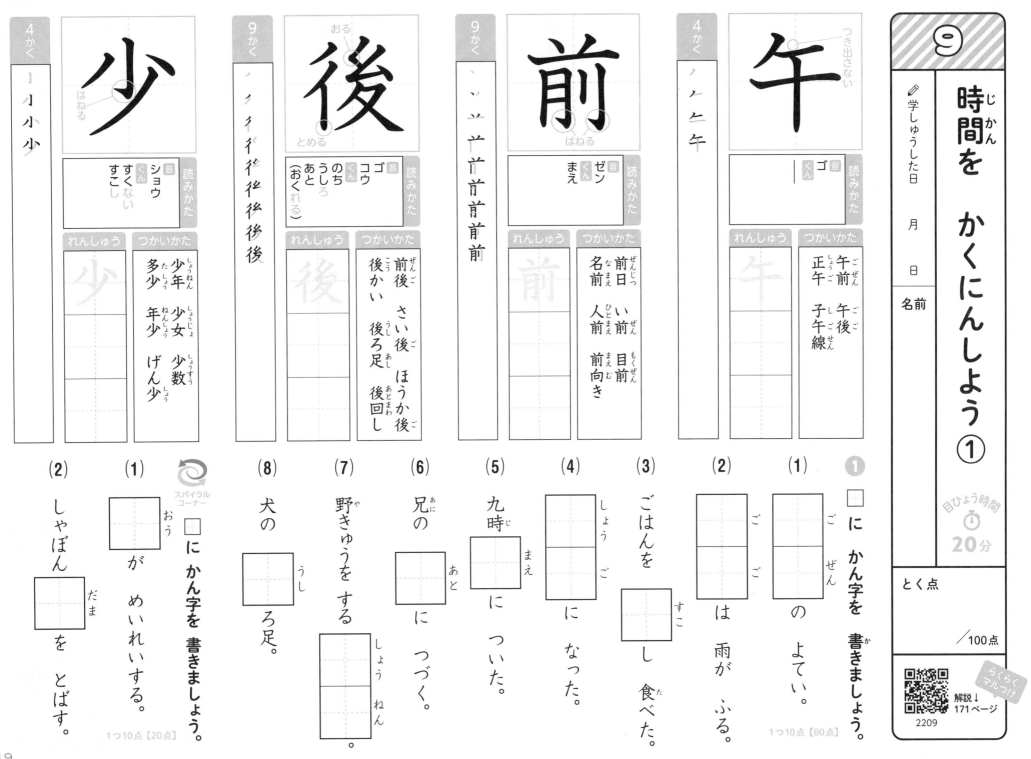

もう1回チャレンジ!!

9 時間(じかん)を かくにんしよう①

学しゅうした日　月　日

名前

目ひょう時間 20分

とく点　／100点

解説↓ 171ページ

2209

らくらくマルつけ

午

4かく

ノ 𠂉 𠂉 午

つき出さない

読みかた
- 音 ゴ
- くん —

つかいかた
- 午前(ごぜん)　正午(しょうご)
- 午後(ごご)　子午線(しごせん)

れんしゅう

前

9かく

丶 丷 䒑 䒑 前 前 前 前 前

はねる

読みかた
- 音 ゼン
- くん まえ

つかいかた
- 前日(ぜんじつ)　名前(なまえ)
- い前(ぜん)　人前(ひとまえ)
- 目前(もくぜん)　前向(まえむ)き

れんしゅう

後

9かく

ノ 彳 彳 彸 彸 後 後 後 後

おる　とめる

読みかた
- 音 ゴ　コウ
- くん のち　うしろ　あと　(おくれる)

つかいかた
- 前後(ぜんご)　後(こう)かい
- さい後(ご)　後(うし)ろ足(あし)
- ほうか後(ご)　後回(あとまわ)し

れんしゅう

少

4かく

亅 小 小 少

はねる

読みかた
- 音 ショウ
- くん すくない　すこし

つかいかた
- 少年(しょうねん)　多少(たしょう)
- 少女(しょうじょ)　年少(ねんしょう)
- 少数(しょうすう)　げん少(しょう)

れんしゅう

---

❶ □に かん字を 書(か)きましょう。　1つ10点【80点】

(1) □(ごぜん)の よてい。

(2) □(ごご)は 雨が ふる。

(3) ごはんを □(すこ)し 食(た)べた。

(4) □(しょうご)に なった。

(5) 九時(じ)□(まえ)に ついた。

(6) 兄(あに)の □(あと)に つづく。

(7) 野(や)きゅうを する □(しょうねん)。

(8) 犬の □(うし)ろ足。

スパイラルコーナー

□に かん字を 書きましょう。　1つ10点【20点】

(1) □(おう)が めいれいする。

(2) しゃぼん□(だま)を とばす。

10 時間を かくにんしよう②

学しゅうした日　月　日

名前

目ひょう時間 20分

とく点　／100点

らくらくマルつけ　解説↓171ページ

2210

時（10かく）

つき出す

書きじゅん：丨 П Ħ 日 日一 日十 日土 時 時 時

読みかた　音：ジ　くん：とき

つかいかた：時間（じかん）　八時（はちじ）　時代（じだい）　同時（どうじ）　今時（いまどき）　★時計（とけい）

れんしゅう：時

間（12かく）

はねる　とめる

書きじゅん：丨 ｢ ｢ ｢ 門 門 門 門 門 間 間 間

読みかた　音：カン・ケン　くん：あいだ・ま

つかいかた：中間（ちゅうかん）　夜間（やかん）　人間（にんげん）　世間（せけん）　客間（きゃくま）　手間（てま）

れんしゅう：間

何（7かく）

「冂」と しない

書きじゅん：ノ イ 仁 仃 佰 何 何

読みかた　音：（カ）　くん：なに・なん

つかいかた：何者（なにもの）　何事（なにごと）　何時（なんじ）　何年（なんねん）　何回（なんかい）　何点（なんてん）

れんしゅう：何

分（4かく）

つけない

書きじゅん：ノ 八 分 分

読みかた　音：ブン・フン・ブ　くん：わける・わかれる・わかる・わかつ

つかいかた：自分（じぶん）　半分（はんぶん）　気分（きぶん）　五分（ごふん）　分あつい（ぶあつい）　引き分け（ひきわけ）

れんしゅう：分

1 □に かん字を 書きましょう。　1つ10点【80点】

(1) □（じかん）を まもる。

(2) □（なんじ）に つきますか。

(3) □（ごふん）まつ。

(4) □（はちじ）に 家を 出る。

(5) 夜□（かん）に 外出する。

(6) □（なに）も よていが ない。

(7) 二組に □（わ）かれる。

(8) 自□（ぶん）の 名前を 書く。

スパイラルコーナー　□に かん字を 書きましょう。　1つ10点【20点】

(1) □（した）しい 友と 会う。

(2) そ□（ふ）は やさしい。

もう1回チャレンジ!!

10 時間(じかん)を かくにんしよう ②

学しゅうした日　月　日

名前

目ひょう時間 20分

とく点　／100点

解説↓ 171ページ

らくらくマルつけ

2210

時　10かく

つき出す

読みかた：音 ジ　くん とき

つかいかた：時間(じかん)　八時(はちじ)　時代(じだい)　同時(どうじ)　今時(いまどき)　★時計(とけい)

間　12かく

はねる　とめる

読みかた：音 カン　ケン　くん あいだ　ま

つかいかた：中間(ちゅうかん)　夜間(やかん)　人間(にんげん)　世間(せけん)　客間(きゃくま)　手間(てま)

何　7かく

「仁」と しない

読みかた：音 (カ)　くん なに　なん

つかいかた：何者(なにもの)　何事(なにごと)　何時(なんじ)　何年(なんねん)　何回(なんかい)　何点(なんてん)

分　4かく

つけない

読みかた：音 ブン・フン　ブ　くん わける　わかれる　わかる　わかつ

つかいかた：自分(じぶん)　半分(はんぶん)　気分(きぶん)　五分(ごふん)　分(ぶ)あつい　引(ひ)き分(わ)け

れんしゅう

1 □に かん字を 書(か)きましょう。　1つ10点【80点】

(1) □□(じかん)を まもる。

(2) □□(なんじ)に つきますか。

(3) □□(ごふん) まつ。

(4) □□(はちじ)に 家(いえ)を 出る。

(5) 夜(や)□(かん)に 外出(がいしゅつ)する。

(6) □(なに)も よていが ない。

(7) 二組(ふたくみ)に □(わ)かれる。

(8) 自(じ)□(ぶん)の 名前(なまえ)を 書く。

スパイラルコーナー

□に かん字を 書きましょう。　1つ10点【20点】

(1) □(した)しい 友(とも)と 会(あ)う。

(2) そ□(ふ)は やさしい。

11

一日の できごと

学しゅうした日　月　日

名前

目ひょう時間 20分

とく点

／100点

解説↓ 171ページ

らくらくマルつけ

2211

朝

12かく

上より ながく

読みかた
音 チョウ
くん あさ

つかいかた
朝食（ちょうしょく）　朝礼（ちょうれい）　早朝（そうちょう）
朝日（あさひ）　毎朝（まいあさ）　★今朝（けさ）

れんしゅう

一 十 古 古 直 卓 朝 朝 朝 朝

昼

9かく

つける

読みかた
音 チュウ
くん ひる

つかいかた
昼食（ちゅうしょく）　昼夜（ちゅうや）　白昼（はくちゅう）
昼間（ひるま）　真昼（まひる）　昼ね（ひるね）

れんしゅう

コ 尸 尺 尽 昼 昼 昼 昼 昼

夜

8かく

かたちに ちゅうい

読みかた
音 ヤ
くん よ　よる

つかいかた
今夜（こんや）　夜間（やかん）　夜食（やしょく）
夜中（よなか）　夜空（よぞら）　夜道（よみち）

れんしゅう

亠 亠 广 疒 夜 夜 夜 夜

活

9かく

右上に はらう

読みかた
音 カツ
くん —

つかいかた
生活（せいかつ）　活動（かつどう）　活発（かっぱつ）
活用（かつよう）　活気（かっき）　活やく（かつやく）

れんしゅう

、 、 氵 氵 汗 汗 汗 活 活

1 □に かん字を 書きましょう。

(1) □□（そうちょう）に おきる。

(2) □（ひる）ねを する。

(3) □（よる）の 九時に ねる。

(4) きそく正しい □□（せいかつ）。

(5) □□（あさひ）を あびる。

(6) □（ちゅう）食の カレーライス。

(7) □□（よぞら）を ながめる。

(8) □□（やかん）の 出入り口。

1つ10点【80点】

スパイラルコーナー

□に かん字を 書きましょう。

(1) □□（きょうだい）で あそぶ。

(2) □（あね）と 電話で 話す。

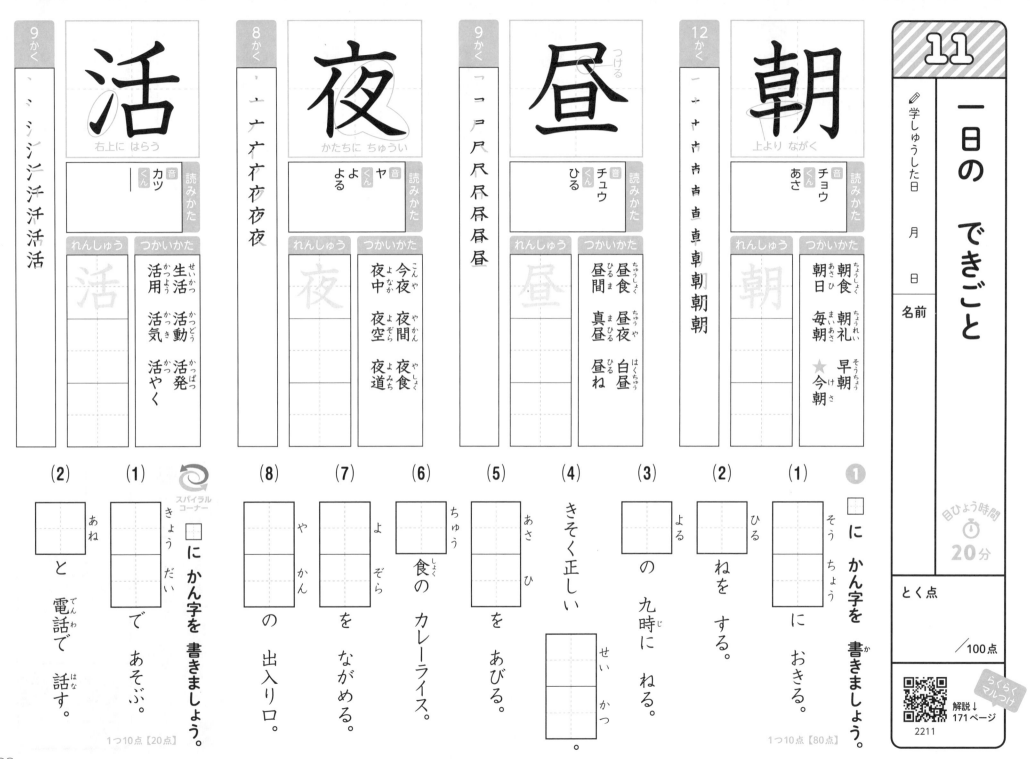

1つ10点【20点】

もう1回チャレンジ!!

11

一日の できごと

学しゅうした日　月　日

名前

目ひょう時間 20分

とく点　／100点

解説↓171ページ

らくらくマルつけ

2211

朝
12かく

上より ながく

読みかた　音 チョウ　くん あさ

つかいかた　朝食(ちょうしょく)　朝日(あさひ)　朝礼(ちょうれい)　毎朝(まいあさ)　早朝(そうちょう)　★今朝(けさ)

一 十 𠂇 𠂉 古 𠮷 吉 直 卓 𠦝 朝 朝 朝

れんしゅう

昼
9かく

つける

読みかた　音 チュウ　くん ひる

つかいかた　昼食(ちゅうしょく)　昼間(ひるま)　昼夜(ちゅうや)　真昼(まひる)　白昼(はくちゅう)　昼ね(ひるね)

コ コ 尸 尺 尽 尽 昼 昼 昼

れんしゅう

夜
8かく

かたちに ちゅうい

読みかた　音 ヤ　くん よ　よる

つかいかた　今夜(こんや)　夜中(よなか)　夜間(やかん)　夜空(よぞら)　夜食(やしょく)　夜道(よみち)

丶 亠 广 广 疒 夜 夜 夜

れんしゅう

活
9かく

右上に はらう

読みかた　音 カツ　くん ―

つかいかた　生活(せいかつ)　活用(かつよう)　活動(かつどう)　活気(かっき)　活発(かっぱつ)　活やく(かつやく)

丶 氵 氵 汸 汻 汗 活 活 活

れんしゅう

1 □に かん字を 書きましょう。

(1) [そうちょう]に おきる。

(2) [ひる]ねを する。

(3) [よる]の 九時(じ)に ねる。

(4) きそく正しい [せいかつ]。

(5) [あさひ]を あびる。

(6) [ちゅう]食(しょく)の カレーライス。

(7) [よぞら]を ながめる。

(8) [やかん]の 出入り口。

1つ10点【80点】

スパイラルコーナー

□に かん字を 書きましょう。

(1) [きょうだい]で あそぶ。

(2) [あね]と 電話(でんわ)で 話(はな)す。

1つ10点【20点】

12 今日は何曜日

目ひょう時間 20分

学しゅうした日　月　日

名前

とく点　／100点

解説↓ 171ページ

2212

今（4かく）

ノ 𠆢 亼 今

読みかた　音 コン（キン）　くん いま

つけける

つかいかた：今回（こんかい）　今月（こんげつ）　今時（いまどき）　★今年（ことし）　★今日（きょう）　★今朝（けさ）

れんしゅう：今

週（11かく）

読みかた　音 シュウ

はねる

つかいかた：一週間（いっしゅうかん）　今週（こんしゅう）　来週（らいしゅう）　先週（せんしゅう）　毎週（まいしゅう）　週まつ（しゅうまつ）

れんしゅう：週

曜（18かく）

読みかた　音 ヨウ

左下に　はらう

つかいかた：日曜日（にちようび）　月曜日（げつようび）　火曜日（かようび）　水曜日（すいようび）　木曜日（もくようび）　金曜日（きんようび）

れんしゅう：曜

毎（6かく）

ノ 𠂉 𠂇 毎 毎 毎

読みかた　音 マイ

つき出して　はねる

つかいかた：毎朝（まいあさ）　毎回（まいかい）　毎日（まいにち）　毎年（まいとし）　毎月（まいつき）　毎度（まいど）

れんしゅう：毎

1 □に　かん字を　書きましょう。

1つ10点【80点】

(1) □□（こんしゅう）は　ひまだ。

(2) 今日（きょう）は　□□□（げつようび）だ。

(3) □□□（いっしゅうかん）の　よてい。

(4) □□□（にちようび）に　あそぶ。

(5) □□（まいあさ）七時（じ）に　おきる。

(6) □（いま）から　出かける。

(7) □□（まいにち）学校へ　行（い）く。

(8) 来（らい）□（しゅう）の　よてい。

スパイラルコーナー　□に　かん字を　書きましょう。

1つ10点【20点】

(1) 王さまの　□（け）来（らい）。

(2) □□（まちはず）れの　池（いけ）。

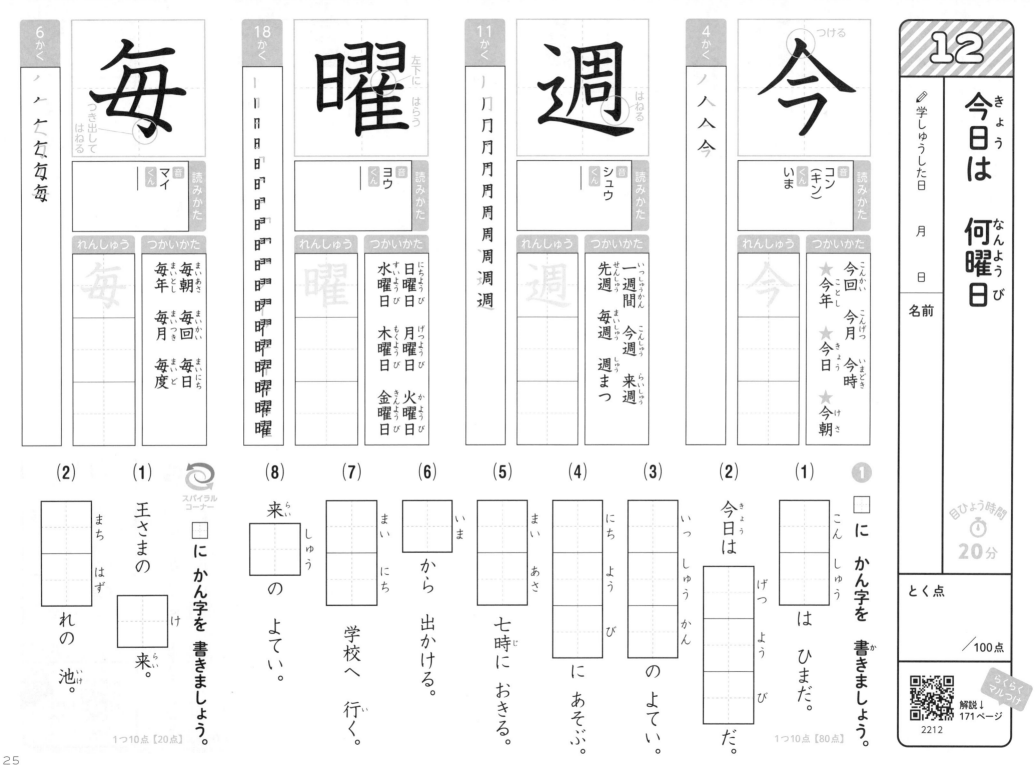

もう1回チャレンジ!!

12 今日（きょう）は 何曜日（なんようび）

学しゅうした日　月　日

名前

目ひょう時間 20分

とく点　／100点

解説↓ 171ページ

2212

らくらくマルつけ

今

4かく

ノ 人 今 今

つける

読みかた
音 コン（キン）
くん いま

つかいかた
今回（こんかい）　今月（こんげつ）　今時（いまどき）
★今年（ことし）　★今日（きょう）　★今朝（けさ）

れんしゅう

週

11かく

丿 冂 月 円 円 用 用 周 周 凋 调 週

はねる

読みかた
音 シュウ
くん

つかいかた
一週間（いっしゅうかん）　今週（こんしゅう）　来週（らいしゅう）
先週（せんしゅう）　毎週（まいしゅう）　週まつ（しゅうまつ）

れんしゅう

曜

18かく

丨 冂 日 日 日ᄀ 日ᄏ 日ᄏ 日ᄏ 日ᄏ 日ᄏ 日ᄏ 日ᄏ 日ᄏ 日ᄏ 日ᄏ 日ᄏ 曜 曜

左下に　はらう

読みかた
音 ヨウ
くん

つかいかた
日曜日（にちようび）　月曜日（げつようび）　火曜日（かようび）
水曜日（すいようび）　木曜日（もくようび）　金曜日（きんようび）

れんしゅう

毎

6かく

ノ 𠂉 𠂉 𠂉 毎 毎

つき出して はねる

読みかた
音 マイ
くん

つかいかた
毎朝（まいあさ）　毎回（まいかい）　毎日（まいにち）
毎年（まいとし）　毎月（まいつき）　毎度（まいど）

れんしゅう

---

1 □に かん字を 書（か）きましょう。　1つ10点【80点】

(1) □□（こんしゅう）は ひまだ。

(2) 今日（きょう）は □□□（げつようび）だ。

(3) □□□□（いっしゅうかん）の よてい。

(4) □□□（にちようび）に あそぶ。

(5) □□（まいあさ） 七時（じ）に おきる。

(6) □（いま）から 出かける。

(7) □□（まいにち） 学校へ 行（い）く。

(8) 来（らい）□（しゅう）の よてい。

スパイラルコーナー

□に かん字を 書きましょう。　1つ10点【20点】

(1) 王さまの □（け） 来（らい）。

(2) □□（まちはず）れの 池（いけ）。

13 まとめの テスト 5

学しゅうした日　月　日

名前

目ひょう時間 20分

とく点

／100点

らくらくマルつけ
解説↓172ページ
2213

1 （　）に ――線(せん)の 読(よ)みがなを 書(か)きましょう。

(1) しずかな 夜。（　）

(2) 午前中に 出かける。（　）

(3) うんどう会(かい)の 前日。（　）

(4) ほうか後に あそぶ。（　）

(5) かみの 長(なが)い 少女。（　）

(6) 長い間 りょ行(こう)する。（　）

(7) くらい 夜道(みち)。（　）

(8) 二つの 点(てん)の 中間。（　）

(9) 昼夜が ぎゃくてんする。（　）

(10) 分あつい ステーキ。（　）

(11) 後回(まわ)しに する。（　）

1つ5点【55点】

2 □に かん字を 書きましょう。

(1) 道(どう)ぐを □(かつ)用(よう)する。

(2) □(いま)までを ふりかえる。

(3) □(しゅう)まつの できごと。

(4) □□□(すいようび)の よてい。

(5) □□(まいつき) ちょ金する。

(6) えど□(じ)だいの くらし。

(7) □□(ことし)の 目ひょう。

(8) □(ちょう)食(しょく)に パンを 食(た)べる。

(9) □□(なんねん)も 先の できごと。

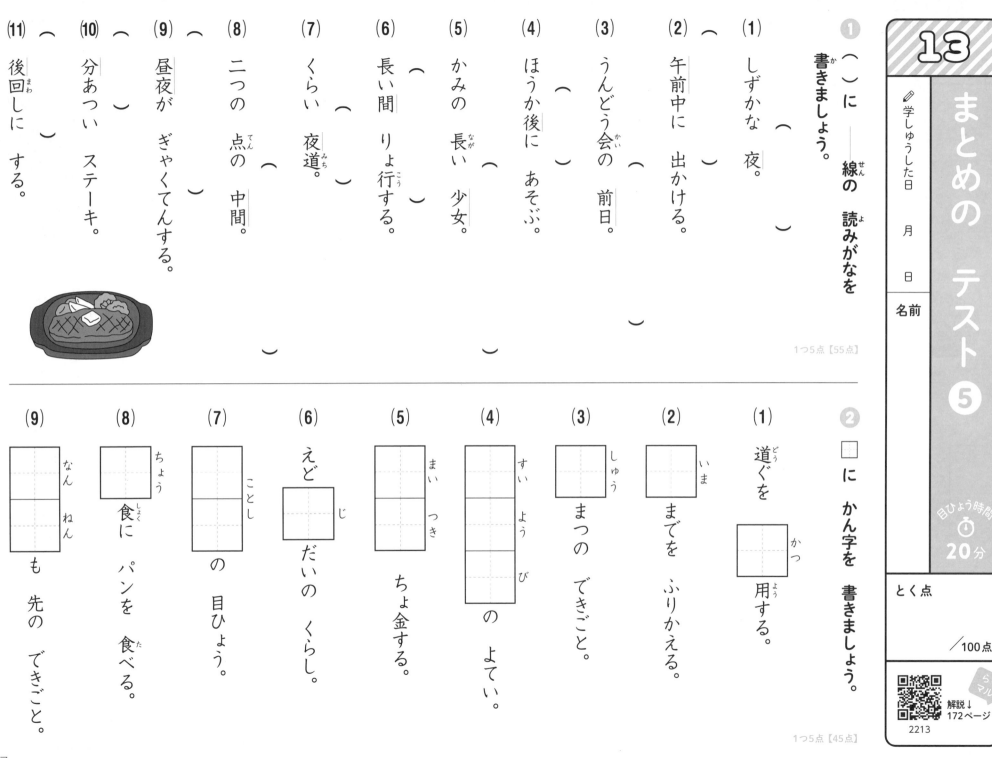

1つ5点【45点】

＼もう1回チャレンジ!!／

13 まとめの テスト ⑤

学しゅうした日　月　日

名前

目ひょう時間 20分

とく点　／100点

解説↓ 172ページ

2213

らくらくマルつけ

❶ （　）に ―線(せん)の 読(よ)みがなを 書(か)きましょう。

1つ5点【55点】

(1) しずかな 夜。（　）

(2) 午前中に 出かける。（　）

(3) うんどう会(かい)の 前日。（　）

(4) ほうか後に あそぶ。（　）

(5) かみの 長(なが)い 少女。（　）

(6) 長い間 りょ行(こう)する。（　）

(7) くらい 夜道(みち)。（　）

(8) 二つの 点(てん)の 中間。（　）

(9) 昼夜が ぎゃくてんする。（　）

(10) 分あつい ステーキ。（　）

(11) 後回(まわ)しに する。（　）

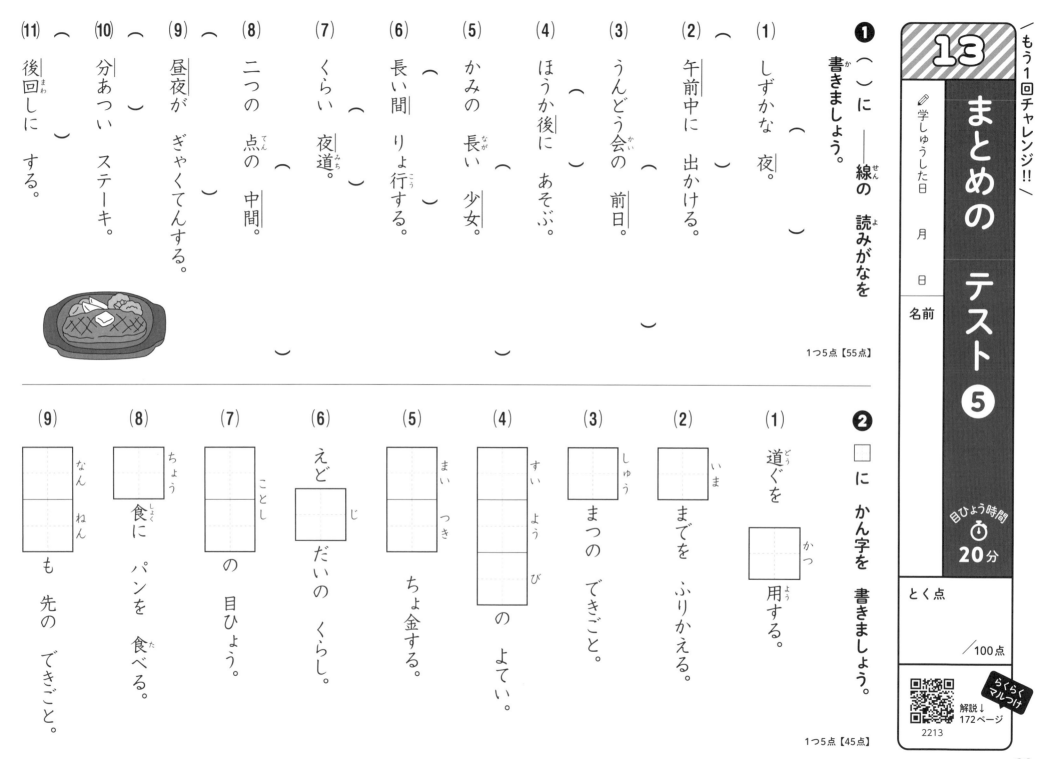

❷ □に かん字を 書きましょう。

1つ5点【45点】

(1) 道(どう)ぐを □(かつ)用(よう)する。

(2) □(いま)までを ふりかえる。

(3) □(しゅう)まつの できごと。

(4) □□□(すいようび)の よてい。

(5) □□(まいつき) ちょ金する。

(6) えど□(じ)だいの くらし。

(7) □□(ことし)の 目ひょう。

(8) □(ちょう)食(しょく)に パンを 食(た)べる。

(9) □□(なんねん)も 先の できごと。

14 まとめの テスト 6

学しゅうした日　月　日

名前

目ひょう時間 20分

とく点　／100点

解説↓ 172ページ

2214

らくらくマルつけ

1 （　）に ――線(せん)の 読(よ)みがなを 書(か)きましょう。

1つ5点【55点】

(1) 昼間に はたらく。（　　）

(2) 朝ごはんを 食(た)べる。（　　）

(3) 年少の クラス。（　　）

(4) クラブ活動(どう)を する。（　　）

(5) 今月の よてい。（　　）

(6) 毎週 つりに 行(い)く。（　　）

(7) 今日は 休みだ。（　　）

(8) 白昼の できごと。（　　）

(9) 火曜日は じゅくへ 行く。（　　）

(10) 数(かず)が 少ない。（　　）

(11) 同(どう)時に 立ち上がる。（　　）

2 □に かん字を 書きましょう。

1つ5点【45点】

(1) けんかして □(こう) かいする。

(2) □□(ひとまえ) で 話(はな)す。

(3) れつの さい□(ご) に ならぶ。

(4) □(なに) 者(もの)か わからない。

(5) あと □□(じっぷん) で 出かける。

(6) □□(てま) が かかる。

(7) ゴール □□(もくぜん) で ころぶ。

(8) 世(せ)□(けん) の うわさ。

(9) しあいは 引(ひ)き□(わ) けだ。

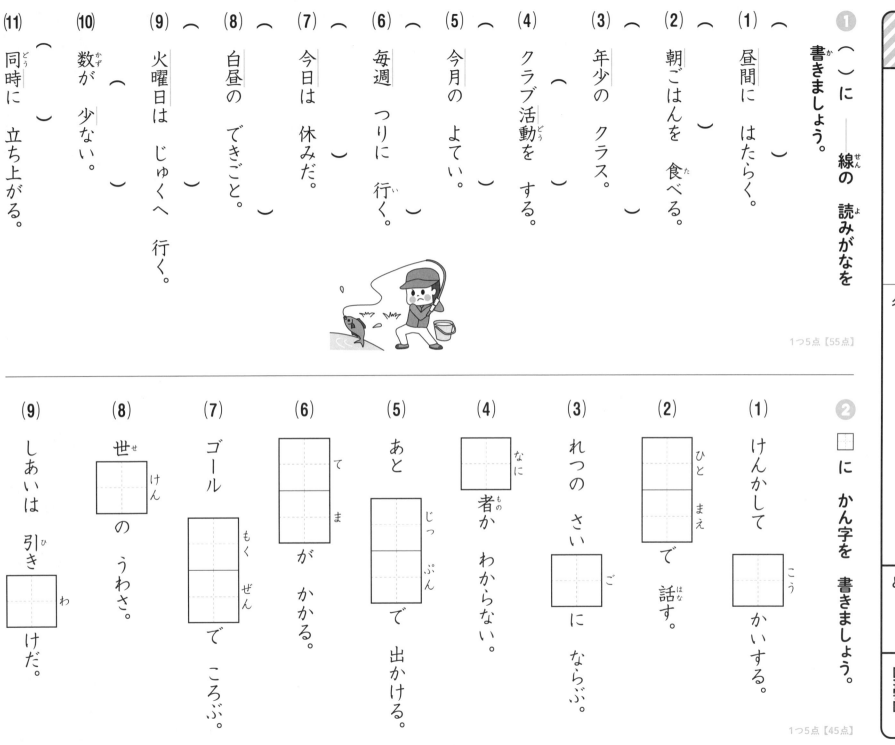

もう1回チャレンジ!!

14 まとめの テスト ⑥

学しゅうした日　月　日

名前

目ひょう時間 20分

とく点　／100点

解説↓ 172ページ

2214

らくらくマルつけ

❶ （　）に ――線の 読(よ)みがなを 書(か)きましょう。

1つ5点【55点】

(1) <u>昼間</u>に はたらく。（　　）

(2) <u>朝</u>ごはんを 食(た)べる。（　　）

(3) 年<u>少</u>の クラス。（　　）

(4) クラブ<u>活</u>動(どう)を する。（　　）

(5) 今<u>月</u>の よてい。（　　）

(6) 毎<u>週</u> つりに 行(い)く。（　　）

(7) 今<u>日</u>は 休みだ。（　　）

(8) 白<u>昼</u>の できごと。（　　）

(9) 火<u>曜日</u>は じゅくへ 行く。（　　）

(10) 数(かず)が <u>少</u>ない。（　　）

(11) 同(どう)<u>時</u>に 立ち上がる。（　　）

❷ □に かん字を 書きましょう。

1つ5点【45点】

(1) けんかして □(こう)かいする。

(2) □□(ひと まえ)で 話(はな)す。

(3) れつの さい□(ご)に ならぶ。

(4) □(なに)者(もの)か わからない。

(5) あと□□(じっ ぷん)で 出かける。

(6) □□(て ま)が かかる。

(7) ゴール□□(もく ぜん)で ころぶ。

(8) 世(せ)□(けん)の うわさ。

(9) しあいは 引(ひ)き□(わ)けだ。

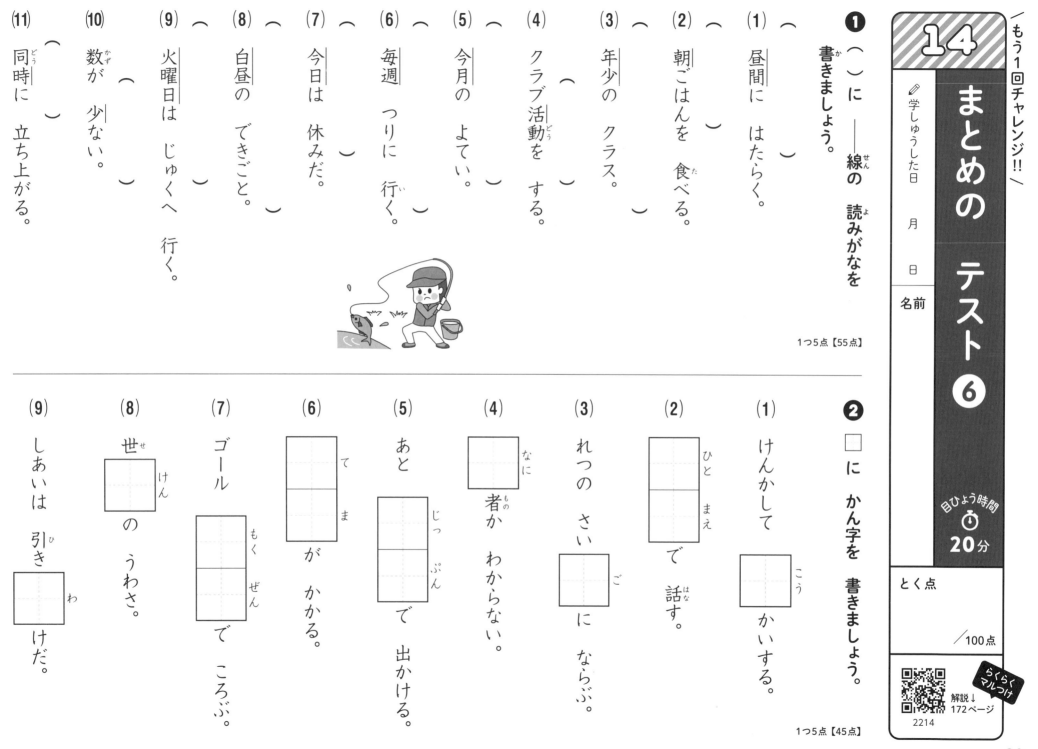

15 まとめの テスト ⑦

学しゅうした日　月　日

名前

目ひょう時間 20分

とく点　／100点

らくらく マルつけ
解説↓ 172ページ
2215

1 二字の ことばが できるように □に入る かん字を あとの〈 〉から えらんで 書き、( )に 読みがなを 書きましょう。①は たてに 読み、②は よこに 読みます。　1つ5点【60点】

(1) ①□人　②時□
①(　　)　②(　　)

(2) ①名□　②□後
①(　　)　②(　　)

(3) ①□日　②早□
①(　　)　②(　　)

(4) ①□空　②昼□
①(　　)　②(　　)

〈朝　夜　分　間　前　中〉

2 ( )に ——線の 読みがなを 書きましょう。　1つ5点【30点】

(1) ① バスの 後ろの 出口。(　　)
② 休んだ 後に 出かける。(　　)

(2) ① 家と 家の 間の へい。(　　)
② まだ 間に 合う。(　　)

(3) ① 何か わからない。(　　)
② 何回も くりかえす。(　　)

3 かん字に した とき、おくりがなの 正しい ほうに ○を つけましょう。　1つ5点【10点】

(1) わかれる
(　)分れる
(　)分かれる

(2) すくない
(　)少ない
(　)少くない

＼もう1回チャレンジ!!／

15 まとめの テスト ⑦

学しゅうした日　月　日

名前

目ひょう時間 20分

とく点　／100点

解説↓ 172ページ

2215

らくらくマルつけ

❶ 二字の ことばが できるように □に入る かん字を あとの 〈 〉から えらんで 書き(か)き、（ ）に 読み(よ)がなを 書きましょう。①は たてに 読み、②は よこに 読みます。　1つ5点【60点】

(1)

	人
時	

①（　　）　②（　　）

(2)

名	
	後

①（　　）　②（　　）

(3)

早	
	日

①（　　）　②（　　）

(4)

昼	
	空

①（　　）　②（　　）

〈 朝　夜　分　間　前　中 〉

❷ （ ）に ——線(せん)の 読みがなを 書きましょう。　1つ5点【30点】

(1) ① バスの 後ろの 出口。（　　）
② 休んだ 後に 出かける。（　　）

(2) ① 家(いえ)と 家の 間の へい。（　　）
② まだ 間に 合(あ)う。（　　）

(3) ① 何か わからない。（　　）
② 何回(かい)も くりかえす。（　　）

❸ かん字に した とき、おくりがなの 正しい ほうに ○を つけましょう。　1つ5点【10点】

(1) わかれる
（　）分れる
（　）分かれる

(2) すくない
（　）少ない
（　）少くない

16 まとめの テスト ⑧

学しゅうした日　月　日

名前

目ひょう時間 20分

とく点　／100点

解説↓ 172ページ　らくらくマルつけ

2216

1 まちがっている かん字を ぬき出して 正しく 直しましょう。　1つ10点【20点】

(1) 人門の 一生。

□ → □

(2) 正十の チャイムが 聞こえる。

□ → □

2 かん字の 〈右ぶ分〉〈左ぶ分〉の カードを 組み合わせて、かん字を 四つ 書きましょう。(同じ カードは 一ど しか つかえません。)　1つ5点【20点】

〈右ぶ分〉 ⿱幺夂　舌　可　月

〈左ぶ分〉 亻　卓　彳　氵

□ □ □ □

3 はんたいの いみに なるように、□に かん字を 書きましょう。　1つ10点【20点】

(1) 内がわ ↔ □がわ

(2) □半 ↔ 後半

4 ——線を かん字で 書きましょう。　1つ10点【40点】

五月一日 日①よう日

今日は ②すこし ねぼうして しまった。しゅくだいを して、③ひるから 公園で こうたくんと あそんだ。……夕ごはんの あと、④まいしゅう 楽しみに している アニメを 見た。

① □　② □　③ □　④ □□

16 まとめの テスト 8

学しゅうした日　月　日

名前

目ひょう時間 20分

とく点　／100点

らくらくマルつけ

解説↓172ページ

2216

❶ まちがっている かん字を ぬき出して 正しく 直しましょう。 1つ10点【20点】

(1) 人門の 一生。

□→□

(2) 正十の チャイムが 聞こえる。

□→□

❷ かん字の〈右ぶ分〉〈左ぶ分〉の カードを 組み合わせて、かん字を 四つ 書きましょう。（同じ カードは 一ど しか つかえません。） 1つ5点【20点】

〈右ぶ分〉　攵　舌　可　月

〈左ぶ分〉　亻　卓　彳　氵

□　□　□　□

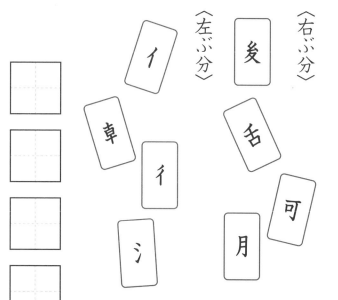

❸ はんたいの いみに なるように、□に かん字を 書きましょう。 1つ10点【20点】

(1) 内がわ↔□がわ

(2) □半↔後半

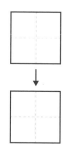

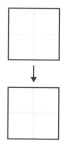

❹ ――線を かん字で 書きましょう。 1つ10点【40点】

五月一日 日①ようび
今日は ②すこし ねぼうしてしまった。しゅくだいをして、③ひるから 公園で こうたくんと あそんだ。……夕ごはんの あと、④まいしゅう 楽しみに している アニメを 見た。

① □
② □
③ □
④ □□

17 顔（かお）を よく 見よう

学しゅうした日　月　日

名前

目ひょう時間 20分

とく点　／100点

解説↓ 173ページ
らくらくマルつけ
2217

頭
16かく
一 厂 戸 戸 戸 戸 豆 豆 豆 豆̄ 頁 頭 頭 頭 頭 頭
右上に はらう
読みかた
音 トウ ズ （ト）
くん あたま （かしら）
つかいかた
先頭（せんとう）　一頭（いっとう）　年頭（ねんとう）
頭上（ずじょう）　頭のう（ずのう）　石頭（いしあたま）
れんしゅう 頭

顔
18かく
丶 亠 亣 立 立 产 产 彦 彦 彦 彦 彦 顔 顔 顔 顔 顔 顔
はらう
読みかた
音 ガン
くん かお
つかいかた
顔面（がんめん）　童顔（どうがん）　顔色（かおいろ）
丸顔（まるがお）　え顔（えがお）　顔立ち（かおだち）
れんしゅう 顔

首
9かく
丶 丷 䒑 䒑 䒑 首 首 首 首
ながく
読みかた
音 シュ
くん くび
つかいかた
首都（しゅと）　首相（しゅしょう）　手首（てくび）
足首（あしくび）　首わ（くびわ）　首い（しゅい）
れんしゅう 首

毛
4かく
一 二 三 毛
まげて はねる
読みかた
音 モウ
くん け
つかいかた
毛ふ（もうふ）　羊毛（ようもう）　毛はつ（もうはつ）
羽毛（うもう）　毛虫（けむし）　毛糸（けいと）
れんしゅう 毛

1 □に かん字を 書きましょう。　1つ10点【80点】

(1) □（あたま）に けがを する。

(2) □（かお）色が よく なる。

(3) □（くび）に マフラーを まく。

(4) かみの □（け）を 切る。

(5) □□（ずじょう）に 気を つける。

(6) □（がん）面を かべに ぶつける。

(7) ひざに □（もう）ふを かける。

(8) □□（いっとう）の 牛が いる。

スパイラルコーナー
□に かん字を 書きましょう。　1つ10点【20点】

(1) しょ□（か）の 風。

(2) あすから □□（ふゆやす）みだ。

もう1回チャレンジ!!

17

顔(かお)を よく 見よう

学しゅうした日　月　日

名前

目ひょう時間 20分

とく点　／100点

解説↓ 173ページ

らくらくマルつけ

2217

頭

16かく

右上に はらう

読みかた
音 トウ ズ (ト)
くん あたま (かしら)

筆順：一 ｒ 戸 戸 戸 戸 豆 豆 豆 豇 豇 頭 頭 頭 頭 頭

つかいかた
先頭(せんとう)　一頭(いっとう)　年頭(ねんとう)
頭上(ずじょう)　頭(ず)のう　石頭(いしあたま)

れんしゅう

顔

18かく

はらう

読みかた
音 ガン
くん かお

筆順：丶 亠 亠 ㅗ 立 产 产 彦 彦 彦 彦 彦 顔 顔 顔 顔 顔 顔

つかいかた
顔面(がんめん)　童顔(どうがん)　顔色(かおいろ)
丸顔(まるがお)　え顔(がお)　顔立(かおだ)ち

れんしゅう

首

9かく

ながく

読みかた
音 シュ
くん くび

筆順：丶 丷 䒑 䒑 产 首 首 首 首

つかいかた
首都(しゅと)　首相(しゅしょう)　手首(てくび)
足首(あしくび)　首(くび)わ　首(しゅ)い

れんしゅう

毛

4かく

まげて はねる

読みかた
音 モウ
くん け

筆順：丿 二 三 毛

つかいかた
毛(もう)ふ　羊毛(ようもう)　毛(け)はつ
羽毛(うもう)　毛虫(けむし)　毛糸(けいと)

れんしゅう

1 □に かん字を 書(か)きましょう。　1つ10点【80点】

(1) □(あたま)に けがを する。

(2) □(かお)色(いろ)が よく なる。

(3) □(くび)に マフラーを まく。

(4) かみの □(け)を 切(き)る。

(5) □□(ずじょう)に 気を つける。

(6) □(がん)面(めん)を かべに ぶつける。

(7) ひざに □(もう)ふを かける。

(8) □□(いっとう)の 牛(うし)が いる。

スパイラルコーナー

□に かん字を 書きましょう。　1つ10点【20点】

(1) しょ□(か)の 風(かぜ)。

(2) あすから □□(ふゆやす)みだ。

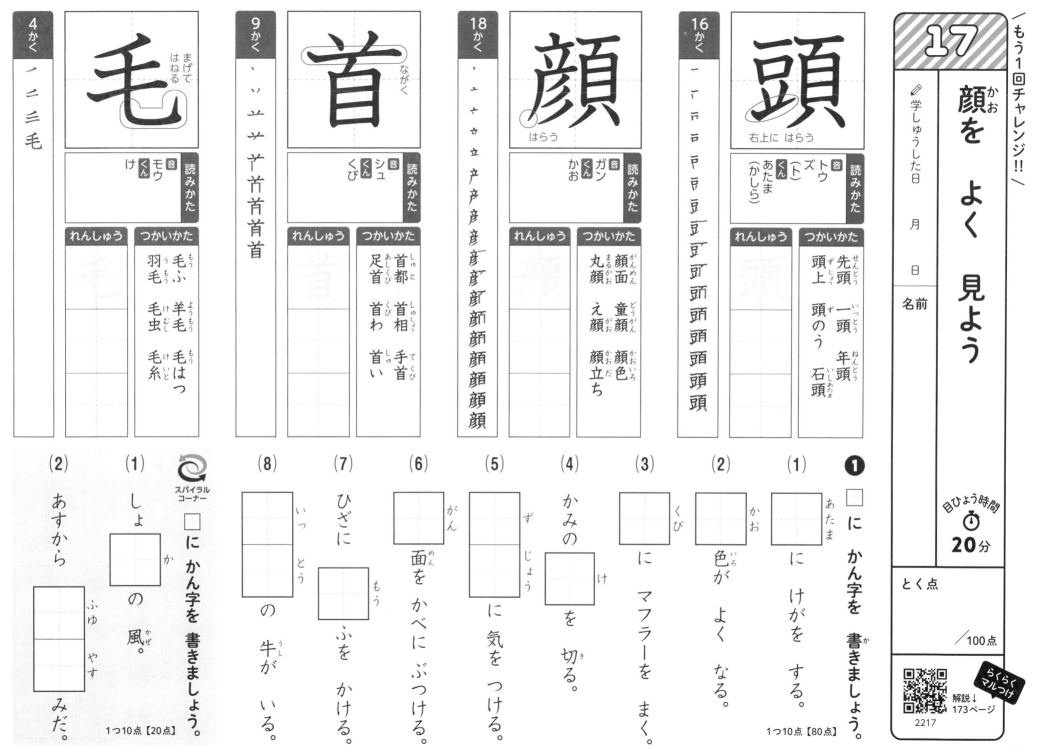

18

心(こころ)の 中の こと

学しゅうした日　月　日

名前

目ひょう時間 20分

とく点　／100点

解説↓ 173ページ　2218　らくらくマルつけ

心　4かく

丶 心 心 心

かたちに ちゅうい

読みかた　音 シン　くん こころ

つかいかた：中心(ちゅうしん)　感心(かんしん)　心配(しんぱい)　用心(ようじん)　真心(まごころ)　心(こころ)がけ

れんしゅう：心

思　9かく

丨 冂 冂 田 田 田 思 思 思

とめる　はねる

読みかた　音 シ　くん おもう

つかいかた：思考(しこう)　意思(いし)　思(し)あん　思想(しそう)　思(おも)い出(で)　思(おも)いやり

れんしゅう：思

考　6かく

一 十 土 耂 耂 考

左に 大きく はらう

読みかた　音 コウ　くん かんがえる

つかいかた：さん考(こう)　さい考(こう)　考(こう)さつ　考古学(こうこがく)　考え事(かんがえごと)

れんしゅう：考

自　6かく

丿 亻 门 白 自 自

はらって つける

読みかた　音 ジ シ　くん みずから

つかいかた：自分(じぶん)　自動(じどう)　自由(じゆう)　自習(じしゅう)　自力(じりき)　自(し)ぜん

れんしゅう：自

1 □に かん字を 書(か)きましょう。

(1) やさしい □(こころ) を もつ。

(2) □(おも)いやりが ある。

(3) □(かんが)えた ことを 話(はな)す。

(4) □□(じぶん) の 気もち。

(5) □□(しこう) を めぐらせる。

(6) 友人(ゆうじん)を □(しん)配(ぱい)する。

(7) □(みずか)ら 行(こう)どうする。

(8) 火に 用(よう)□(じん)する。

1つ10点【80点】

スパイラルコーナー

□に かん字を 書きましょう。

(1) □□(なまえ) を 書く。

(2) □□(ぜんご) を 見回(みまわ)す。

1つ10点【20点】

もう1回チャレンジ!!

18 心（こころ）の 中の こと

学しゅうした日　月　日

名前

目ひょう時間 20分

とく点　／100点

解説↓173ページ

2218

らくらくマルつけ

心　4かく

かたちに ちゅうい

読みかた　音 シン　くん こころ

つかいかた：中心（ちゅうしん）　感心（かんしん）　心配（しんぱい）　用心（ようじん）　真心（まごころ）　心がけ（こころがけ）

れんしゅう：心

思　9かく

とめる　はねる

読みかた　音 シ　くん おもう

つかいかた：思考（しこう）　意思（いし）　思あん（しあん）　思想（しそう）　思い出（おもいで）　思いやり（おもいやり）

れんしゅう：思

考　6かく

左に 大きく はらう

読みかた　音 コウ　くん かんがえる

つかいかた：さん考（こう）　さい考（こう）　考さつ（こうさつ）　考古学（こうこがく）　考え事（かんがえごと）

れんしゅう：考

自　6かく

はらって つける

読みかた　音 ジ シ　くん みずから

つかいかた：自分（じぶん）　自動（じどう）　自由（じゆう）　自習（じしゅう）　自力（じりき）　自ぜん（しぜん）

れんしゅう：自

1 □に かん字を 書（か）きましょう。

1つ10点【80点】

(1) やさしい □（こころ） を もつ。

(2) □（おも） いやりが ある。

(3) □（かんが） えた ことを 話（はな）す。

(4) □□（じぶん） の 気もち。

(5) □□（しこう） を めぐらせる。

(6) 友人（ゆうじん）を □（しん） 配（ぱい）する。

(7) □（みずか） ら 行（こう）どうする。

(8) 火に 用（よう） □（じん） する。

スパイラルコーナー

□に かん字を 書きましょう。

1つ10点【20点】

(1) □□（なまえ） を 書く。

(2) □□（ぜんご） を 見回（みまわ）す。

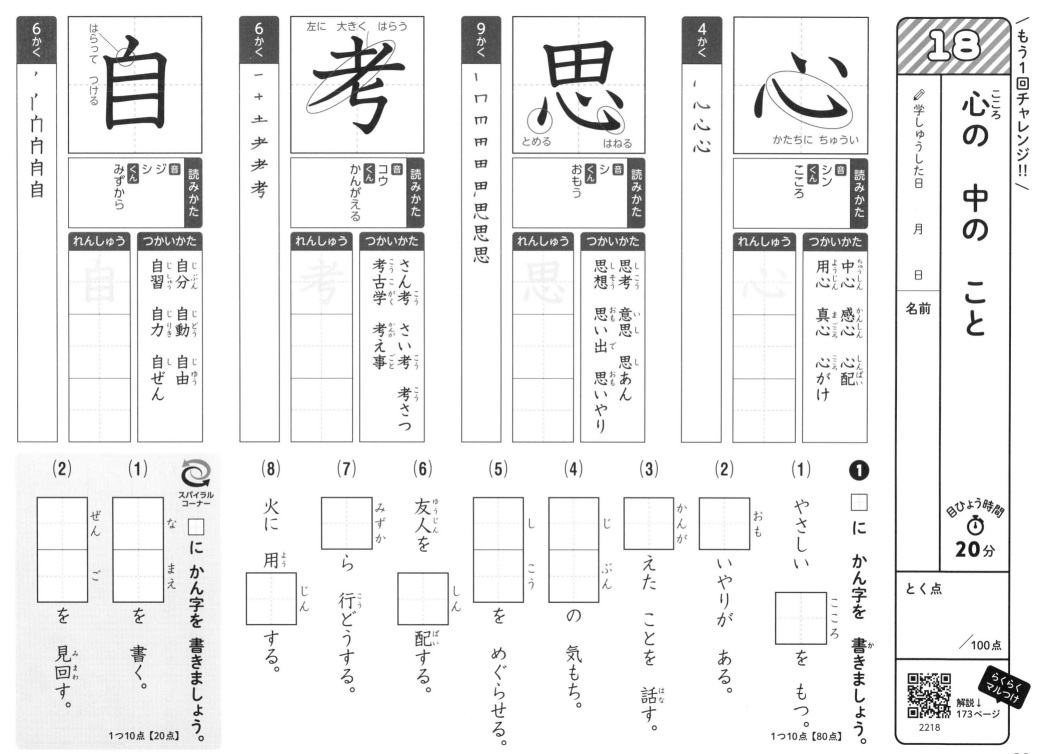

19

体をうごかそう

学しゅうした日　月　日

名前

目ひょう時間 20分

とく点　／100点

らくらくマルつけ

解説↓ 173ページ

2219

体

7かく

ノ イ 仁 什 休 体 体

とめる

読みかた
音 タイ（テイ）
くん からだ

つかいかた
体育（たいいく）　体力（たいりょく）　全体（ぜんたい）　正体（しょうたい）
立方体（りっぽうたい）　体そう（たい）　体つき（からだ）

れんしゅう 体

強

11かく

いっかいで かく

フ コ 弓 弘 弘 弘 弦 強 強 強 強

読みかた
音 キョウ（ゴウ）
くん つよい　つよまる　つよめる　（しいる）

つかいかた
勉強（べんきょう）　強力（きょうりょく）　強弱（きょうじゃく）
強風（きょうふう）　強気（つよき）　強火（つよび）

れんしゅう 強

走

7かく

一 十 土 キ 卡 赤 走

はらう

読みかた
音 ソウ
くん はしる

つかいかた
きょう走（そう）　走者（そうしゃ）　助走（じょそう）
力走（りきそう）　どく走（そう）　とう走（そう）

れんしゅう 走

元

4かく

上より ながく

一 二 テ 元

読みかた
音 ゲン　ガン
くん もと

つかいかた
元気（げんき）　ふく元（げん）　元日（がんじつ）
元たん（がん）　火元（ひもと）　足元（あしもと）

れんしゅう 元

1 □に かん字を 書（か）きましょう。　1つ10点【80点】

(1) じょうぶな □（からだ）。

(2) □（つよ）い 子に そだつ。

(3) せいいっぱい □（はし）る。

(4) □□（げんき）な 子ども。

(5) □□（たいりょく）を つける。

(6) 百メートルきょう □（そう）。

(7) □（もと）の 場（ば）しょに もどる。

(8) がんばって 勉（べん）□（きょう）する。

スパイラルコーナー

□に かん字を 書きましょう。　1つ10点【20点】

(1) □□（にんげん）と どうぶつ。

(2) □□（きぶん）が よい。

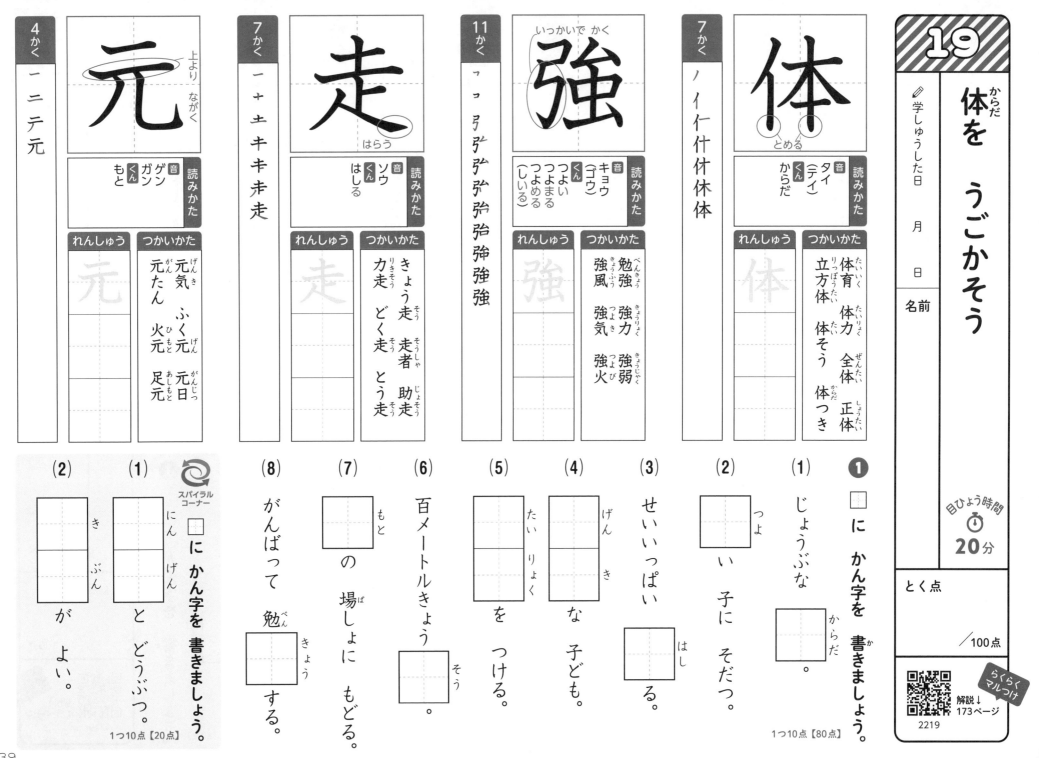

＼もう1回チャレンジ!!／

19 体(からだ)を うごかそう

学しゅうした日　月　日

名前

目ひょう時間 20分

とく点　／100点

らくらくマルつけ　解説↓173ページ

2219

体

7かく

ノ　亻　仁　什　休　体　体

とめる

読みかた
音 タイ（テイ）
くん からだ

つかいかた
体育(たいいく)　体力(たいりょく)　全体(ぜんたい)　正体(しょうたい)
立方体(りっぽうたい)　体(たい)そう　体(からだ)つき

れんしゅう
体

強

11かく

いっかいで かく

𠃌　コ　弓　弓　弘　弘　弘　弜　弜　強　強

読みかた
音 キョウ（ゴウ）
くん つよい　つよまる　つよめる（しいる）

つかいかた
勉強(べんきょう)　強力(きょうりょく)　強弱(きょうじゃく)
強風(きょうふう)　強気(つよき)　強火(つよび)

れんしゅう
強

走

7かく

一　十　土　キ　キ　赱　走

はらう

読みかた
音 ソウ
くん はしる

つかいかた
きょう走(そう)　走者(そうしゃ)　助走(じょそう)
力走(りきそう)　どく走(そう)　とう走(そう)

れんしゅう
走

元

4かく

一　二　テ　元

上より ながく

読みかた
音 ゲン　ガン
くん もと

つかいかた
元気(げんき)　ふく元(げん)　元日(がんじつ)
元(がん)たん　火元(ひもと)　足元(あしもと)

れんしゅう
元

❶ □に かん字を 書(か)きましょう。

1つ10点【80点】

(1) じょうぶな □(からだ)。

(2) □(つよ)い 子に そだつ。

(3) せいいっぱい □(はし)る。

(4) □□(げんき)な 子ども。

(5) □□(たいりょく)を つける。

(6) 百メートルきょう □(そう)。

(7) □(もと)の 場(ば)しょに もどる。

(8) がんばって 勉(べん)□(きょう)する。

スパイラルコーナー

□に かん字を 書きましょう。

1つ10点【20点】

(1) □□(にんげん)と どうぶつ。

(2) □□(きぶん)が よい。

20 話(はな)し合(あ)おう

学しゅうした日　月　日

名前

目ひょう時間 20分

とく点　／100点

解説↓173ページ 2220

らくらくマルつけ

友　4かく

つける

一　ナ　方　友

読みかた
音 ユウ
くん とも

つかいかた
友人(ゆうじん)　親友(しんゆう)　友(ゆう)じょう
交友(こうゆう)　級友(きゅうゆう)　友(とも)だち

れんしゅう
友

話　13かく

左下にはらう

、 亠 亠 亠 言 言 言 言 訁 訂 話 話 話

読みかた
音 ワ
くん はなす　はなし

つかいかた
会話(かいわ)　電話(でんわ)　童話(どうわ)
手話(しゅわ)　話(はな)し合(あ)い　昔話(むかしばなし)

れんしゅう
話

言　7かく

ななめにうつ

、 亠 亠 亠 言 言 言

読みかた
音 ゲン　ゴン
くん いう　こと

つかいかた
発言(はつげん)　言語(げんご)　方言(ほうげん)　助言(じょげん)
でん言(ごん)　言(い)い分(ぶん)　言葉(ことば)

れんしゅう
言

聞　14かく

つき出さない

丨 ㇋ 冂 門 門 門 門 門 門 門 門 門 聞 聞

読みかた
音 ブン　(モン)
くん きく　きこえる

つかいかた
新聞(しんぶん)　見聞(けんぶん)　でん聞(ぶん)
百聞(ひゃくぶん)　聞(き)き耳(みみ)　人聞(ひとぎ)き

れんしゅう
聞

---

1 □に かん字を 書(か)きましょう。　1つ10点【80点】

(1) □□(ゆうじん)に 会(あ)う。
(2) みんなで □(はな)し合(あ)う。
(3) 思(おも)った ことを □(い)う。
(4) きのうの ことを □(き)く。
(5) 会(かい)□(わ)が はずむ。
(6) クラスで 発(はっ)□(げん)する。
(7) □(とも)だちを 見かける。
(8) 東北地方(とうほくちほう)の 方□(げん)。

スパイラルコーナー

□に かん字を 書きましょう。　1つ10点【20点】

(1) □□(こんや)は さむい。
(2) □□(かっき)に あふれる。

もう1回チャレンジ!!

20 話(はな)し合(あ)おう

学しゅうした日　月　日

名前

目ひょう時間 20分

とく点　／100点

解説↓173ページ

らくらくマルつけ

2220

友　4かく

つける

一 ナ 方 友

読みかた
音 ユウ
くん とも

つかいかた
友人(ゆうじん)　親友(しんゆう)　友(ゆう)じょう
交友(こうゆう)　級友(きゅうゆう)　友(とも)だち

れんしゅう

話　13かく

左下に はらう

、 亠 亠 亖 言 言 言 訁 訁 訐 訐 話 話

読みかた
音 ワ
くん はなす　はなし

つかいかた
会話(かいわ)　電話(でんわ)　童話(どうわ)
手話(しゅわ)　話(はな)し合(あ)い　昔話(むかしばなし)

れんしゅう

言　7かく

ななめに うつ

、 亠 亠 亖 言 言 言

読みかた
音 ゲン　ゴン
くん いう　こと

つかいかた
発言(はつげん)　言語(げんご)　方言(ほうげん)　助言(じょげん)
でん言(ごん)　言(い)い分(ぶん)　言葉(ことば)

れんしゅう

聞　14かく

つき出さない

丨 𠃍 𠃍 ⾨ ⾨ 門 門 門 門 閅 閆 閆 聞 聞

読みかた
音 ブン（モン）
くん きく　きこえる

つかいかた
新聞(しんぶん)　見聞(けんぶん)　でん聞(ぶん)
百聞(ひゃくぶん)　聞(き)き耳(みみ)　人聞(ひとぎ)き

れんしゅう

---

1 □に かん字を 書(か)きましょう。　1つ10点【80点】

(1) □□(ゆうじん)に 会(あ)う。

(2) みんなで □(はな)し合(あ)う。

(3) 思(おも)った ことを □(い)う。

(4) きのうの ことを □(き)く。

(5) 会(かい)□(わ)が はずむ。

(6) クラスで 発(はっ)□(げん)する。

(7) □(とも)だちを 見かける。

(8) 東北地方(とうほくちほう)の 方□(げん)。

スパイラルコーナー

□に かん字を 書きましょう。　1つ10点【20点】

(1) □□(こんや)は さむい。

(2) □□(かっき)に あふれる。

21 まとめの テスト 9

学しゅうした日　月　日

名前

目ひょう時間 20分

とく点　／100点

解説↓ 174ページ

2221

らくらくマルつけ

❶ （　）に ――線(せん)の 読(よ)みがなを 書(か)きましょう。

(1) 年頭の あいさつ。（　　）

(2) 兄(あに)は 童(どう)顔だ。（　　）

(3) 日本(にほん)の 首相(しょう)。（　　）

(4) 自動(どう)かいさつき。（　　）

(5) 意(い)思が かたい。（　　）

(6) 思考が まとまらない。（　　）

(7) 頭を かかえる。（　　）

(8) にこやかな わらい顔。（　　）

(9) 手首を つかむ。（　　）

(10) 自ら 名のり出る。（　　）

(11) 考えごとを する。（　　）

1つ5点【55点】

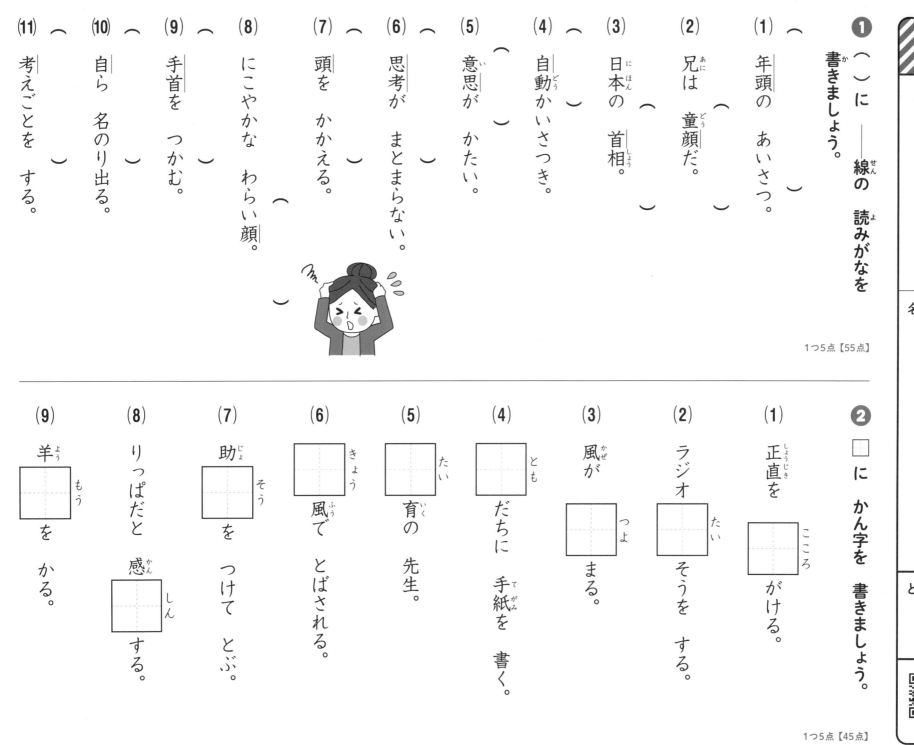

❷ □に かん字を 書きましょう。

(1) 正直(しょうじき)を □(こころ)がける。

(2) ラジオ □(たい)そうを する。

(3) 風(かぜ)が □(つよ)まる。

(4) □(とも)だちに 手紙(てがみ)を 書く。

(5) □(たい)育(いく)の 先生。

(6) □(きょう)風(ふう)で とばされる。

(7) 助(じょ)□(そう)を つけて とぶ。

(8) りっぱだと 感(かん)□(しん)する。

(9) 羊(よう)□(もう)を かる。

1つ5点【45点】

／もう1回チャレンジ!!／

21 まとめの テスト 9

✏学しゅうした日　月　日

名前

目ひょう時間 20分

とく点　／100点

らくらくマルつけ　解説↓174ページ　2221

1 （　）に ――線(せん)の 読(よ)みがなを 書(か)きましょう。　1つ5点【55点】

(1) 年頭の あいさつ。（　　）
(2) 兄(あに)は 童顔(どう)だ。（　　）（　　）
(3) 日本(にほん)の 首相(しょう)。（　　）（　　）
(4) 自動(どう)かいさつき。（　　）
(5) 意思(い)が かたい。（　　）
(6) 思考が まとまらない。（　　）
(7) 頭を かかえる。（　　）
(8) にこやかな わらい顔。（　　）
(9) 手首を つかむ。（　　）
(10) 自ら 名のり出る。（　　）
(11) 考えごとを する。（　　）

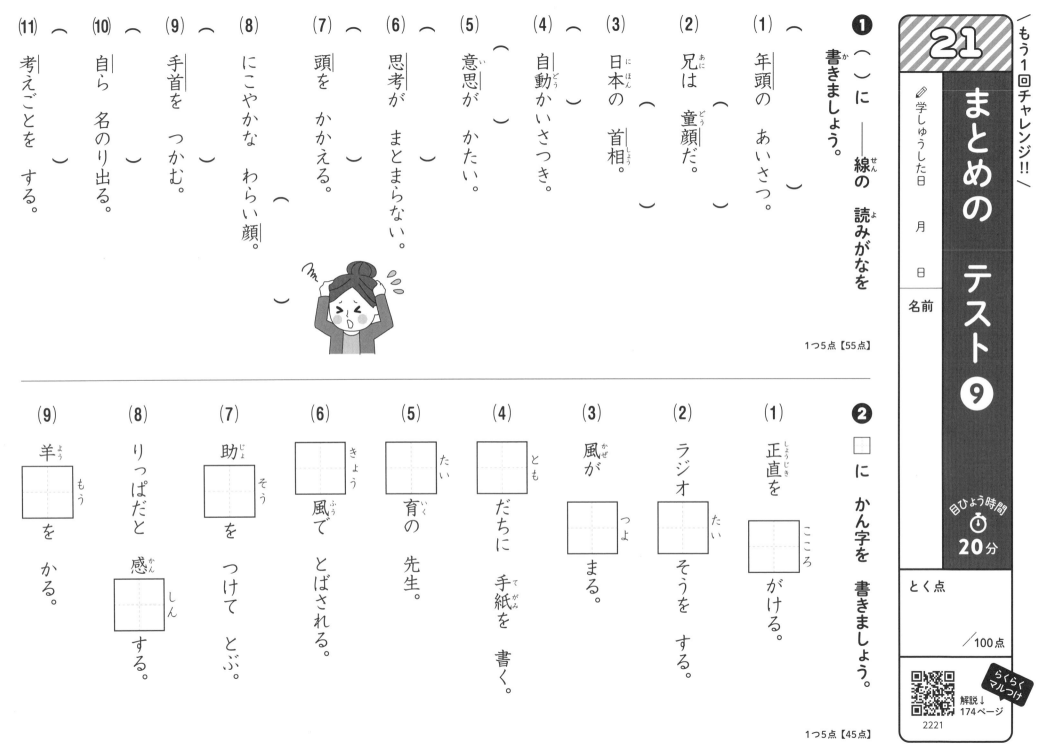

2 □に かん字を 書きましょう。　1つ5点【45点】

(1) 正直(しょうじき)を □(こころ) がける。
(2) ラジオ □(たい) そうを する。
(3) 風(かぜ)が □(つよ) まる。
(4) □(とも) だちに 手紙(てがみ)を 書く。
(5) □(たい) 育(いく)の 先生。
(6) □(きょう) 風(ふう)で とばされる。
(7) 助(じょ) □(そう) を つけて とぶ。
(8) りっぱだと 感(かん) □(しん) する。
(9) 羊(よう) □(もう) を かる。

22

まとめの テスト ⑩

目ひょう時間 20分

学しゅうした日　月　日

名前

とく点　／100点

らくらくマルつけ

解説↓ 174ページ

2222

1 （　）に ——線の 読みがなを 書きましょう。　1つ5点【55点】

(1) 土きを ふく元する。（　）

(2) はん人が とう走する。（　）

(3) 手話を 習う。（　）

(4) 外国の 言語。（　）

(5) 見聞を 広げる。（　）

(6) 火元を たしかめる。（　）

(7) 走るのが はやい。（　）

(8) 声が 聞こえる。（　）

(9) わがままを 言う。（　）

(10) 正体が ばれる。（　）

(11) おもしろい 話。（　）

2 □に かん字を 書きましょう。　1つ5点【45点】

(1) □□（しんゆう）に そうだんする。

(2) □□（けむし）を つかまえる。

(3) ゆたかな □（し）ぜん。

(4) 夏休みの □（おも）い出。

(5) すぐれた □（ず）のう。

(6) 父は 丸□（がお）だ。

(7) 真□（ごころ）を こめる。

(8) 午後から □（じ）習になる。

(9) □□（つよき）で とりくむ。

＼もう1回チャレンジ!!／

22

まとめの テスト⑩

学しゅうした日　月　日

名前

目ひょう時間 20分

とく点　／100点

解説↓ 174ページ
2222

らくらくマルつけ

❶ （　）に ——線の 読みがなを 書きましょう。

1つ5点【55点】

(1) 土きを ふく元する。（　）
(2) はん人が とう走する。（　）
(3) 手話を 習う。（　）
(4) 外国の 言語。（　）
(5) 見聞を 広げる。（　）
(6) 火元を たしかめる。（　）
(7) 走るのが はやい。（　）
(8) 声が 聞こえる。（　）
(9) わがままを 言う。（　）
(10) 正体が ばれる。（　）
(11) おもしろい 話。（　）

❷ □に かん字を 書きましょう。

1つ5点【45点】

(1) □□（しんゆう）に そうだんする。
(2) □□（けむし）を つかまえる。
(3) ゆたかな □（し）ぜん。
(4) 夏休みの □（おも）い出。
(5) すぐれた □（ず）のう。
(6) 父は 丸□（がお）だ。
(7) 真□（ごころ）を こめる。
(8) 午後から □（じ）習になる。
(9) □□（つよき）で とりくむ。

23

まとめの テスト⑪

目ひょう時間 20分

学しゅうした日　月　日

名前

とく点　／100点

らくらくマルつけ
解説↓ 174ページ
2223

❶ ある かん字を □に 入れて 矢じるしの 方こうに 読むと、三つの ことばが できます。入る かん字を あとの〈 〉から えらんで 書き、できた ことばの 読みがなを （ ）に 書きましょう。 1つ10点【40点】

足 → □ → 気
　　↓
　　日

気（　　　　）
日（　　　　）
足（　　　　）

〈 手　首　元　顔 〉

❷ ——線を かん字と おくりがなで 書きましょう。 1つ10点【20点】

(1) じっくり かんがえる。（　　　　）

(2) みずから 答えを 出す。（　　　　）

❸ （ ）に ——線の 読みがなを 書きましょう。 1つ5点【20点】

(1) ① 顔面に ボールが あたる。（　　　　）
② 顔色が わるい。（　　　　）

(2) ① 二頭の 牛が いる。（　　　　）
② 犬の 頭を なでる。（　　　　）

❹ つぎの かん字の 矢じるし↓の ぶ分は 何画目に 書きますか。数字で 書きましょう。 1つ5点【20点】

(1) 聞（　　）画目

(2) 友（　　）画目

(3) 心（　　）画目

(4) 走（　　）画目

もう1回チャレンジ!!

23 まとめのテスト ⑪

学しゅうした日　月　日

名前

目ひょう時間 20分

とく点　／100点

らくらくマルつけ　解説↓174ページ

2223

❶ あるかん字を□に入れて矢じるしの方こうに読むと、三つのことばができます。入るかん字をあとの〈　〉からえらんで書き、できたことばの読みがなを（　）に書きましょう。 1つ10点【40点】

足 → □ → 気
　　↓
　　日

（　　　　）
（　　　　）
（　　　　）

〈手　首　元　顔〉

❷ ——線をかん字とおくりがなで書きましょう。 1つ10点【20点】

(1) じっくり　かんがえる。（　　　　）

(2) みずから　答えを　出す。（　　　　）

❸ （　）に——線の読みがなを書きましょう。 1つ5点【20点】

(1) ① 顔面に　ボールが　あたる。（　　　　）
② 顔色が　わるい。（　　　　）

(2) ① 二頭の　牛が　いる。（　　　　）
② 犬の　頭を　なでる。（　　　　）

❹ つぎの　かん字の　矢じるし↓の　ぶ分は　何画目に　書きますか。数字で　書きましょう。 1つ5点【20点】

(1) 聞（　　）画目

(2) 友（　　）画目

(3) 心（　　）画目

(4) 走（　　）画目

24

まとめの テスト ⑫

目ひょう時間 20分

学しゅうした日　月　日

名前

とく点　／100点

らくらくマルつけ
解説↓174ページ
2224

❶ カードを 組み合わせて、二字の ことばを 四つ 作りましょう。（同じ カードは 一どしか つかえません。） 1つ10点【40点】

前　親　思　考　気　後　元　友

❷ つぎの かん字は どこから 書きはじめますか。一画目を なぞりましょう 1つ5点【20点】

(1) 首　(2) 毛　(3) 顔　(4) 自

❸ かん字の 〈右ぶ分〉〈左ぶ分〉の カードを 組み合わせて、かん字を 四つ 書きましょう。（同じ カードは 一どしか つかえません。） 1つ5点【20点】

〈右ぶ分〉 頁　舌　未　翟

〈左ぶ分〉 女　日　豆　言

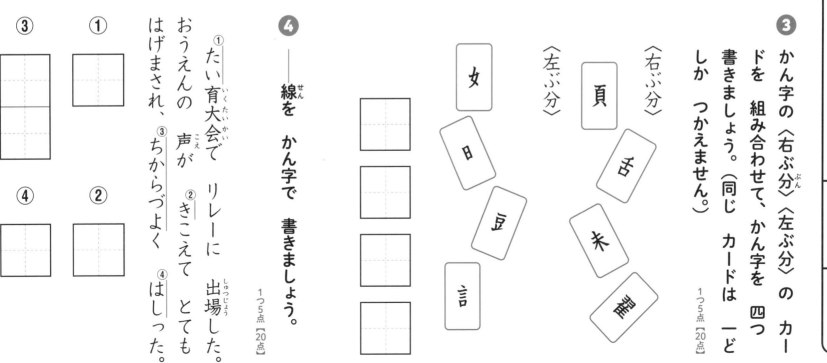

❹ ——線を かん字で 書きましょう。 1つ5点【20点】

①たい育大会で リレーに 出場した。おうえんの 声が ②きこえて とても はげまされ、③ちからづよく ④はしった。

① ② ③ ④

＼もう1回チャレンジ!!／

24 まとめの テスト⑫

目ひょう時間 20分

学しゅうした日　月　日

名前

とく点　／100点

らくらくマルつけ　解説↓ 174ページ　2224

❶ カードを 組(く)み合(あ)わせて、二字の ことばを 四つ 作(つく)りましょう。（同(おな)じ カードは 一どしか つかえません。）　1つ10点【40点】

前　親　思　考　気　後　元　友

❷ つぎの かん字は どこから 書(か)きはじめますか。一画目(いっかくめ)を なぞりましょう　1つ5点【20点】

(1) 昔　(2) 毛　(3) 顔　(4) 自

❸ かん字の〈右ぶ分(ぶん)〉〈左ぶ分〉の カードを 組み合わせて、かん字を 四つ 書きましょう。（同じ カードは 一どしか つかえません。）　1つ5点【20点】

〈右ぶ分〉　頁　舌　未　翟

〈左ぶ分〉　女　日　豆　言

❹ ──線(せん)を かん字で 書きましょう。　1つ5点【20点】

①たい育大会(いくたいかい)で リレーに 出場(しゅつじょう)した。おうえんの 声(こえ)が ②きこえて とても はげまされ、③ちからづよく ④はしった。

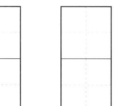

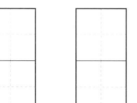

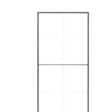

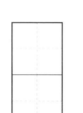

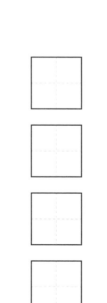

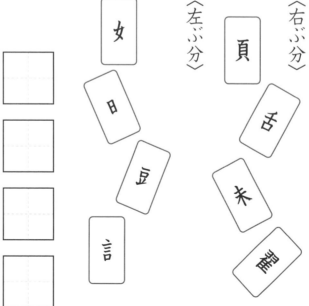

①　②　③　④

25

学校へ 行こう

学しゅうした日　月　日

名前

目ひょう時間 20分

とく点　／100点

解説↓ 175ページ

らくらくマルつけ

2225

歩　8かく

丨 ㇖ 屮 止 屮 屮 屮 歩

はねる

読みかた
音 ホ (ブ) (フ)
くん あるく あゆむ

つかいかた
歩行（ほこう）　歩道（ほどう）　進歩（しんぽ）　歩合（ぶあい）　さん歩（ぽ）　と歩（ほ）

れんしゅう
歩

通　10かく

𠃌 マ 乃 月 甬 甬 甬 甬 通 通

はねる

読みかた
音 ツウ (ツ)
くん とおる とおす かよう

つかいかた
通学（つうがく）　交通（こうつう）　通行（つうこう）　通知（つうち）　通しん（つう）　大通り（おおどお）

れんしゅう
通

行　6かく

ノ ク 彳 彳 行 行

はらう

読みかた
音 コウ ギョウ (アン)
くん いく ゆく おこなう

つかいかた
行進（こうしん）　旅行（りょこう）　銀行（ぎんこう）　直行（ちょっこう）　行事（ぎょうじ）　行き先（い さき）　とり行う（おこな）

れんしゅう
行

来　7かく

一 ㇖ 冖 立 平 来 来

とめる

読みかた
音 ライ
くん くる (きたる) (きたす)

つかいかた
来年（らいねん）　来週（らいしゅう）　来店（らいてん）　本来（ほんらい）　家来（けらい）　い来（らい）

れんしゅう
来

1 □に かん字を 書きましょう。　1つ10点【80点】

(1) 広い 道を [ある]く。

(2) 友だちと [つうがく] する。

(3) 毎日 学校へ [い]く。

(4) 車が こちらへ [く]る。

(5) [ほ]道から はみ出さない。

(6) [おおどお]りに 出る。

(7) 子どもが [つうこう] する。

(8) [らいねん]の 計画。

スパイラルコーナー

□に かん字を 書きましょう。　1つ10点【20点】

(1) [せんしゅう]の できごと。

(2) [まい]回 同じ 話を する。

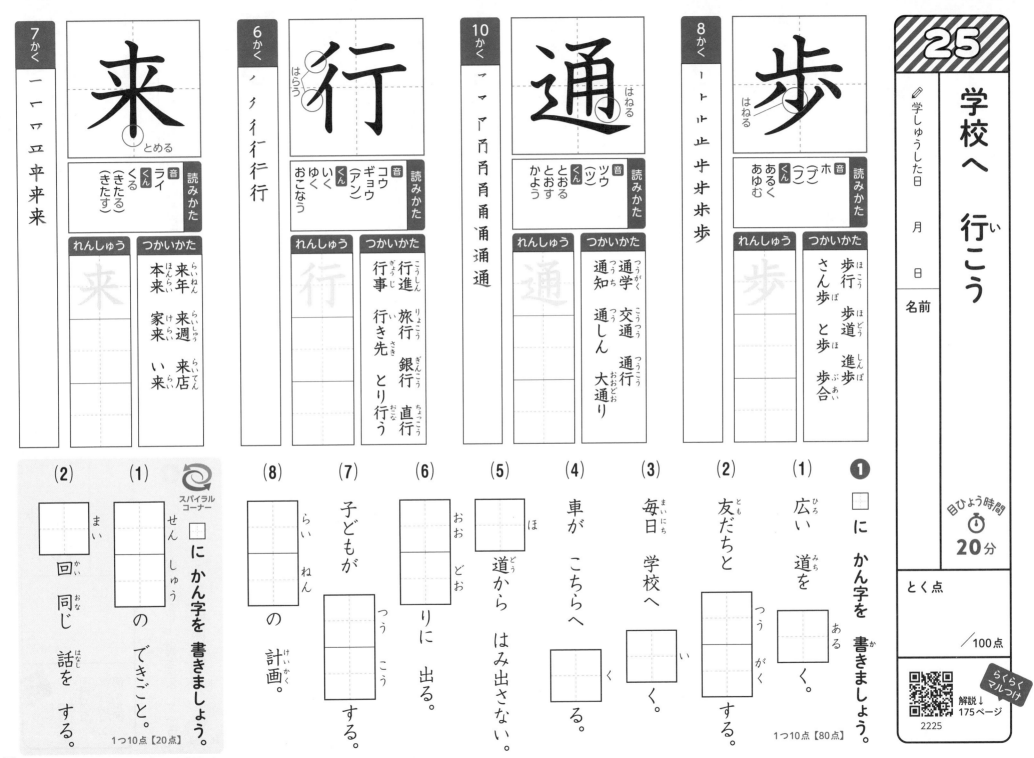

もう1回チャレンジ!!

25 学校へ 行(い)こう

学しゅうした日 月 日

名前

目ひょう時間 20分

とく点 ／100点

らくらくマルつけ 解説↓175ページ

2225

歩 8かく

はねる

読みかた
- 音 ホ (ブ) (フ)
- くん あるく あゆむ

つかいかた: 歩行(ほこう) 歩道(ほどう) 進歩(しんぽ) 歩合(ぶあい) さん歩(ぽ) と歩(ほ)

れんしゅう: 歩

通 10かく

はねる

読みかた
- 音 ツウ (ツ)
- くん とおる とおす かよう

つかいかた: 通学(つうがく) 交通(こうつう) 通行(つうこう) 通知(つうち) 通(つう)しん 大通(おおどお)り

れんしゅう: 通

行 6かく

はらう

読みかた
- 音 コウ ギョウ (アン)
- くん いく ゆく おこなう

つかいかた: 行進(こうしん) 旅行(りょこう) 銀行(ぎんこう) 直行(ちょっこう) 行事(ぎょうじ) 行(い)き先(さき) とり行(おこな)う

れんしゅう: 行

来 7かく

とめる

読みかた
- 音 ライ
- くん くる (きたる) (きたす)

つかいかた: 来年(らいねん) 来週(らいしゅう) 来店(らいてん) 本来(ほんらい) 家来(けらい) い来(らい)

れんしゅう: 来

1 □に かん字を 書(か)きましょう。 1つ10点【80点】

(1) 広(ひろ)い 道(みち)を □(ある)く。

(2) 友(とも)だちと □□(つうがく) する。

(3) 毎日(まいにち) 学校へ □(い)く。

(4) 車が こちらへ □(く)る。

(5) □(ほ)道(どう)から はみ出さない。

(6) □□(おおどお)りに 出る。

(7) 子どもが □□(つうこう) する。

(8) □□(らいねん)の 計画(けいかく)。

スパイラルコーナー □に かん字を 書きましょう。 1つ10点【20点】

(1) □□(せんしゅう)の できごと。

(2) □(まい)回(かい) 同(おな)じ 話(はなし)を する。

26 学校の 帰(かえ)り道(みち)

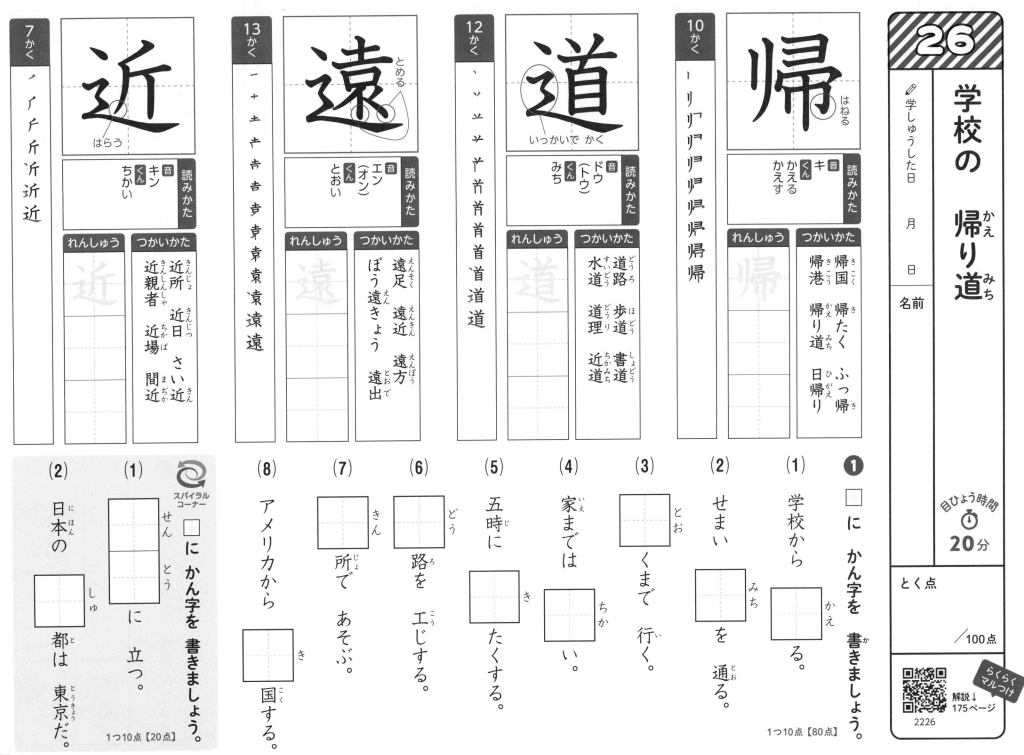

学しゅうした日　月　日

名前

目ひょう時間 20分

とく点　／100点

解説↓175ページ　らくらくマルつけ　2226

帰　10かく

丨 リ リ' リ⺕ リ彐 リ帚 …帰（はねる）

読みかた　音 キ　くん かえる　かえす

つかいかた　帰国(きこく)　帰(き)たく　ふっ帰(き)　帰港(きこう)　帰(かえ)り道(みち)　日帰(ひがえ)り

れんしゅう　帰

道　12かく

丶 丷 䒑 䒑 䒑 首 首 首 首 首 道 道（いっかいで かく）

読みかた　音 ドウ（トウ）　くん みち

つかいかた　道路(どうろ)　歩道(ほどう)　書道(しょどう)　水道(すいどう)　道理(どうり)　近道(ちかみち)

れんしゅう　道

遠　13かく

一 十 土 土 吉 吉 声 声 声 袁 袁 遠 遠（とめる）

読みかた　音 エン（オン）　くん とおい

つかいかた　遠足(えんそく)　遠近(えんきん)　遠方(えんぽう)　ぼう遠(えん)きょう　遠出(とおで)

れんしゅう　遠

近　7かく

丿 厂 斤 斤 䜣 䜣 近（はらう）

読みかた　音 キン　くん ちかい

つかいかた　近所(きんじょ)　近日(きんじつ)　さい近(きん)　近親者(きんしんしゃ)　近場(ちかば)　間近(まぢか)

れんしゅう　近

1 □に かん字を 書(か)きましょう。

1つ10点【80点】

(1) 学校から □(かえ)る。

(2) せまい □(みち)を 通(とお)る。

(3) □(とお)くまで 行(い)く。

(4) 家(いえ)までは □(ちか)い。

(5) 五時(じ)に □(き)たくする。

(6) □(どう)路(ろ)を 工(こう)じする。

(7) □(きん)所(じょ)で あそぶ。

(8) アメリカから □(き)国(こく)する。

スパイラルコーナー　□に かん字を 書きましょう。

1つ10点【20点】

(1) □□(せんとう)に 立つ。

(2) 日本(にほん)の □(しゅ)都(と)は 東京(とうきょう)だ。

もう1回チャレンジ!!

26 学校の帰り道(かえりみち)

学しゅうした日　月　日

名前

目ひょう時間 20分

とく点　／100点

らくらくマルつけ
解説↓ 175ページ
2226

帰
10かく

はねる

読みかた
音 キ
くん かえる　かえす

つかいかた
帰国(きこく)　帰たく(き)　ふっ帰(き)
帰港(きこう)　帰り道(かえりみち)　日帰り(ひがえり)

れんしゅう

道
12かく

いっかいで かく

読みかた
音 ドウ（トウ）
くん みち

つかいかた
道路(どうろ)　歩道(ほどう)　書道(しょどう)
水道(すいどう)　道理(どうり)　近道(ちかみち)

れんしゅう

遠
13かく

とめる

読みかた
音 エン（オン）
くん とおい

つかいかた
遠足(えんそく)　遠近(えんきん)　遠方(えんぽう)
ぼう遠(えん)きょう　遠出(とおで)

れんしゅう

近
7かく

はらう

読みかた
音 キン
くん ちかい

つかいかた
近所(きんじょ)　近日(きんじつ)　さい近(きん)
近親者(きんしんしゃ)　近場(ちかば)　間近(まぢか)

れんしゅう

1 □に かん字を 書(か)きましょう。　1つ10点【80点】

(1) 学校から □(かえ) る。

(2) せまい □(みち) を 通(とお)る。

(3) □(とお) くまで 行(い)く。

(4) 家(いえ)までは □(ちか) い。

(5) 五時(じ)に □(き) たくする。

(6) □(どう) 路(ろ)を 工(こう)じする。

(7) □(きん) 所(じょ)で あそぶ。

(8) アメリカから □(き) 国(こく)する。

スパイラルコーナー

□に かん字を 書きましょう。　1つ10点【20点】

(1) □□(せんとう) に 立つ。

(2) 日本(にほん)の □(しゅ) 都(と)は 東京(とうきょう)だ。

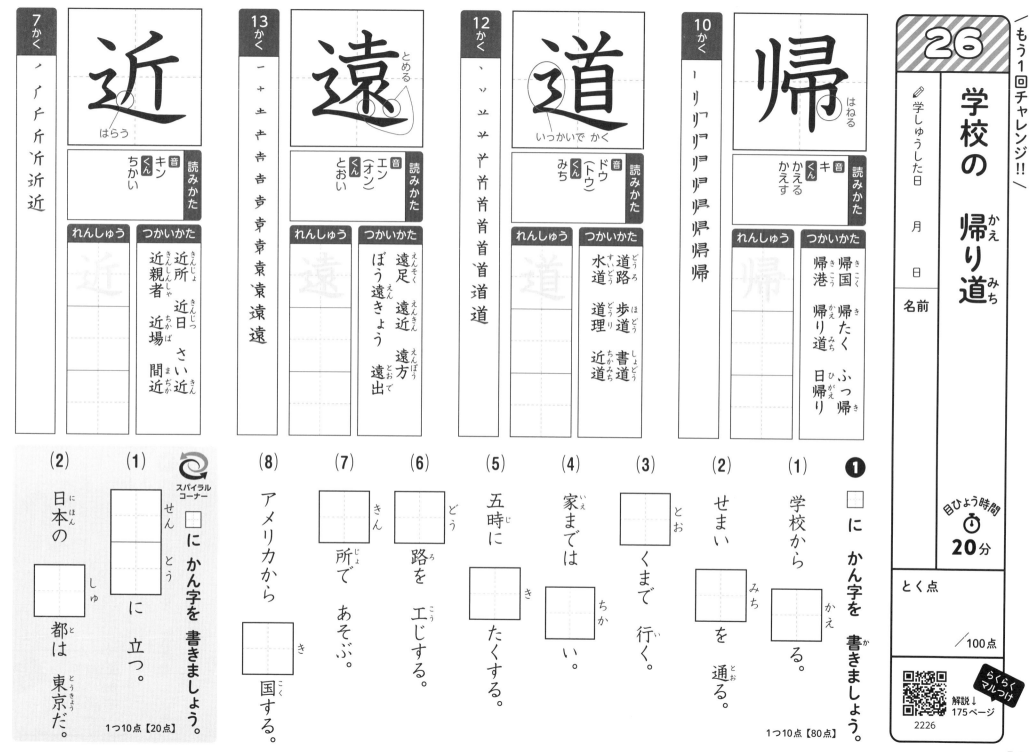

27 教室（きょうしつ）の ようす

✎学しゅうした日　月　日

名前

目ひょう時間 20分

とく点　／100点

らくらくマルつけ　解説↓175ページ

2227

教　11かく

一 十 土 耂 耂 耂 孝 孝 孝 教 教

出す

読みかた
音　キョウ
くん　おしえる　おそわる

つかいかた
教室（きょうしつ）　教科書（きょうかしょ）　教育（きょういく）
教会（きょうかい）　教員（きょういん）　ぶっ教（きょう）

れんしゅう　教

室　9かく

丶 丷 宀 宀 宀 宀 宀 室 室

まっすぐ立てる

読みかた
音　シツ
くん　（むろ）

つかいかた
室内（しつない）　和室（わしつ）　病室（びょうしつ）
温室（おんしつ）　客室（きゃくしつ）　図書室（としょしつ）

れんしゅう　室

黒　11かく

丨 冂 冂 日 甲 甲 里 里 黒 黒 黒

てんのちゅうい　むきに

読みかた
音　コク
くん　くろ　くろい

つかいかた
黒板（こくばん）　黒点（こくてん）　暗黒（あんこく）
大黒柱（だいこくばしら）　黒目（くろめ）　白黒（しろくろ）

れんしゅう　黒

内　4かく

丨 冂 内 内

とめる

読みかた
音　ナイ（ダイ）
くん　うち

つかいかた
国内（こくない）　校内（こうない）　車内（しゃない）
内よう（ないよう）　内気（うちき）　内がわ（うちがわ）

れんしゅう　内

---

1 □に かん字を 書（か）きましょう。　1つ10点【80点】

(1) 一年生の □□（きょうしつ）。
(2) □（こく）板（ばん）に 字を 書く。
(3) □□（こうない） ほうそうを 聞（き）く。
(4) かん字を □（おし）える。
(5) □□（しつない）に 入る。
(6) □（くろ）い 色（いろ）に ぬる。
(7) 線（せん）の □（うち）がわに 入る。
(8) □（きょう）科書（かしょ）を ひらく。

スパイラルコーナー　□に かん字を 書きましょう。　1つ10点【20点】

(1) 町の □□（ちゅうしん） 地（ち）。
(2) □（じ）由（ゆう）に うごき回（まわ）る。

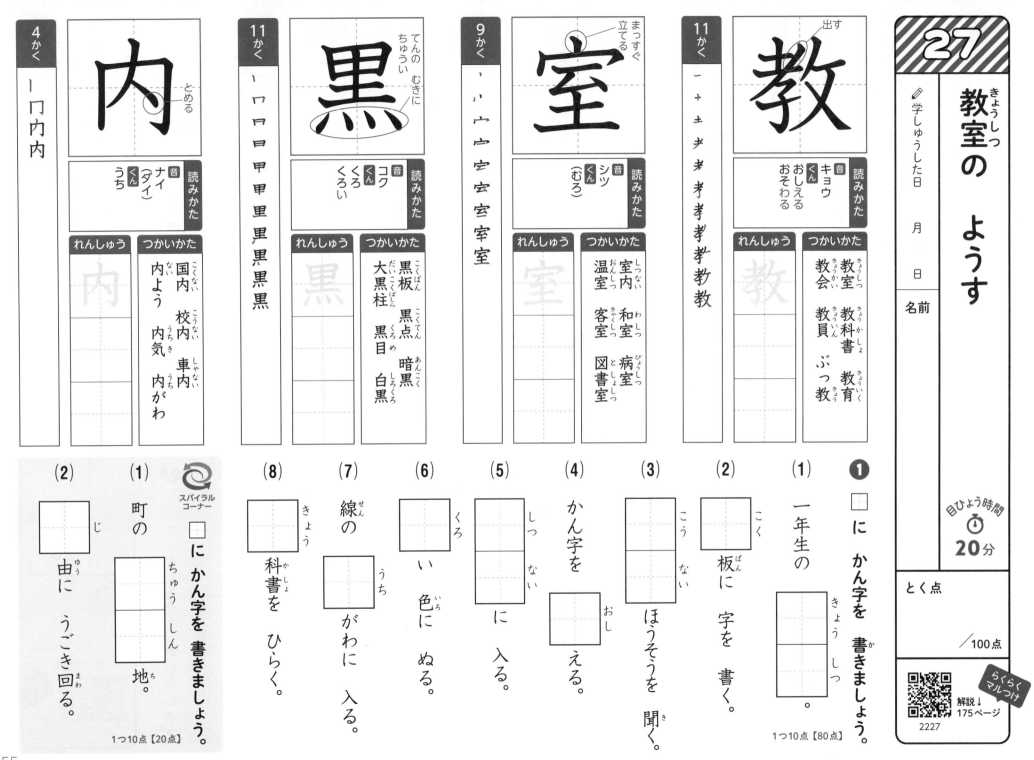

もう1回チャレンジ!!

27

教室(きょうしつ)のようす

学しゅうした日　月　日

名前

目ひょう時間 20分

とく点　／100点

解説↓175ページ

らくらくマルつけ

2227

教

11かく

一 十 土 耂 耂 考 孝 孝 孝 教 教

出す

読みかた
音 キョウ
くん おしえる　おそわる

つかいかた
教室(きょうしつ)　教科書(きょうかしょ)　教育(きょういく)
教会(きょうかい)　教員(きょういん)　ぶっ教(きょう)

れんしゅう

室

9かく

丶 丶 宀 宀 宀 宏 宏 室 室

まっすぐ立てる

読みかた
音 シツ
くん (むろ)

つかいかた
室内(しつない)　和室(わしつ)　病室(びょうしつ)
温室(おんしつ)　客室(きゃくしつ)　図書室(としょしつ)

れんしゅう

黒

11かく

丨 口 日 日 甲 甲 里 里 黒 黒 黒

てんのむきにちゅうい

読みかた
音 コク
くん くろ　くろい

つかいかた
黒板(こくばん)　黒点(こくてん)　暗黒(あんこく)
大黒柱(だいこくばしら)　黒目(くろめ)　白黒(しろくろ)

れんしゅう

内

4かく

丨 冂 内 内

とめる

読みかた
音 ナイ　(ダイ)
くん うち

つかいかた
国内(こくない)　校内(こうない)　車内(しゃない)
内よう(ないよう)　内気(うちき)　内がわ(うちがわ)

れんしゅう

1 □に かん字を 書(か)きましょう。　1つ10点【80点】

(1) 一年生の □(きょうしつ)。

(2) □(こく)板(ばん)に 字を 書く。

(3) □(こうない)ほうそうを 聞(き)く。

(4) かん字を □(おし)える。

(5) □(しつない)に 入る。

(6) □(くろ)い 色(いろ)に ぬる。

(7) 線(せん)の □(うち)がわに 入る。

(8) □(きょう)科(か)書(しょ)を ひらく。

スパイラルコーナー

□に かん字を 書きましょう。　1つ10点【20点】

(1) 町の □(ちゅうしん)地(ち)。

(2) □(じ)由(ゆう)に うごき回(まわ)る。

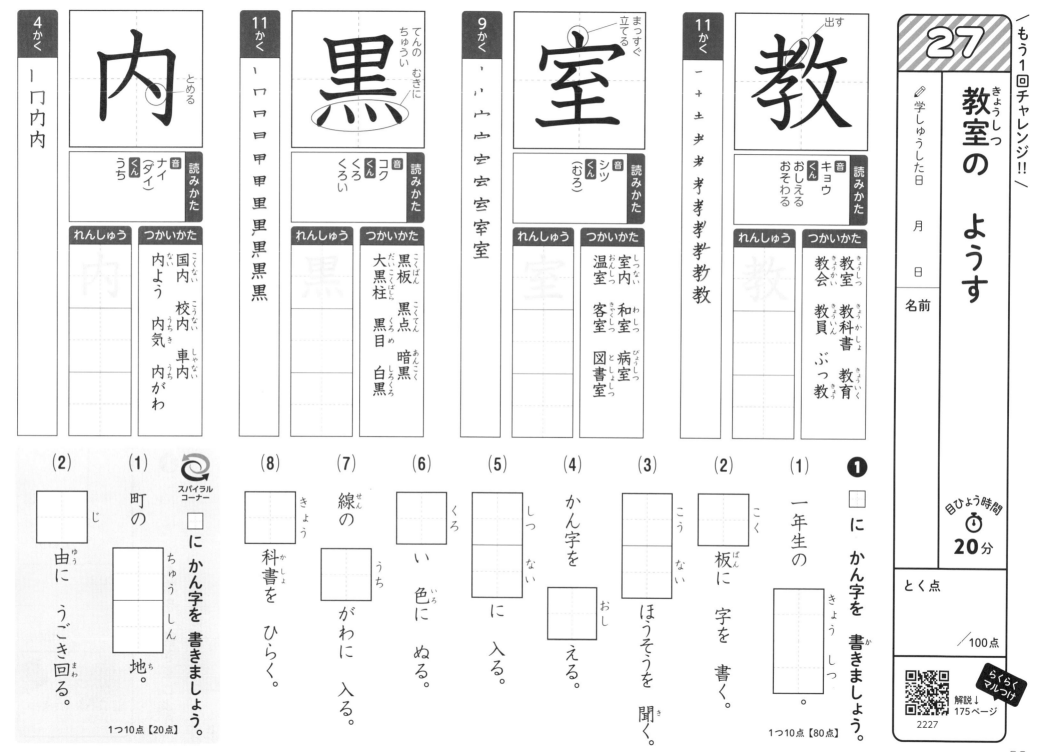

28 図書室(としょしつ)へ 行(い)こう

学しゅうした日　月　日

名前

目ひょう時間 20分

とく点　／100点

らくらくマルつけ

解説↓ 175ページ

2228

図（7かく）

とめる　はらう

読みかた　音 ズ ト　くん (はかる)

つかいかた　図形(ずけい)　地図(ちず)　図工(ずこう)　図画(ずが)　図表(ずひょう)　図書(としょ)　意図(いと)

れんしゅう　図

書（10かく）

つき出す

読みかた　音 ショ　くん かく

つかいかた　書道(しょどう)　書店(しょてん)　書写(しょしゃ)　文書(ぶんしょ)　手書(てが)き　下書(したが)き

れんしゅう　書

読（14かく）

上より　みじかく

読みかた　音 ドク トク トウ　くん よむ

つかいかた　読書(どくしょ)　音読(おんどく)　読者(どくしゃ)　読本(とくほん)　読点(とうてん)　先読(さきよ)み

れんしゅう　読

回（6かく）

下を せまく

読みかた　音 カイ (エ)　くん まわる まわす

つかいかた　回転(かいてん)　回答(かいとう)　一回(いっかい)　回(かい)ふく　回(まわ)り道(みち)　見回(みまわ)す

れんしゅう　回

1 □に かん字を 書きましょう。　1つ10点【80点】

(1) □□□(としょしつ)の 中。

(2) 本を かりて □(よ)む。

(3) もう □□(いっかい) かりる。

(4) しずかに □□(どくしょ)する。

(5) 作文(さくぶん)を □□(したが)きする。

(6) □(ず)工(こう)の 時間(じかん)。

(7) あたりを □□(みまわ)す。

(8) 日本地(にほんち)□(ず)を 見る。

スパイラルコーナー　□に かん字を 書きましょう。　1つ10点【20点】

(1) □□(きょうりょく)な ライバル。

(2) □□(あしもと)を 見て 歩(ある)く。

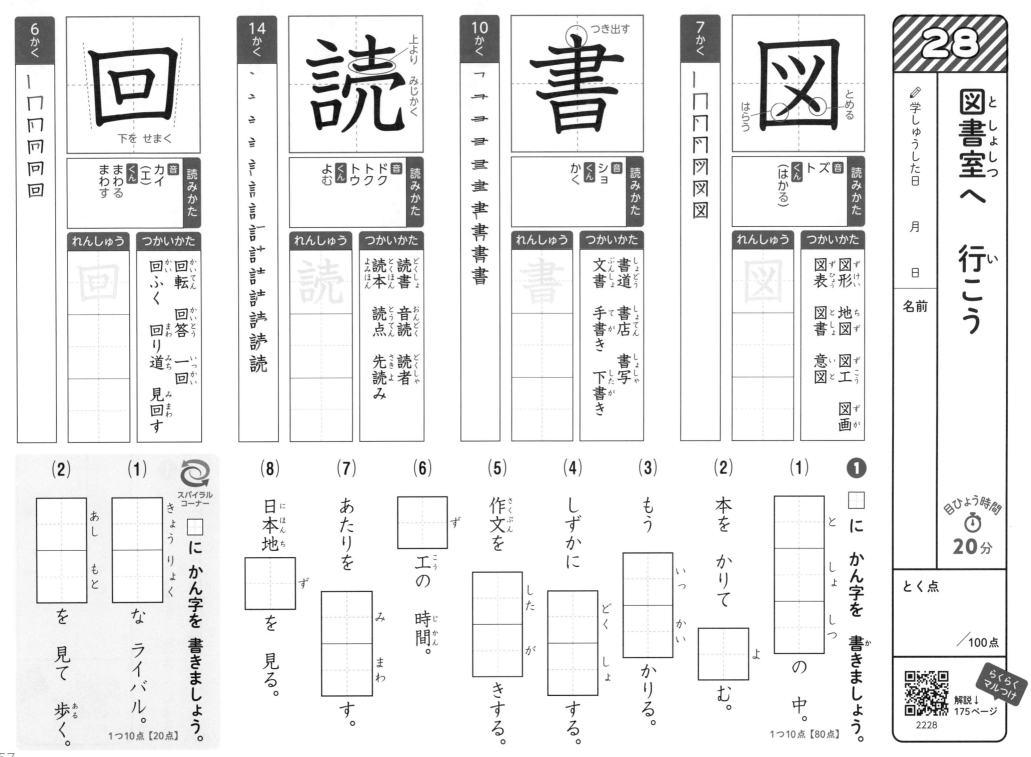

もう1回チャレンジ!!

28 図書室へ 行こう

学しゅうした日　月　日

名前

目ひょう時間 20分

とく点　/100点

解説↓ 175ページ

らくらくマルつけ

2228

図（7かく）

はらう　とめる

読みかた
音 ズ　ト
くん （はかる）

つかいかた
図形　地図　図工　図画
図表　図書　意図

書きじゅん：｜ 冂 冂 冈 冈 図 図

書（10かく）

つき出す

読みかた
音 ショ
くん かく

つかいかた
書道　書店　書写
文書　手書き　下書き

書きじゅん：㇕ ⺕ ⺕ ⺕ 聿 聿 聿 書 書 書

読（14かく）

上より　みじかく

読みかた
音 ドク　トク　トウ
くん よむ

つかいかた
読書　音読　読者
読本　読点　先読み

書きじゅん：丶 亠 亠 亠 言 言 言 言 訁 訁 訁 詩 読 読

回（6かく）

下を　せまく

読みかた
音 カイ（エ）
くん まわる　まわす

つかいかた
回転　回答　一回
回ふく　回り道　見回す

書きじゅん：｜ 冂 冂 回 回 回

れんしゅう

---

1 □に かん字を 書きましょう。　1つ10点【80点】

(1) □（としょしつ）の 中。
(2) 本を かりて □（よ）む。
(3) もう □（いっかい） かりる。
(4) しずかに □（どくしょ） する。
(5) 作文を □（したが） きする。
(6) □（ず） 工の 時間。
(7) あたりを □（みまわ） す。
(8) 日本地 □（ず） を 見る。

スパイラルコーナー

□に かん字を 書きましょう。　1つ10点【20点】

(1) □（きょうりょく） な ライバル。
(2) □（あしもと） を 見て 歩く。

29 まとめの テスト ⑬

学しゅうした日　月　日

名前

目ひょう時間 20分

とく点　／100点

らくらくマルつけ

解説↓ 176ページ

2229

❶ （　）に ——線(せん)の 読(よ)みがなを 書(か)きましょう。　1つ5点【55点】

(1) ゆっくり 歩行する。（　　）
(2) けっかを 通知(ち)する。（　　）
(3) 銀(ぎん)行で お金を おろす。（　　）
(4) 王様(おうさま)と 家来。（　　）
(5) 学校から 帰る。（　　）
(6) ぼう遠きょうで 見る。（　　）
(7) さい近の できごと。（　　）
(8) 人が 通る。（　　）
(9) えんそう会(かい)を 行う。（　　）
(10) 家(いえ)までの 近道。（　　）
(11) 遠い 国(くに)へ たびする。（　　）

❷ □に かん字を 書きましょう。　1つ5点【45点】

(1) 子どもを □(きょう) 育(いく)する。
(2) □□□(としょしつ) で 本を よむ。
(3) 目を □□(しろくろ) させる。
(4) バスの □□(しゃない)。
(5) 本を □□(おんどく) する。
(6) ボールが □(かい) 転(てん)する。
(7) 丸(まる)い □(ず) 形(けい)。
(8) えんぴつで □(か) く。
(9) 目が □(まわ) る。

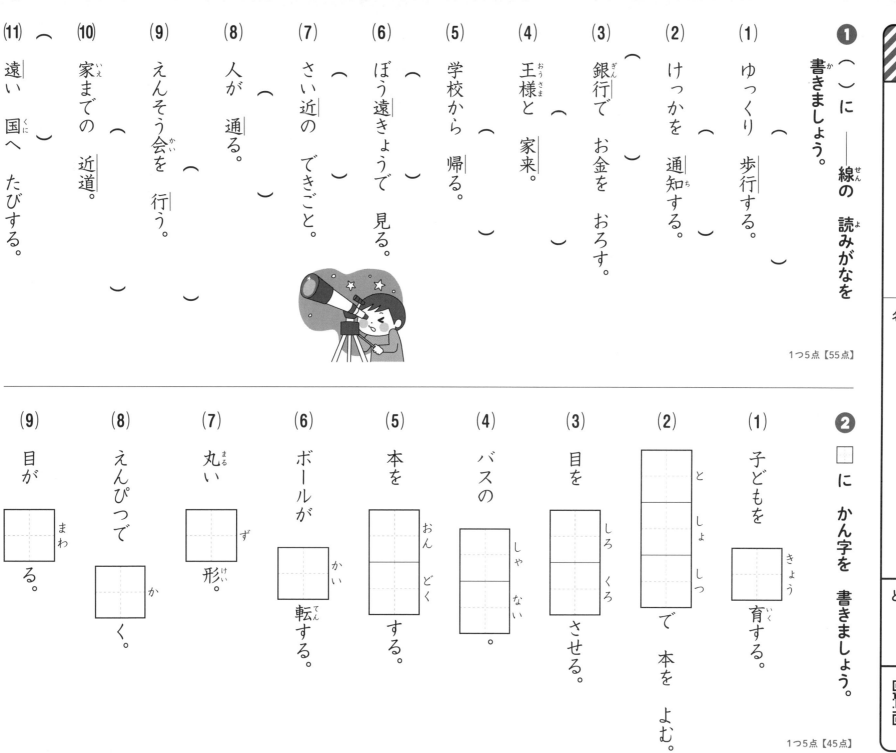

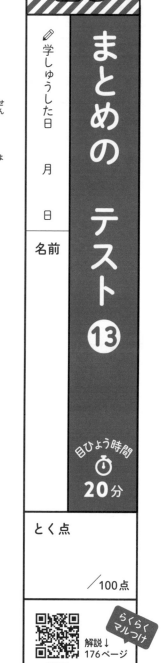

もう1回チャレンジ!!

29 まとめのテスト⑬

学しゅうした日　月　日

名前

目ひょう時間 20分

とく点　／100点

らくらくマルつけ

解説↓ 176ページ

2229

❶ （　）に ——線の 読みがなを 書きましょう。　1つ5点【55点】

(1) ゆっくり 歩行する。（　）
(2) けっかを 通知する。（　）
(3) 銀行で お金を おろす。（　）
(4) 王様と 家来。（　）
(5) 学校から 帰る。（　）
(6) ぼう遠きょうで 見る。（　）
(7) さい近の できごと。（　）
(8) 人が 通る。（　）
(9) えんそう会を 行う。（　）
(10) 家までの 近道。（　）
(11) 遠い 国へ たびする。（　）

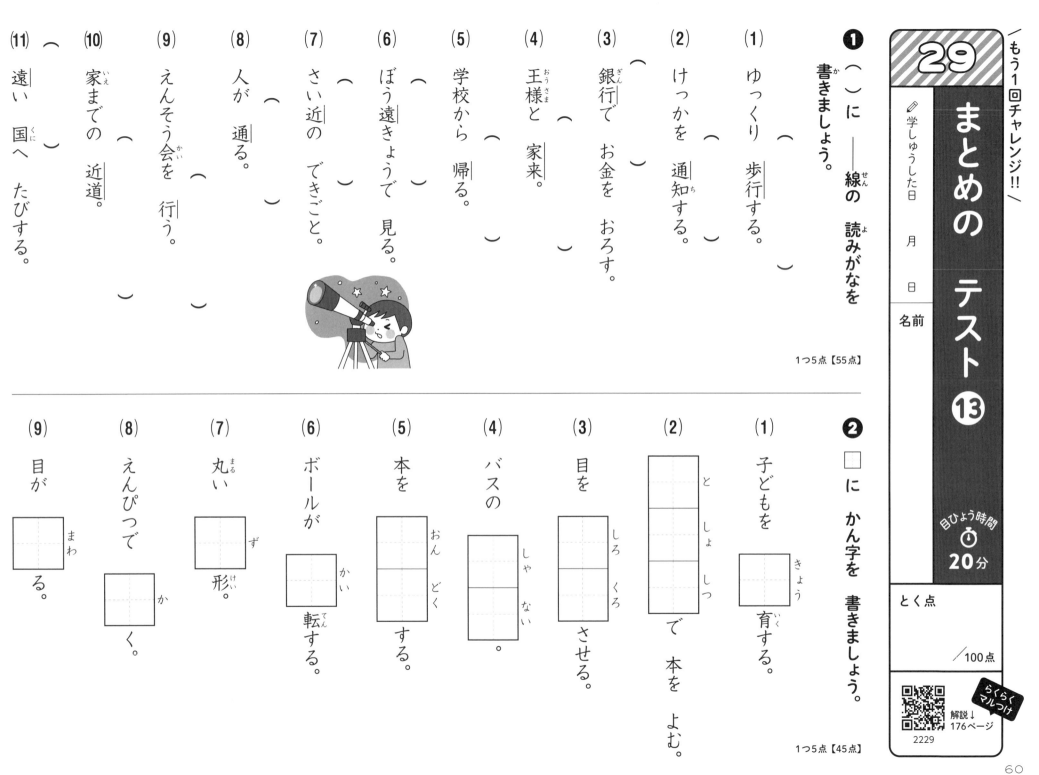

❷ □に かん字を 書きましょう。　1つ5点【45点】

(1) 子どもを □（きょう）育する。
(2) □□□（としょしつ）で 本を よむ。
(3) 目を □□（しろくろ）させる。
(4) バスの □□（しゃない）。
(5) 本を □□（おんどく）する。
(6) ボールが □（かい）転する。
(7) 丸い □（ず）形。
(8) えんぴつで □（か）く。
(9) 目が □（まわ）る。

30 まとめの テスト⑭

学しゅうした日　月　日

名前

目ひょう時間 20分

とく点　／100点

らくらくマルつけ
解説↓ 176ページ
2230

1 （　）に ——線(せん)の よみがなを 書(か)きましょう。　1つ5点【55点】

(1) れきしの　ある　教会(かい)。（　　　）
(2) 客室(きゃく)を　そうじする。（　　　）
(3) 太(たい)ようの　黒点(てん)。（　　　）
(4) 室内で　すごす。（　　　）
(5) 図表(ひょう)で　せつ明(めい)する。（　　　）
(6) 書店(てん)で　本を　買(か)う。（　　　）
(7) 文に　読点(てん)を　うつ。（　　　）
(8) びょう気から　回ふくする。（　　　）
(9) まっ黒に　こげる。（　　　）
(10) おには外(そと)、ふくは内。（　　　）
(11) ざっしを　読む。（　　　）

2 □に かん字を 書きましょう。　1つ5点【45点】

(1) まっすぐ □(あゆ)む。
(2) チームに　ふっ□(き)する。
(3) □□(ほどう)を　せいびする。
(4) □(えん)方(ぼう)からの　おきゃくさん。
(5) □□(きんじつ)中に　会(あ)う。
(6) ぎじゅつが　進(しん)□(ぽ)する。
(7) 学校へ　□(かよ)う。
(8) □(い)き先を　つげる。
(9) いとこが　家(いえ)に　□(く)る。

もう1回チャレンジ!!

30

まとめの テスト⑭

学しゅうした日　月　日

名前

目ひょう時間 20分

とく点　／100点

解説↓ 176ページ

らくらくマルつけ

2230

❶ （　）に ――線(せん)の よみがなを 書(か)きましょう。

1つ5点【55点】

(1) れきしの ある 教会(かい)。（　　）
(2) 客(きゃく)室を そうじする。（　　）
(3) 太(たい)ようの 黒点(てん)。（　　）
(4) 室内で すごす。（　　）
(5) 図表(ひょう)で せつ明(めい)する。（　　）
(6) 書店(てん)で 本を 買(か)う。（　　）
(7) 文に 読点(てん)を うつ。（　　）
(8) びょう気から 回ふくする。（　　）
(9) まっ黒に こげる。（　　）
(10) おには外(そと)、ふくは内。（　　）
(11) ざっしを 読む。（　　）

❷ □に かん字を 書きましょう。

1つ5点【45点】

(1) まっすぐ □(あゆ)む。
(2) チームに ふっ□(き)する。
(3) □□(ほどう)を せいびする。
(4) □(えん)方(ぼう)からの おきゃくさん。
(5) □□(きんじつ)中に 会(あ)う。
(6) ぎじゅつが 進(しん)□(ぽ)する。
(7) 学校へ □(かよ)う。
(8) □(い)き先を つける。
(9) いとこが 家(いえ)に □(く)る。

31 まとめの テスト 15

学しゅうした日　月　日

名前

目ひょう時間 20分

とく点　／100点

らくらくマルつけ

解説↓ 176ページ

2231

1 二字の ことばが できるように□に 入る かん字を あとの〈 〉から えらんで 書き、（ ）に よみがなを 書きましょう。①は たてに よみ、②は よこに よみます。 1つ5点【30点】

(1)

	①
	歩
② 近	□

①（　　　）
②（　　　）

(2)

①	
地	
② □	書

①（　　　）
②（　　　）

〈行　図　土　道〉

2 つぎの かん字の 同じ ぶ分を さがして □に 書きましょう。 1つ10点【20点】

(1) 近・遠・道　□

(2) 字・家・室　□

3 つぎの かん字の 矢じるし→の ぶ分は 何画目に 書きますか。数字で 書きましょう。 1つ10点【30点】

(1) 書（　　　）画目

(2) 図（　　　）画目

(3) 歩（　　　）画目

4 （ ）に ――線の 読みがなを 書きましょう。 1つ5点【20点】

(1) ① 教室に 入る。（　　　）
② 先生が 教える。（　　　）

(2) ① 読書を する。（　　　）
② 本を 読む。（　　　）

もう1回チャレンジ!!

31 まとめの テスト ⑮

学しゅうした日　月　日

名前

目ひょう時間 20分

とく点　／100点

らくらくマルつけ

解説↓ 176ページ

2231

❶ 二字の ことばが できるように□に 入る かん字を あとの〈 〉から えらんで 書き、（ ）に よみがなを 書き(か)ましょう。①は たてに よみ、②は よこに よみます。　1つ5点【30点】

(1) ① 歩 ／ ② 近□（□は①と②で共通）

① （　　　　）
② （　　　　）

(2) ① 地 ／ ② □書（□は①と②で共通）

① （　　　　）
② （　　　　）

〈 行　図　土　道 〉

❷ つぎの かん字の 同じ(おな) ぶ分(ぶん)を さがして □に 書きましょう。　1つ10点【20点】

(1) 近・遠・道　□

(2) 字・家・室　□

❸ つぎの かん字の 矢(や)じるし→の ぶ分(ぶん)は 何画目(なんかく)に 書きますか。数字(すうじ)で 書きましょう。　1つ10点【30点】

(1) 書　（　　）画目

(2) 図　（　　）画目

(3) 歩　（　　）画目

❹ （ ）に ――線(せん)の 読(よ)みがなを 書きましょう。　1つ5点【20点】

(1) ① 教室に 入る。（　　　　）
② 先生が 教える。（　　　　）

(2) ① 読書を する。（　　　　）
② 本を 読む。（　　　　）

32 まとめの テスト 16

学しゅうした日　月　日

名前

目ひょう時間 20分

とく点　／100点

らくらくマルつけ

解説↓176ページ

2232

1 ある かん字を □ に 入れて 矢じるしの 方こうに 読むと、三つの ことばが できます。入る かん字を あとの 〈 〉から えらんで 書き、できた ことばの 読みがなを （ ） に 書きましょう。　1つ5点【20点】

室 ↓ □

車 → □ → 気

（　　　）（　　　）（　　　）

〈 元　内　間 〉

2 前の 文と はんたいの いみに なるように、□ に かん字を 書きましょう。　1つ10点【30点】

(1) いきおいが 弱い。 ↔ いきおいが □い。

(2) 家までは 近い。 ↔ 家までは □い。

(3) 学校へ 行く。 ↔ 学校から □る。

3 同じ ぶ分を もつ かん字を □ に 書きましょう。　1つ5点【30点】

(1) 毎日 □(とお)る □(みち)が 来□(しゅう)まで 工事中だ。

(2) きのう □(なん)時間も うんどうして □(からだ)が つかれたので 今日は ゆっくり □(やす)んだ。

4 ——線を かん字に した とき、おくりがなの 正しい ほうに ○を つけましょう。　1つ10点【20点】

(1) まわる　（　）回る　（　）回わる

(2) おこなう　（　）行う　（　）行なう

＼もう1回チャレンジ!!／

32 まとめの テスト 16

学しゅうした日　月　日

名前

目ひょう時間 20分

とく点　／100点

解説↓ 176ページ　らくらくマルつけ　2232

1 ある かん字を □ に 入れて 矢(や)じるしの 方(ほう)こうに 読(よ)むと、三つの ことばが できます。入る かん字を あとの 〈 〉から えらんで 書(か)き、できた ことばの 読みがなを （ ）に 書きましょう。 1つ5点【20点】

室 ↓ □

車 → □ → 気

気（　　）　□（　　）　車（　　）

〈 元　内　間 〉

2 前(まえ)の 文と はんたいの いみに なるように、□ に かん字を 書きましょう。 1つ10点【30点】

(1) いきおいが 弱(よわ)い。 ↕ いきおいが □い。

(2) 家(いえ)までは 近(ちか)い。 ↕ 家までは □い。

(3) 学校へ 行(い)く。 ↕ 学校から □る。

---

3 同(おな)じ ぶ分(ぶん)を もつ かん字を □ に 書きましょう。 1つ5点【30点】

(1) 毎日(まいにち) □(とお)る □(みち)が 来(らい)□(しゅう)まで 工事(こうじ)中だ。

(2) きのう □(なん)時間(じかん)も うんどうして □(からだ)が つかれたので 今日(きょう)は ゆっくり □(やす)んだ。

4 ――線(せん)を かん字に した とき、おくりがなの 正しい ほうに ○を つけましょう。 1つ10点【20点】

(1) まわる　（　）回る　（　）回わる

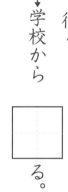

(2) おこなう　（　）行う　（　）行なう

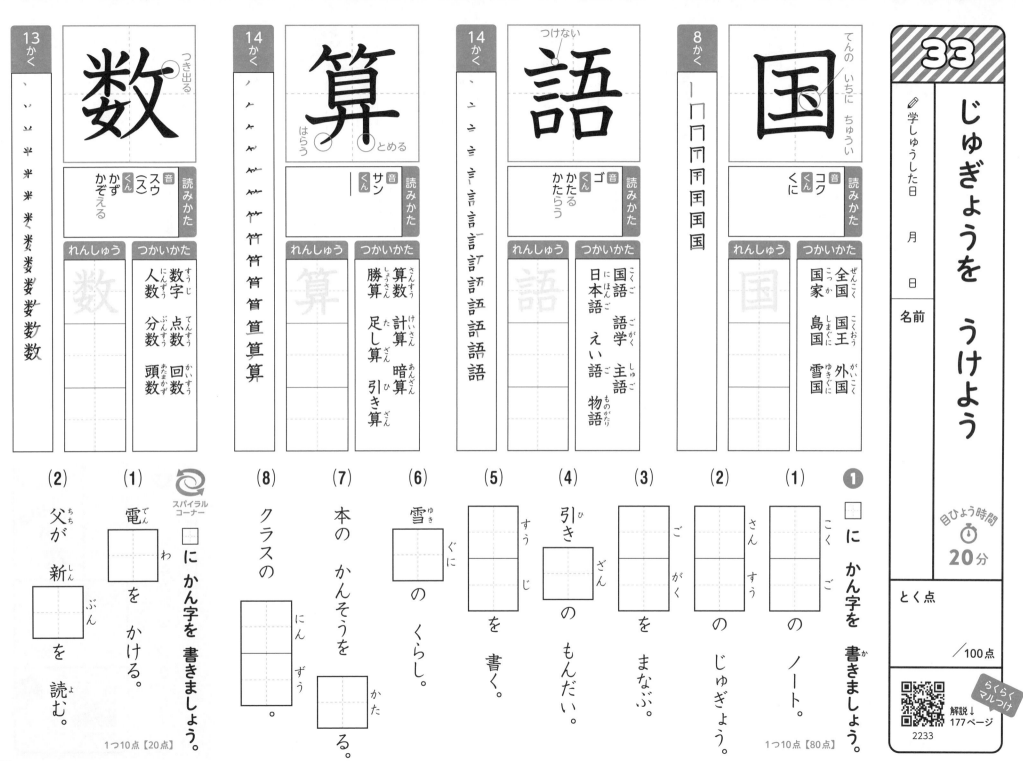

33 じゅぎょうを うけよう

学しゅうした日　月　日

名前

目ひょう時間 20分

とく点　／100点

らくらくマルつけ　解説↓177ページ　2233

国（8かく）

てんの いちに ちゅうい

読みかた　音 コク　くん くに

つかいかた：全国（ぜんこく）　国王（こくおう）　外国（がいこく）　国家（こっか）　島国（しまぐに）　雪国（ゆきぐに）

れんしゅう

語（14かく）

つけない

読みかた　音 ゴ　くん かたる　かたらう

つかいかた：国語（こくご）　語学（ごがく）　主語（しゅご）　日本語（にほんご）　えい語（ご）　物語（ものがたり）

れんしゅう

算（14かく）

はらう　とめる

読みかた　音 サン　くん —

つかいかた：算数（さんすう）　計算（けいさん）　暗算（あんざん）　勝算（しょうさん）　足し算（たしざん）　引き算（ひきざん）

れんしゅう

数（13かく）

つき出る

読みかた　音 スウ　（ス）　くん かず　かぞえる

つかいかた：数字（すうじ）　点数（てんすう）　回数（かいすう）　人数（にんずう）　分数（ぶんすう）　頭数（あたまかず）

れんしゅう

1 □に かん字を 書（か）きましょう。　1つ10点【80点】

(1) □□（こくご）の ノート。

(2) □□（さんすう）の じゅぎょう。

(3) □□（ごがく）を まなぶ。

(4) 引（ひ）き□（ざん）の もんだい。

(5) □□（すうじ）を 書く。

(6) 雪（ゆき）□（ぐに）の くらし。

(7) 本の かんそうを □（かた）る。

(8) クラスの □□（にんずう）。

スパイラルコーナー

□に かん字を 書きましょう。　1つ10点【20点】

(1) 電（でん）□（わ）を かける。

(2) 父（ちち）が 新（しん）□（ぶん）を 読（よ）む。

もう1回チャレンジ!!

33

じゅぎょうを　うけよう

学しゅうした日　月　日

名前

目ひょう時間 20分

とく点　／100点

解説↓177ページ

らくらくマルつけ

2233

国

8かく

てんの　いちに　ちゅうい

読みかた　音 コク　くん くに

つかいかた
全国（ぜんこく）　国王（こくおう）　外国（がいこく）
国家（こっか）　島国（しまぐに）　雪国（ゆきぐに）

れんしゅう

書きじゅん：丨 冂 冂 冂 囯 国 国 国

語

14かく

つけない

読みかた　音 ゴ　くん かたる　かたらう

つかいかた
国語（こくご）　語学（ごがく）　主語（しゅご）
日本語（にほんご）　えい語（ご）　物語（ものがたり）

れんしゅう

書きじゅん：丶 亠 亠 亠 言 言 言 訂 訂 語 語 語 語 語

算

14かく

はらう　とめる

読みかた　音 サン　くん ―

つかいかた
算数（さんすう）　計算（けいさん）　暗算（あんざん）
勝算（しょうさん）　足し算（たしざん）　引き算（ひきざん）

れんしゅう

書きじゅん：丿 ⺈ ⺮ ⺮ ⺮ ⺮ 竹 竹 筲 筲 笪 筫 算 算

数

13かく

つき出る

読みかた　音 スウ（ス）　くん かず　かぞえる

つかいかた
数字（すうじ）　点数（てんすう）　回数（かいすう）
人数（にんずう）　分数（ぶんすう）　頭数（あたまかず）

れんしゅう

書きじゅん：丶 丷 䒑 半 米 米 米 娄 娄 娄 数 数 数

1 □に　かん字を　書きましょう。

(1) [こく][ご]の　ノート。

(2) [さん][すう]の　じゅぎょう。

(3) [ご][がく]を　まなぶ。

(4) 引き[ざん]の　もんだい。

(5) [すう][じ]を　書く。

(6) 雪[ぐに]の　くらし。

(7) 本の　かんそうを　[かた]る。

(8) クラスの　[にん][ずう]。

1つ10点【80点】

スパイラルコーナー

□に　かん字を　書きましょう。

(1) 電[わ]を　かける。

(2) 父が　新[ぶん]を　読む。

1つ10点【20点】

34

計算(けいさん)を しよう

学しゅうした日　月　日

名前

目ひょう時間 20分

とく点　／100点

らくらくマルつけ 解説↓ 177ページ

2234

計（9かく）

ながく のばす

筆順：、 ⼆ ⼆ 亖 言 言 言 訁 計

読みかた：音 ケイ／くん はかる はからう

つかいかた：計算(けいさん)　計画(けいかく)　合計(ごうけい)　集計(しゅうけい)　計(けい)りょう　★時計(とけい)

れんしゅう：計

万（3かく）

はねる

筆順：一 フ 万

読みかた：音 マン（バン）／くん ―

つかいかた：一万(いちまん)　千万(せんまん)　万一(まんいち)　万年筆(まんねんひつ)　万事(ばんじ)　万全(ばんぜん)

れんしゅう：万

答（12かく）

とめる　はらう

筆順：ノ ⺈ ⺮ ⺮ ⺮ ⺮ ⺮ 笑 笑 笑 答 答

読みかた：音 トウ／くん こたえる　こたえ

つかいかた：回答(かいとう)　返答(へんとう)　正答(せいとう)　問答(もんどう)　答(とう)あん　口答(くちごた)え

れんしゅう：答

合（6かく）

つける

筆順：ノ 人 亼 亼 合 合

読みかた：音 ゴウ　ガッ　カッ／くん あう　あわす　あわせる

つかいかた：合計(ごうけい)　合同(ごうどう)　集合(しゅうごう)　合(ごう)かく　合体(がったい)　合図(あいず)

れんしゅう：合

---

1 □に かん字を 書(か)きましょう。　1つ10点【80点】

(1) □□(けいさん) もんだい。

(2) □(まん)の くらいを 数(かぞ)える。

(3) もんだいに □(こた)える。

(4) □□(ごうけい)を もとめる。

(5) テストの □(とう)あん。

(6) 時間(じかん)を □(はか)る。

(7) □□(まんねん)ひつで 書く。

(8) □□(がったい)する ロボット。

スパイラルコーナー

□に かん字を 書きましょう。　1つ10点【20点】

(1) 町内(ちょうない)の □(ぎょう)事(じ)。

(2) □□(らいしゅう)の よてい。

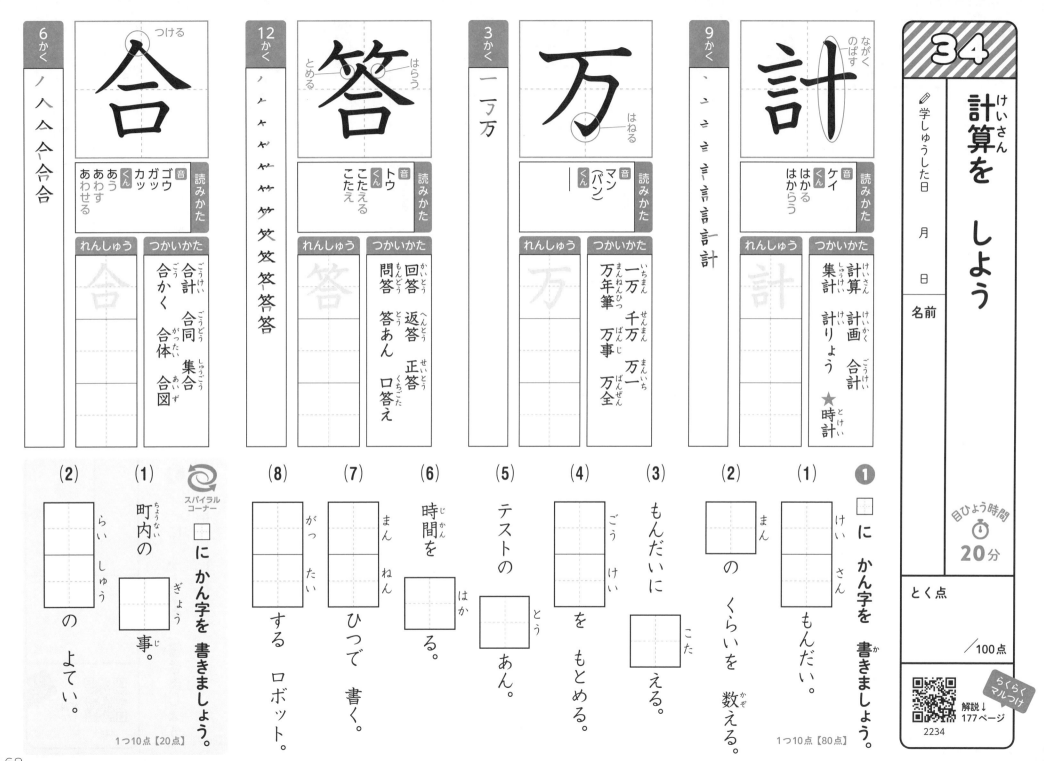

もう1回チャレンジ!!

34 計算(けいさん)を しよう

学しゅうした日　月　日

名前

目ひょう時間 20分

とく点　／100点

解説↓ 177ページ

2234

らくらくマルつけ

計

9かく

ながく のばす

読みかた
音 ケイ
くん はかる　はからう

筆順：丶 亠 亠 亠 言 言 言 言 言 計

つかいかた
計算(けいさん)　計画(けいかく)　合計(ごうけい)　集計(しゅうけい)　計(けい)りょう　★時計(とけい)

れんしゅう：計

万

3かく

はねる

読みかた
音 マン（バン）
くん ―

筆順：一 フ 万

つかいかた
一万(いちまん)　千万(せんまん)　万一(まんいち)　万年筆(まんねんひつ)　万事(ばんじ)　万全(ばんぜん)

れんしゅう：万

答

12かく

とめる　はらう

読みかた
音 トウ
くん こたえる　こたえ

筆順：丿 𠂉 ⺮ ⺮ ⺮ ⺮ 竺 答 答 答 答 答

つかいかた
回答(かいとう)　返答(へんとう)　正答(せいとう)　問答(もんどう)　答(とう)あん　口答(くちごた)え

れんしゅう：答

合

6かく

つける

読みかた
音 ゴウ　ガッ　カッ
くん あう　あわす　あわせる

筆順：丿 人 亼 亼 合 合

つかいかた
合計(ごうけい)　合同(ごうどう)　集合(しゅうごう)　合(ごう)かく　合体(がったい)　合図(あいず)

れんしゅう：合

---

1 □に かん字を 書(か)きましょう。　1つ10点【80点】

(1) □□(けいさん)もんだい。

(2) □(まん)の くらいを 数(かぞ)える。

(3) もんだいに □(こた)える。

(4) □□(ごうけい)を もとめる。

(5) テストの □(とう)あん。

(6) 時間(じかん)を □(はか)る。

(7) □□(まんねん)ひつで 書く。

(8) □□(がったい)する ロボット。

スパイラルコーナー

□に かん字を 書きましょう。　1つ10点【20点】

(1) 町内(ちょうない)の □(ぎょう)事(じ)。

(2) □□(らいしゅう)の よてい。

35

音楽(おんがく)を 聞(き)こう

学しゅうした日　月　日

名前

目ひょう時間 20分

とく点　／100点

解説↓ 177ページ

らくらくマルつけ

2235

楽

13かく

てんの むきに ちゅうい

読みかた
音 ガク ラク
くん たの(しい) たの(しむ)

つかいかた
音楽(おんがく)　声楽(せいがく)　楽き(がっき)
気楽(きらく)　楽園(らくえん)　楽勝(らくしょう)

れんしゅう
楽

声

7かく

下より ながく

読みかた
音 セイ (ショウ)
くん こえ (こわ)

つかいかた
音声(おんせい)　発声(はっせい)　名声(めいせい)
大声(おおごえ)　歌声(うたごえ)　鳴(な)き声(ごえ)

れんしゅう
声

歌

14かく

とめる　はねる

読みかた
音 カ
くん うた うたう

つかいかた
歌(か)し　歌手(かしゅ)　校歌(こうか)
短歌(たんか)　国歌(こっか)　鼻歌(はなうた)

れんしゅう
歌

組

11かく

左右に つき出す

読みかた
音 ソ
くん くむ くみ

つかいかた
組(そ)しき　かい組(そ)　仕組(しく)み
番組(ばんぐみ)　赤組(あかぐみ)　三人組(さんにんぐみ)

れんしゅう
組

---

1 □に かん字を 書(か)きましょう。

(1) □□(おんがく)を 教(おそ)わる。

(2) 大きな □(こえ)を 出す。

(3) □□(かしゅ)が テレビに 出る。

(4) □□(いちくみ)が 合(がっ)しょうする。

(5) 発(はっ)□(せい)れんしゅう。

(6) えんそうを □(たの)しむ。

(7) □□(うたごえ)が 聞(き)こえる。

(8) きかいを □(く)み立てる。

1つ10点【80点】

スパイラルコーナー

□に かん字を 書きましょう。

(1) □□(すいどう)の じゃ口。

(2) □□(えんそく)に 行(い)く。

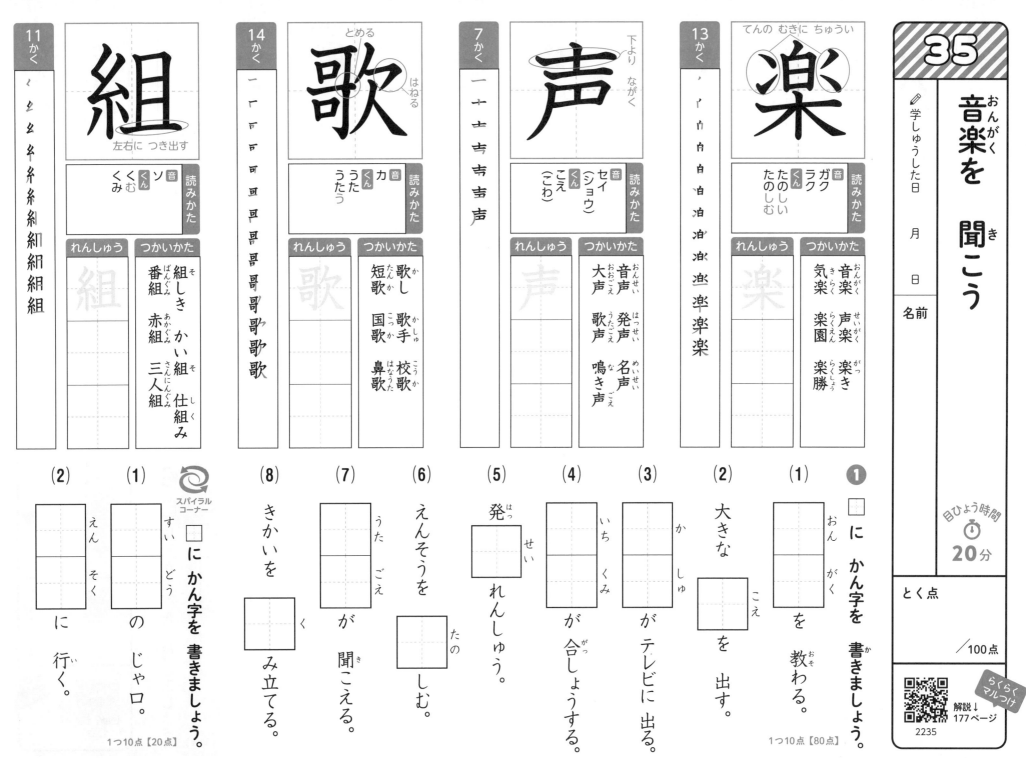

1つ10点【20点】

もう1回チャレンジ!!

35

音楽を 聞こう

学しゅうした日　月　日

名前

目ひょう時間 20分

とく点　／100点

解説↓ 177ページ

らくらくマルつけ

2235

楽　13かく

てんの むきに ちゅうい

読みかた　音 ガク ラク　くん たのしい たのしむ

つかいかた　音楽(おんがく)　声楽(せいがく)　楽(がっ)き　気楽(きらく)　楽園(らくえん)　楽勝(らくしょう)

れんしゅう　楽

声　7かく

下より ながく

読みかた　音 セイ (ショウ)　くん こえ (こわ)

つかいかた　音声(おんせい)　発声(はっせい)　名声(めいせい)　大声(おおごえ)　歌声(うたごえ)　鳴(な)き声(ごえ)

れんしゅう　声

歌　14かく

とめる　はねる

読みかた　音 カ　くん うた うたう

つかいかた　歌(か)し　歌手(かしゅ)　校歌(こうか)　短歌(たんか)　国歌(こっか)　鼻歌(はなうた)

れんしゅう　歌

組　11かく

左右に つき出す

読みかた　音 ソ　くん くむ くみ

つかいかた　組(そ)しき　かい組(そ)　仕組(しく)み　番組(ばんぐみ)　赤組(あかぐみ)　三人組(さんにんぐみ)

れんしゅう　組

1 □に かん字を 書(か)きましょう。　1つ10点【80点】

(1) □□(おんがく)を 教(おそ)わる。

(2) 大きな □(こえ)を 出す。

(3) □□(かしゅ)が テレビに 出る。

(4) □□(いちくみ)が 合(がっ)しょうする。

(5) 発(はっ)□(せい)れんしゅう。

(6) えんそうを □(たの)しむ。

(7) □□(うたごえ)が 聞(き)こえる。

(8) きかいを □(く)み立てる。

スパイラルコーナー

□に かん字を 書きましょう。　1つ10点【20点】

(1) □□(すいどう)の じゃ口。

(2) □□(えんそく)に 行(い)く。

36 工作（こうさく）を しよう

学しゅうした日　月　日

名前

目ひょう時間 20分

とく点　／100点

解説↓177ページ

らくらくマルつけ

2236

工

3かく

一 丅 工

ながく

読みかた
音 コウ・ク
くん ―

つかいかた
工作（こうさく）　図工（ずこう）　工場（こうじょう）
大工（だいく）　細工（さいく）　工（く）ふう

れんしゅう
工

作

7かく

ノ イ 亻 作 作 作 作

「乍」と しない

読みかた
音 サク・サ
くん つくる

つかいかた
作文（さくぶん）　作品（さくひん）　名作（めいさく）
作者（さくしゃ）　作業（さぎょう）　手作（てづく）り

れんしゅう
作

形

7かく

一 二 チ 开 开 开 形

ななめに はらう

読みかた
音 ケイ・ギョウ
くん かた・かたち

つかいかた
図形（ずけい）　円形（えんけい）　形式（けいしき）
三角形（さんかっけい）　人形（にんぎょう）　花形（はながた）

れんしゅう
形

切

4かく

一 七 切 切

まげて とめる

読みかた
音 セツ・（サイ）
くん きる・きれる

つかいかた
親切（しんせつ）　大切（たいせつ）　てき切（せつ）
一切（いっさい）　切手（きって）　品切（しなぎ）れ

れんしゅう
切

---

1 □に かん字を 書（か）きましょう。　1つ10点【80点】

(1) □□（ずこう）の 時間（じかん）。

(2) 紙（かみ）で どうぶつを □（つく）る。

(3) □□（ずけい）を ならべる。

(4) 紙を はさみで □（き）る。

(5) □□（こうさく）を する。

(6) □□（にんぎょう）の 絵（え）を かく。

(7) □□（たいせつ）な たからもの。

(8) □□（さくぶん）を 書く。

スパイラルコーナー

□に かん字を 書きましょう。　1つ10点【20点】

(1) 和（わ）□（しつ）で くつろぐ。

(2) □□（うちき）な せいかく。

もう1回チャレンジ!!

36 工作(こうさく)を しよう

学しゅうした日　月　日

名前

目ひょう時間 20分

とく点　／100点

解説↓ 177ページ

らくらくマルつけ

2236

工

3かく

一 T 工

ながく

読みかた
音 コウ　ク
くん ―

つかいかた
工作(こうさく)　図工(ずこう)　工場(こうじょう)
大工(だいく)　細工(さいく)　工(く)ふう

れんしゅう
工

作

7かく

ノ イ イ' 作 作 作 作

「乍」と しない

読みかた
音 サク　サ
くん つくる

つかいかた
作文(さくぶん)　作品(さくひん)　名作(めいさく)
作者(さくしゃ)　作業(さぎょう)　手作(てづく)り

れんしゅう
作

形

7かく

一 二 チ 开 开' 形 形

ななめに はらう

読みかた
音 ケイ　ギョウ
くん かた　かたち

つかいかた
図形(ずけい)　円形(えんけい)　形式(けいしき)
三角形(さんかっけい)　人形(にんぎょう)　花形(はながた)

れんしゅう
形

切

4かく

一 七 切 切

まげて とめる

読みかた
音 セツ　(サイ)
くん きる　きれる

つかいかた
親切(しんせつ)　大切(たいせつ)　てき切(せつ)
一切(いっさい)　切手(きって)　品切(しなぎ)れ

れんしゅう
切

1 □に かん字を 書(か)きましょう。　1つ10点【80点】

(1) □□(ずこう)の 時間(じかん)。

(2) 紙(かみ)で どうぶつを □(つく)る。

(3) □□(ずけい)を ならべる。

(4) 紙を はさみで □(き)る。

(5) □□(こうさく)を する。

(6) □□(にんぎょう)の 絵(え)を かく。

(7) □□(たいせつ)な たからもの。

(8) □□(さくぶん)を 書く。

スパイラルコーナー

□に かん字を 書きましょう。　1つ10点【20点】

(1) 和(わ)□(しつ)で くつろぐ。

(2) □□(うちき)な せいかく。

37 まとめの テスト 17

学しゅうした日　月　日

名前

目ひょう時間 20分

とく点　／100点

解説↓ 178ページ

らくらくマルつけ

2237

1 （　）に ——線（せん）の 読（よ）みがなを 書（か）きましょう。

(1) ぜん国の 天気よほう。（　）（　）

(2) 日本語（にほん）を 話（はな）す。（　）（　）

(3) 計算ドリルで べん強（きょう）する。（　）（　）

(4) テストの 点数（てん）。（　）

(5) 合計を もとめる。（　）

(6) 一万円 はらう。（　）

(7) アンケートに 回答する。（　）（　）

(8) 学校に 集合（しゅう）する。（　）

(9) となりの 国へ りょ行（こう）する。（　）

(10) 友（とも）だちと 語らう。（　）

(11) 牛（うし）の 数を しらべる。（　）

1つ5点【55点】

2 □に かん字を 書きましょう。

(1) □（がっ）きを えんそうする。

(2) ラジオの □□（おんせい）。

(3) 小学校の □□（こうか）。

(4) 大きな □（そ）しき。

(5) □（こう）場（じょう）を 見学する。

(6) まん画（が）の □（さく）者（しゃ）。

(7) 三角（さんかく）□（けい）を かく。

(8) はがきに □□（きって）を はる。

(9) □（たの）しい 遠足（えんそく）。

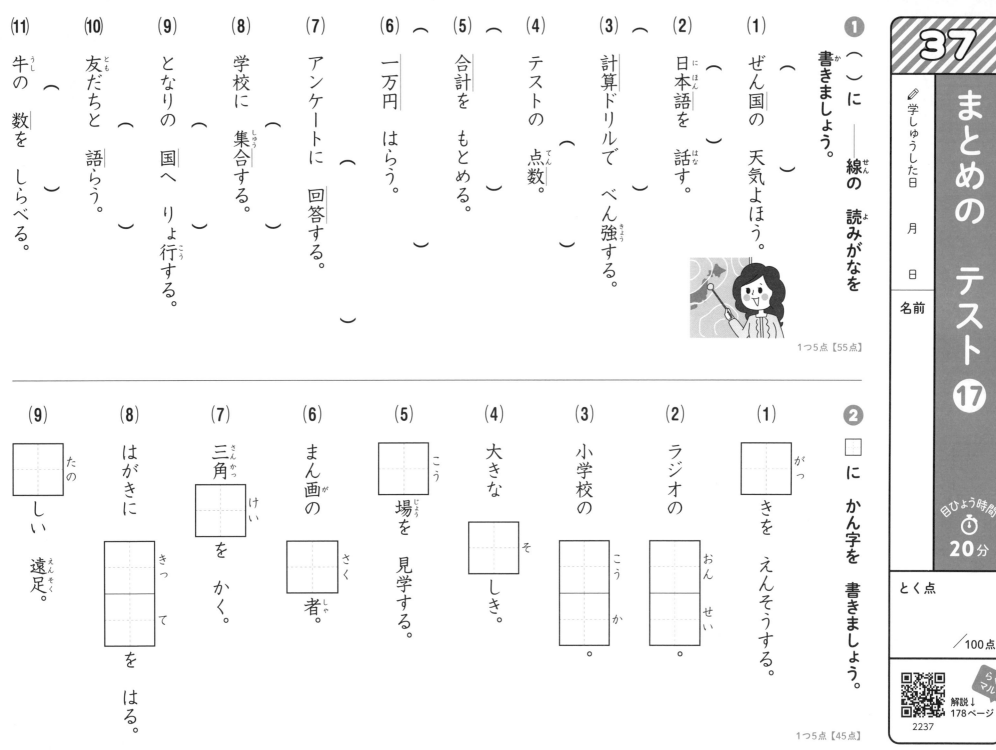

1つ5点【45点】

＼もう1回チャレンジ!!／

37 まとめの テスト⑰

学しゅうした日　月　日

名前

目ひょう時間 20分

とく点

／100点

らくらくマルつけ

解説↓178ページ

2237

❶ （ ）に ——線(せん)の 読(よ)みがなを 書(か)きましょう。

(1) ぜん国の 天気よほう。（　　）（　　）

(2) 日本(にほん)語を 話(はな)す。（　　）（　　）

(3) 計算ドリルで べん強(きょう)する。（　　）

(4) テストの 点(てん)数。（　　）

(5) 合計を もとめる。（　　）

(6) 一万円 はらう。（　　）

(7) アンケートに 回答する。（　　）

(8) 学校に 集(しゅう)合する。（　　）

(9) となりの 国へ りょ行(こう)する。（　　）

(10) 友(とも)だちと 語らう。（　　）

(11) 牛(うし)の 数を しらべる。（　　）

1つ5点【55点】

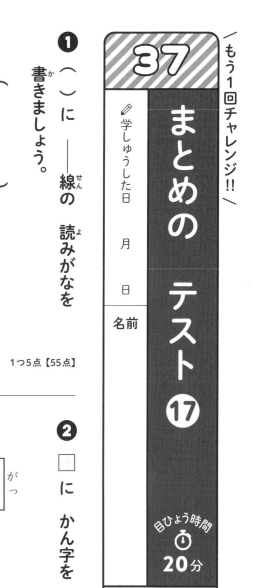

❷ □に かん字を 書きましょう。

(1) □(がっ)きを えんそうする。

(2) ラジオの □□(おんせい)。

(3) 小学校の □□(こうか)。

(4) 大きな □(そ)しき。

(5) □(こう)場(じょう)を 見学する。

(6) まん画(が)の □(さく)者(しゃ)。

(7) 三角(さんかく)□(けい)を かく。

(8) はがきに □□(きって)を はる。

(9) □(たの)しい 遠足(えんそく)。

1つ5点【45点】

38 まとめの テスト⑱

目ひょう時間 20分

学しゅうした日　月　日

名前

とく点　／100点

解説↓ 178ページ

らくらくマルつけ

2238

1 （　）に ——線の 読みがなを 書きましょう。　1つ5点【55点】

(1) 気楽に すごす。（　）

(2) 鳥の 鳴き声。（　）

(3) 国歌を せいしょうする。（　）

(4) 赤組を おうえんする。（　）

(5) やりかたを 工ふうする。（　）

(6) 手作りの おやつ。（　）

(7) 円形の テーブル。（　）

(8) テープが 切れる。（　）

(9) 声楽を ならう。（　）

(10) ぶたいの 花形の やくしゃ。（　）

(11) うつくしい 歌声。（　）

2 □に かん字を 書きましょう。　1つ5点【45点】

(1) □□（くちごた）えを する。

(2) えい□（ご）を 話す。

(3) 暗□（ざん）が とくいだ。

(4) チームの □□（にんずう）。

(5) タイムを □（はか）る。

(6) □□（まんいち）に そなえる。

(7) 日本は 島□（ぐに）だ。

(8) □□（あいず）を おくる。

(9) □□（こくおう）の くらいに つく。

＼もう1回チャレンジ!!／

38

まとめのテスト ⑱

学しゅうした日　月　日

名前

目ひょう時間 20分

とく点

／100点

らくらくマルつけ

解説↓178ページ

2238

❶ （　）に ——線(せん)の 読(よ)みがなを 書(か)きましょう。

1つ5点【55点】

(1) 気楽に すごす。（　　）

(2) 鳥(とり)の 鳴(な)き声。（　　）

(3) 国歌を せいしょうする。（　　）

(4) 赤組を おうえんする。（　　）

(5) やりかたを 工ふうする。（　　）

(6) 手作りの おやつ。（　　）

(7) 円形の テーブル。（　　）

(8) テープが 切れる。（　　）

(9) 声楽を ならう。（　　）

(10) ぶたいの 花形の やくしゃ。（　　）

(11) うつくしい 歌声。（　　）

❷ □に かん字を 書きましょう。

1つ5点【45点】

(1) □□(くちごた)えを する。

(2) えい□(ご)を 話(はな)す。

(3) 暗(あん)□(ざん)が とくいだ。

(4) チームの □□(にんずう)。

(5) タイムを □(はか)る。

(6) □□(まんいち)に そなえる。

(7) 日本(にほん)は 島(しま)□(ぐに)だ。

(8) □□(あいず)を おくる。

(9) □□(こくおう)の くらいに つく。

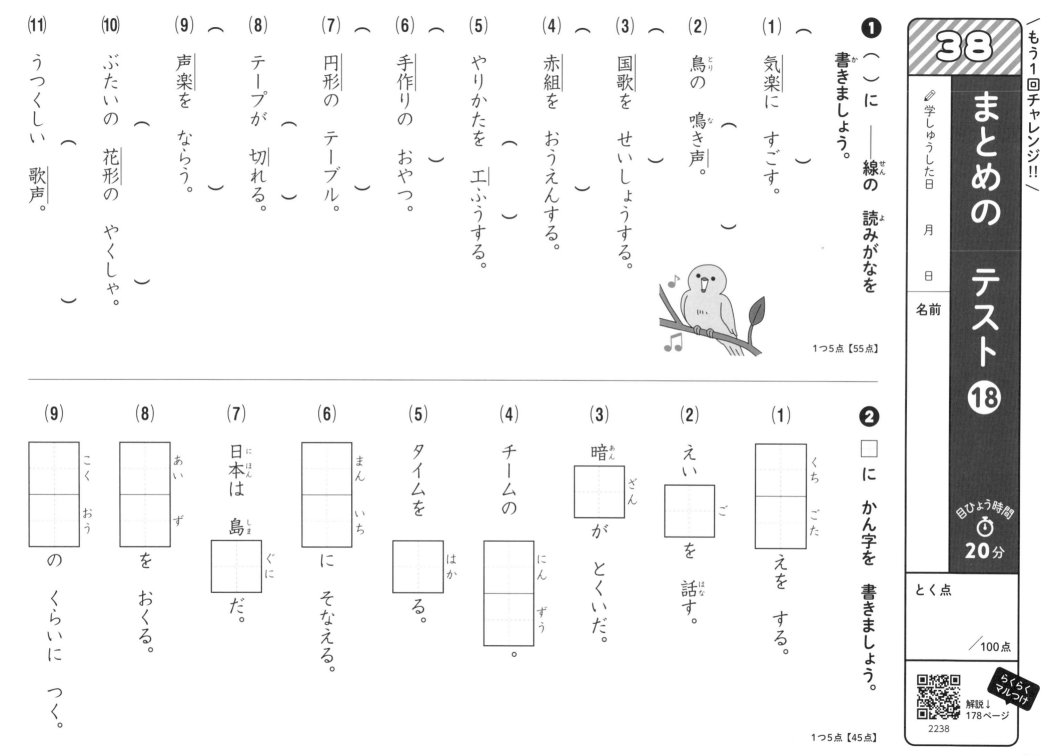

39 まとめの テスト 19

目ひょう時間 20分

学しゅうした日　月　日

名前

とく点　／100点

解説↓ 178ページ

らくらくマルつけ

2239

❶ かん字の〈右ぶ分〉〈左ぶ分〉の カードを 組み合わせて、かん字を 四つ 書きましょう。（同じ カードは 一ども しか つかえません。）　1つ5点【20点】

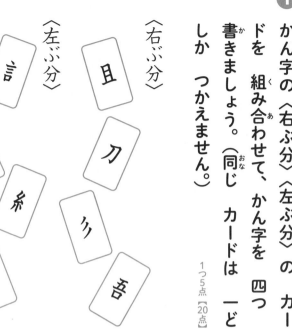

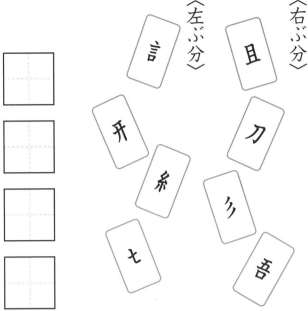

〈右ぶ分〉

且　刀　彡　吾

〈左ぶ分〉

言　幵　糸　七

□　□　□　□

❷ ――線を かん字と おくりがなで 書きましょう。　1つ5点【20点】

(1) 手と 手を あわせる。（　　）

(2) 時間を はかる。（　　）

(3) 人ずうを かぞえる。（　　）

(4) しつもんに こたえる。（　　）

❸ 二字の ことばが できるように □に 入る かん字を あとの 〈 〉から えらんで 書き、（ ）に 読みがなを 書きましょう。①は たてに 読み、②は よこに 読みます。　1つ5点【60点】

(1) ①大□　②□作　①（　　）②（　　）

(2) ①円□　②人□　①（　　）②（　　）

(3) ①名□　②歌□　①（　　）②（　　）

(4) ①気□　②音□　①（　　）②（　　）

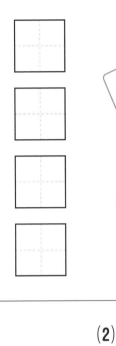

〈楽 文 形 工 声 算〉

もう1回チャレンジ!!

39 まとめの テスト 19

学しゅうした日　月　日

名前

目ひょう時間 20分

とく点　／100点

らくらくマルつけ

解説↓ 178ページ

2239

❶ かん字の 〈右ぶ分〉〈左ぶ分〉の カードを 組み合わせて、かん字を 四つ 書きましょう。（同じ カードは 一どしか つかえません。）　1つ5点【20点】

〈右ぶ分〉
且　刀　彡　吾

〈左ぶ分〉
言　开　糸　七

□ □ □ □

❷ ——線を かん字と おくりがなで 書きましょう。　1つ5点【20点】

(1) 手と 手を あわせる。（　　）

(2) 時間を はかる。（　　）

(3) 人ずうを かぞえる。（　　）

(4) しつもんに こたえる。（　　）

❸ 二字の ことばが できるように □に 入る かん字を あとの 〈 〉から えらんで 書き、（ ）に 読みがなを 書きましょう。①は たてに 読み、②は よこに 読みます。　1つ5点【60点】

(1) ①大 □ ／ ② □作
① （　　） ② （　　）

(2) ①円 □ ／ ②人 □
① （　　） ② （　　）

(3) ①名 □ ／ ②歌 □
① （　　） ② （　　）

(4) ①気 □ ／ ②音 □
① （　　） ② （　　）

〈 楽　文　形　工　声　算 〉

40 まとめの テスト 20

目ひょう時間 20分

学しゅうした日　月　日

名前

とく点　／100点

らくらくマルつけ　解説↓178ページ　2240

❶ かくれて いる ぶ分(ぶん)に 入る ものを あとの〈 〉から えらんで 書(か)きましょう。　1つ10点【30点】

(1) □亍　□夋　□

(2) □舌　□十　□

(3) □乍　□可　□

〈 亻　彳　言 〉

❷ 二字の ことばの しりとりに なるように □に 入る かん字を あとの〈 〉から えらんで 書きましょう。　1つ5点【20点】

(1) 計→□→数

(2) 雪→□→王

(3) 親→□→手

(4) 合→□→工

〈 国　字　切　大　図　算 〉

❸ つぎの かん字の 矢(や)じるし→の ぶ分は 何画目(なんかくめ)に 書きますか。数字(すうじ)で 書きましょう。　1つ10点【20点】

(1) 声　（　）画目

(2) 万　（　）画目

❹ つぎは ある こうさくの せつ明(めい)です。——線(せん)を かん字で 書きましょう。　1つ5点【30点】

①たのしく ②つくろう

❶ 白い 紙(かみ)を 人や どうぶつなど すきな ③かたちに ④きります。

❷ ⑤くろく 色(いろ)を ぬります。

❸ あつ紙(がみ)と ⑥くみ合(あ)わせて のりで はります。

①□　②□

③□　④□

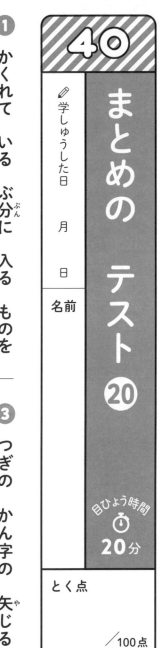

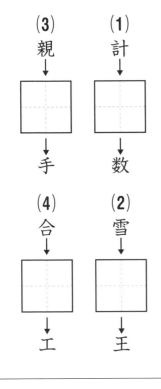

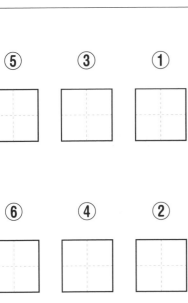

⑤□　⑥□

40 まとめの テスト 20

目ひょう時間 20分

学しゅうした日　月　日

名前

とく点　／100点

らくらくマルつけ　解説↓178ページ　2240

❶ かくれて いる ぶ分に 入る ものを あとの 〈 〉から えらんで 書きましょう。 1つ10点【30点】

(1) □亍　□夋　□

(2) □舌　□十　□

(3) □乍　□可　□

〈 亻　彳　言 〉

❷ 二字の ことばの しりとりに なるように □に 入る かん字を あとの 〈 〉から えらんで 書きましょう。 1つ5点【20点】

(1) 計 → □ → 数

(2) 雪 → □ → 王

(3) 親 → □ → 手

(4) 合 → □ → 工

〈 国　字　切　大　図　算 〉

❸ つぎの かん字の 矢じるし↓の ぶ分は 何画目に 書きますか。数字で 書きましょう。 1つ10点【20点】

(1) 声　（　　）画目

(2) 万　（　　）画目

❹ つぎは ある こうさくの せつ明です。——線を かん字で 書きましょう。 1つ5点【30点】

①たのしく ②つくろう

❶ 白い 紙を 人や どうぶつなど すきな ③かたちに ④きります。

❷ ⑤くろく 色を ぬります。

❸ あつ紙と ⑥くみ合わせて のりで はります。

① □　② □

③ □　④ □

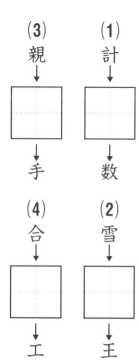

⑤ □　⑥ □

41 線(せん)を 引(ひ)こう ①

学しゅうした日　月　日

名前

目ひょう時間 20分

とく点　／100点

解説↓ 179ページ

らくらくマルつけ

2241

点（9かく）

てんの むきに ちゅうい

書きじゅん：丨 ⺊ ⺊ 占 占 占 点 点 点

読みかた　音 テン　くん ―

つかいかた：点数(てんすう)　弱点(じゃくてん)　点線(てんせん)　点火(てんか)　終点(しゅうてん)　まん点(てん)

れんしゅう：点

直（8かく）

まっすぐ つける

書きじゅん：一 十 十 冇 有 有 直 直

読みかた　音 チョク ジキ　くん ただちに なおす なおる

つかいかた：日直(にっちょく)　直線(ちょくせん)　直前(ちょくぜん)　直(ちょく)せつ　正直(しょうじき)　なか直(なお)り

れんしゅう：直

線（15かく）

はねる

書きじゅん：く 幺 幺 糸 糸 糸 紀 紀 約 約 約 約 綿 綿 線

読みかた　音 セン　くん ―

つかいかた：線路(せんろ)　電線(でんせん)　白線(はくせん)　曲線(きょくせん)　光線(こうせん)　地平線(ちへいせん)

れんしゅう：線

引（4かく）

いっかいで かく

書きじゅん：フ コ 弓 引

読みかた　音 イン　くん ひく ひける

つかいかた：引力(いんりょく)　引火(いんか)　引(いん)たい　引(ひ)き算(ざん)　引(ひ)っこし

れんしゅう：引

---

1 □に かん字を 書(か)きましょう。　1つ10点【80点】

(1) □(てん)を つなぐ。

(2) たてぼうを 一本 □(ひ)く。

(3) 太(ふと)くて 黒(くろ)い □□(ちょくせん)。

(4) 図(ず)を かき □(なお)す。

(5) □□(てんすう)を つける。

(6) 地(ち)きゅうの □□(いんりょく)。

(7) □(ちょく)せつ 話(はな)しを する。

(8) 足し算(ざん)と □(ひ)き算。

スパイラルコーナー

□に かん字を 書きましょう。　1つ10点【20点】

(1) □□(しょどう)の お手本。

(2) アンケートの □□(かいとう)。

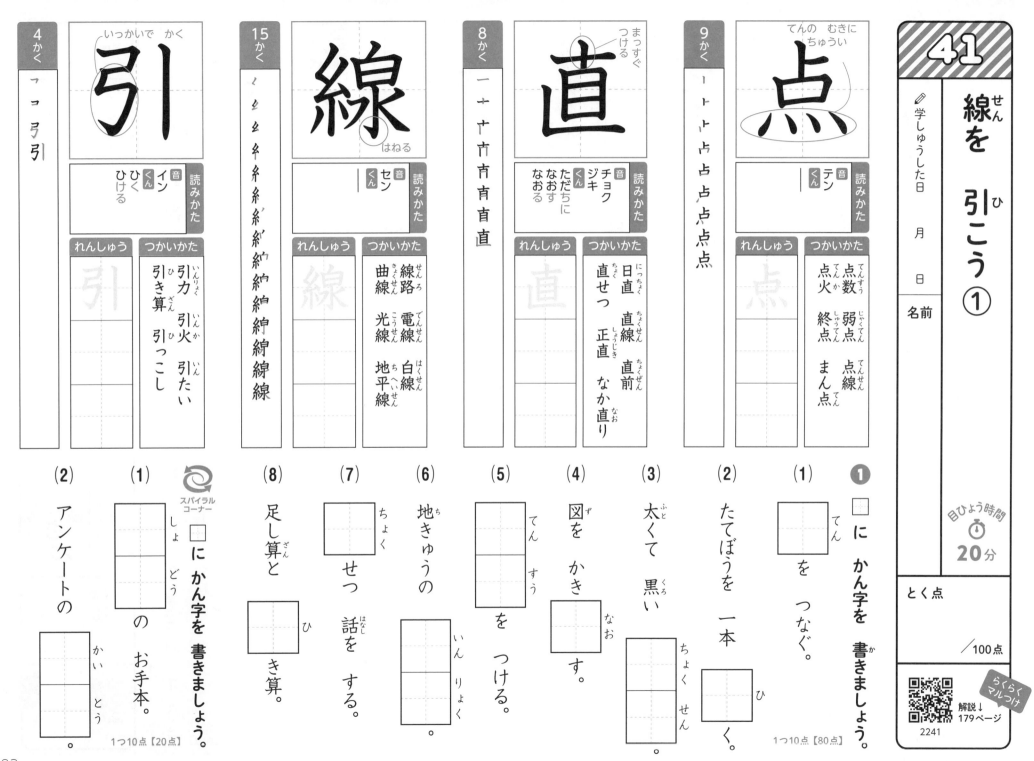

もう1回チャレンジ!!

41 線(せん)を 引(ひ)こう①

学しゅうした日　月　日

名前

目ひょう時間 20分

とく点　／100点

解説↓ 179ページ

2241

らくらくマルつけ

点　9かく

てんの むきに ちゅうい

丨 ⺊ ⺊ 占 占 占 点 点 点

読みかた　音 テン　くん ―

つかいかた：点数(てんすう)　弱点(じゃくてん)　点線(てんせん)　点火(てんか)　終点(しゅうてん)　まん点(てん)

れんしゅう

直　8かく

まっすぐ つける

一 十 𠂇 冇 冇 冇 直 直

読みかた　音 チョク ジキ　くん ただちに なおす なおる

つかいかた：日直(にっちょく)　直線(ちょくせん)　直前(ちょくぜん)　直(ちょく)せつ　正直(しょうじき)　なか直(なお)り

れんしゅう

線　15かく

はねる

𠃋 幺 幺 糸 糸 糸 糹 約 約 約 紳 紳 綿 綿 線

読みかた　音 セン　くん ―

つかいかた：線路(せんろ)　電線(でんせん)　白線(はくせん)　曲線(きょくせん)　光線(こうせん)　地平線(ちへいせん)

れんしゅう

引　4かく

いっかいで かく

㇆ コ 弓 引

読みかた　音 イン　くん ひく ひける

つかいかた：引力(いんりょく)　引火(いんか)　引(いん)たい　引(ひ)き算(ざん)　引(ひ)っこし

れんしゅう

---

❶ □に かん字を 書(か)きましょう。

(1) □(てん)を つなぐ。

(2) たてぼうを 一本 □(ひ)く。

(3) 太(ふと)くて 黒(くろ)い □□(ちょくせん)。

(4) 図(ず)を かき □(なお)す。

(5) □□(てんすう)を つける。

(6) 地(ち)きゅうの □□(いんりょく)。

(7) □(ちょく)せつ 話(はなし)を する。

(8) 足し算(ざん)と □(ひ)き算。

1つ10点【80点】

スパイラルコーナー

□に かん字を 書きましょう。

(1) □□(しょどう)の お手本。

(2) アンケートの □□(かいとう)。

1つ10点【20点】

42 線(せん)を引(ひ)こう②

学しゅうした日　月　日

名前

目ひょう時間 20分

とく点　／100点

解説↓179ページ

2242

らくらくマルつけ

半

5かく

、 丷 丷 兰 半

上より ながく

読みかた
音 ハン
くん なかば

つかいかた
半分(はんぶん)　半日(はんにち)　前半(ぜんはん)
半年(はんとし)　半(はん)そで　二時半(にじはん)

れんしゅう

長

8かく

丨 𠃊 F F E 王 县 長

大きく はねる

読みかた
音 チョウ
くん ながい

つかいかた
校長(こうちょう)　社長(しゃちょう)　長所(ちょうしょ)
長男(ちょうなん)　身長(しんちょう)　長話(ながばなし)

れんしゅう

細

11かく

𠃋 幺 幺 糸 糸 糸 糸 糹 細 細 細

とめる

読みかた
音 サイ
くん ほそい　ほそる　こまか　こまかい

つかいかた
細部(さいぶ)　細工(さいく)　細心(さいしん)
細(さい)ぼう　細道(ほそみち)　細切(こまぎ)れ

れんしゅう

太

4かく

一 ナ 大 太

とめる

読みかた
音 タイ　タ
くん ふとい　ふとる

つかいかた
太陽(たいよう)　太古(たいこ)　太平洋(たいへいよう)
丸太(まるた)　ほね太(ぶと)

れんしゅう

---

1 □に かん字を 書(か)きましょう。　1つ10点【80点】

(1) □□(はんぶん)に する。

(2) □(ほそ)い 線(せん)を なぞる。

(3) □(ふと)く 力強(ちからづよ)い。

(4) □(なが)い 線を 引(ひ)く。

(5) 本の □□(ぜんはん)を 読(よ)む。

(6) □□(さいしん)の ちゅうい。

(7) 身(しん)□(ちょう)が のびる。

(8) □(こま)かい もようを かく。

スパイラルコーナー

□に かん字を 書きましょう。　1つ10点【20点】

(1) □□(がいこく)を たびする。

(2) いくつ あるか □(かぞ)える。

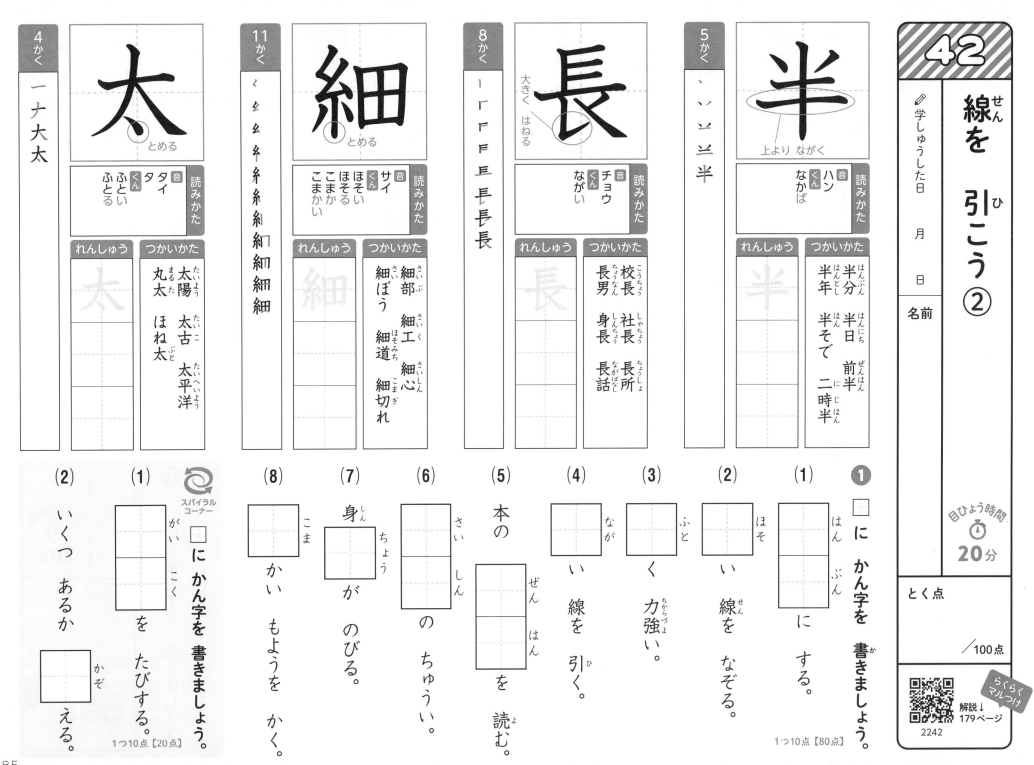

もう1回チャレンジ!!

42

線を引こう②

学しゅうした日　月　日

名前

目ひょう時間 20分

とく点　／100点

解説↓179ページ

らくらくマルつけ

2242

半

5かく

筆順：丶 丷 䒑 兰 半

上より ながく

読みかた　音 ハン　くん なかば

つかいかた：半分（はんぶん）　半日（はんにち）　前半（ぜんはん）　半年（はんとし）　半そで（はん）　二時半（にじはん）

れんしゅう

長

8かく

筆順：丨 𠃊 𠃍 F 镸 長 長 長

大きく　はねる

読みかた　音 チョウ　くん ながい

つかいかた：校長（こうちょう）　社長（しゃちょう）　長所（ちょうしょ）　長男（ちょうなん）　身長（しんちょう）　長話（ながばなし）

れんしゅう

細

11かく

筆順：𠃋 幺 幺 糸 糸 糸 糹 細 細 細 細

とめる

読みかた　音 サイ　くん ほそい　ほそる　こまか　こまかい

つかいかた：細部（さいぶ）　細工（さいく）　細心（さいしん）　細ぼう（さい）　細道（ほそみち）　細切れ（こまぎ）

れんしゅう

太

4かく

筆順：一 ナ 大 太

とめる

読みかた　音 タイ　タ　くん ふとい　ふとる

つかいかた：太陽（たいよう）　太古（たいこ）　太平洋（たいへいよう）　丸太（まるた）　ほね太（ぶと）

れんしゅう

1 □に かん字を 書きましょう。

(1) □□（はんぶん）に する。

(2) □（ほそ）い 線を なぞる。

(3) □（ふと）く 力強い。

(4) □（なが）い 線を 引く。

(5) 本の □□（ぜんはん）を 読む。

(6) □□（さいしん）の ちゅうい。

(7) 身□（しんちょう）が のびる。

(8) □（こま）かい もようを かく。

1つ10点【80点】

スパイラルコーナー

□に かん字を 書きましょう。

(1) □□（がいこく）を たびする。

(2) いくつ あるか □（かぞ）える。

1つ10点【20点】

43 絵(え)を かこう ①

学しゅうした日　月　日

名前

目ひょう時間 20分

とく点　／100点

解説↓ 179ページ

らくらくマルつけ

2243

画

8かく

一 丅 丆 丙 而 両 亜 画 画

読みかた
- 音 ガ カク
- くん —

つかいかた
図画(ずが)　絵画(かいが)　画用紙(がようし)
まん画(が)　計画(けいかく)　画数(かくすう)

れんしゅう 画

上下の点：つき出さない

用

5かく

丿 冂 月 月 用

読みかた
- 音 ヨウ
- くん もちいる

つかいかた
使用(しよう)　活用(かつよう)　用事(ようじ)
用意(ようい)　用心(ようじん)　引用(いんよう)

れんしゅう 用

左に はらう

紙

10かく

く 幺 幺 糸 糸 糸 紅 紅 紙 紙

読みかた
- 音 シ
- くん かみ

つかいかた
用紙(ようし)　表紙(ひょうし)　和紙(わし)
新聞紙(しんぶんし)　色紙(いろがみ しきし)　手紙(てがみ)

れんしゅう 紙

上に はねる
右上に はねる

丸

3かく

丿 九 丸

読みかた
- 音 ガン
- くん まる　まるい　まるめる

つかいかた
一丸(いちがん)　丸薬(がんやく)　だん丸(がん)
丸太(まるた)　丸顔(まるがお)　丸見(まるみ)え

れんしゅう 丸

まげて はねる

1 □に かん字を 書(か)きましょう。

1つ10点【80点】

(1) □□(ずが) 工作(こうさく)の 時間(じかん)。

(2) 絵(え)のぐを □(もち)いる。

(3) 白い □(かみ)に 字を 書く。

(4) □(まる)い 形(かたち)を かく。

(5) □□□(がようし)を 買(か)う。

(6) 赤い 色(いろ)□(がみ)を おる。

(7) みなが □□(いちがん)と なる。

(8) □□(てがみ)を 出す。

スパイラルコーナー

□に かん字を 書きましょう。

1つ10点【20点】

(1) □□(けいさん)を する。

(2) しけんに □(ごう)かくする。

もう1回チャレンジ!!

43 絵を かこう①

学しゅうした日　月　日

名前

目ひょう時間 20分

とく点　／100点

解説↓ 179ページ

らくらくマルつけ

2243

画

8かく

一 𠃌 冂 币 而 画 画 画

読みかた　音 ガ カク　くん ―

つき出さない

つかいかた：図画（ずが）　まん画（まんが）　絵画（かいが）　計画（けいかく）　画用紙（がようし）　画数（かくすう）

れんしゅう

用

5かく

丿 冂 月 月 用

左に はらう

読みかた　音 ヨウ　くん もちいる

つかいかた：使用（しよう）　用意（ようい）　活用（かつよう）　用心（ようじん）　用事（ようじ）　引用（いんよう）

れんしゅう

紙

10かく

く 幺 幺 糸 糸 糸 紅 紅 紙 紙

上に はねる
右上に はねる

読みかた　音 シ　くん かみ

つかいかた：用紙（ようし）　新聞紙（しんぶんし）　表紙（ひょうし）　色紙（いろがみ／しきし）　和紙（わし）　手紙（てがみ）

れんしゅう

丸

3かく

丿 九 丸

まげて はねる

読みかた　音 ガン　くん まる　まるい　まるめる

つかいかた：一丸（いちがん）　丸太（まるた）　丸薬（がんやく）　丸顔（まるがお）　だん丸（だんがん）　丸見え（まるみえ）

れんしゅう

1 □に かん字を 書きましょう。　1つ10点【80点】

(1) ［ず］［が］工作（こうさく）の 時間（じかん）。

(2) 絵（え）のぐを ［もち］いる。

(3) 白い ［かみ］に 字を 書く。

(4) ［まる］い 形（かたち）を かく。

(5) ［が］［よう］［し］を 買（か）う。

(6) 赤い 色（いろ）［がみ］を おる。

(7) みなが ［いち］［がん］と なる。

(8) ［て］［がみ］を 出す。

スパイラルコーナー

□に かん字を 書きましょう。　1つ10点【20点】

(1) ［けい］［さん］を する。

(2) しけんに ［ごう］かくする。

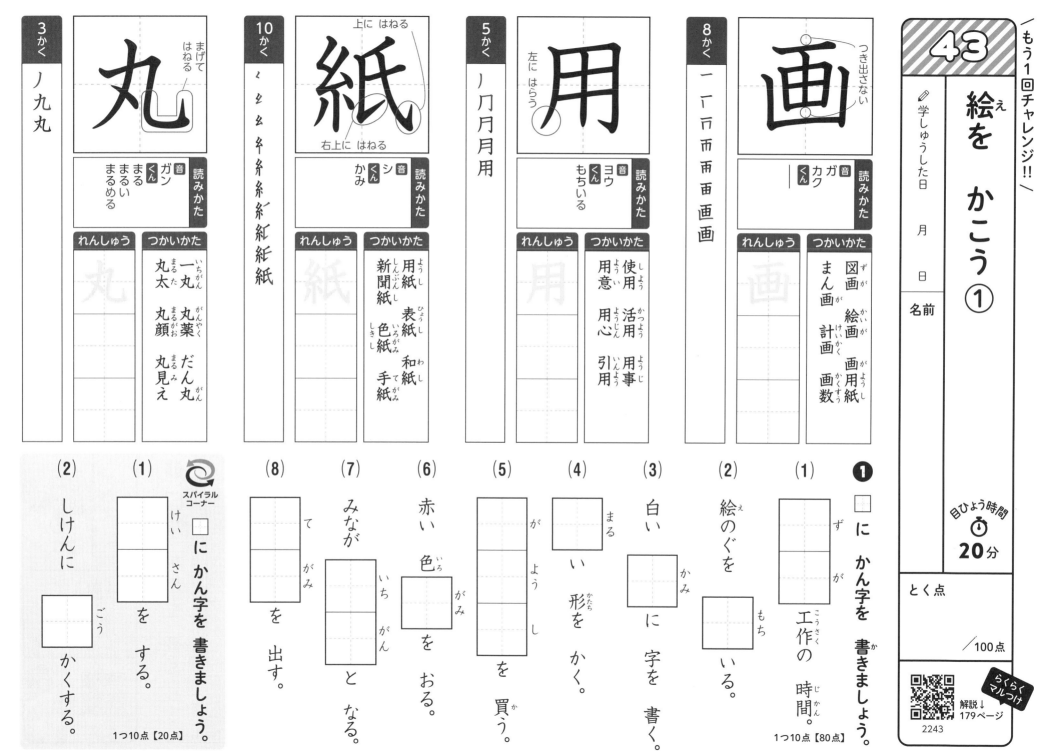

44 絵(え)を かこう②

学しゅうした日　月　日

名前

目ひょう時間 20分

とく点　／100点

解説↓ 179ページ

2244

らくらくマルつけ

黄　11かく

つける

読みかた　音 (コウ) オウ　くん き (こ)

つかいかた　黄金(おうごん)　黄土色(おうどいろ)　らん黄(おう)　黄色(きいろ)　黄身(きみ)　黄緑(きみどり)

色　6かく

かどを つけない

読みかた　音 ショク シキ　くん いろ

つかいかた　原色(げんしょく)　へん色(しょく)　色紙(いろがみ)　茶色(ちゃいろ)　音色(ねいろ)　色えんぴつ(いろ/しき/し)

絵　12かく

とめる

読みかた　音 カイ エ　くん ―

つかいかた　絵画(かいが)　絵(え)の具(ぐ)　絵本(えほん)　油絵(あぶらえ)　絵日記(えにっき)　ぬり絵(え)

同　6かく

まっすぐに

読みかた　音 ドウ　くん おなじ

つかいかた　同点(どうてん)　同時(どうじ)　同感(どうかん)　同意(どうい)　同級生(どうきゅうせい)　きょう同(どう)

れんしゅう

1 □に かん字を 書(か)きましょう。　1つ10点【80点】

(1) (きいろ)い 花。

(2) (えほん)を 読(よ)む。

(3) (おな)じ 形(かたち)を かく。

(4) (おうごん)の 太(たい)よう。

(5) 十二(しょく)の クレヨン。

(6) (かいが)を 見る。

(7) (え)の具(ぐ)が かわく。

(8) (どうじ)に 書きおわる。

スパイラルコーナー

□に かん字を 書きましょう。　1つ10点【20点】

(1) 気もちが (らく)だ。

(2) 大きな (そ)しき。

もう1回チャレンジ!!

44 絵をかこう②

学しゅうした日　月　日

名前

目ひょう時間 20分

とく点　／100点

解説↓179ページ

らくらくマルつけ

2244

黄 11かく

一 十 廾 廾 丑 芇 芇 苗 黄 黄 黄

つける

読みかた　音 (コウ)　オウ　くん き (こ)

れんしゅう

つかいかた　黄金(おうごん)　黄土色(おうどいろ)　らん黄(おう)　黄色(きいろ)　黄身(きみ)　黄緑(きみどり)

色 6かく

ノ ク 夕 乌 多 色

かどをつけない

読みかた　音 ショク シキ　くん いろ

れんしゅう

つかいかた　原色(げんしょく)　へん色(しょく)　色紙(いろがみ・しきし)　茶色(ちゃいろ)　音色(ねいろ)　色(いろ)えんぴつ

絵 12かく

く 幺 幺 糸 糸 糸 糸 紒 紒 給 絵 絵

とめる

読みかた　音 カイ エ　くん ―

れんしゅう

つかいかた　絵画(かいが)　絵(え)の具(ぐ)　絵本(えほん)　油絵(あぶらえ)　絵日記(えにっき)　ぬり絵(え)

同 6かく

丨 冂 冂 同 同 同

まっすぐに

読みかた　音 ドウ　くん おなじ

れんしゅう

つかいかた　同点(どうてん)　同時(どうじ)　同感(どうかん)　同意(どうい)　同級生(どうきゅうせい)　きょう同(どう)

1 □に かん字を 書(か)きましょう。　1つ10点【80点】

(1) □□(きいろ)い 花。

(2) □□(えほん)を 読(よ)む。

(3) □(おな)じ 形(かたち)を かく。

(4) □□(おうごん)の 太(たい)よう。

(5) 十二□(しょく)の クレヨン。

(6) □□(かいが)を 見る。

(7) □(え)の具(ぐ)が かわく。

(8) □□(どうじ)に 書きおわる。

スパイラルコーナー

□に かん字を 書きましょう。　1つ10点【20点】

(1) 気もちが □(らく)だ。

(2) 大きな □(そ)しき。

45

まとめの テスト 21

学しゅうした日　　月　　日

名前

目ひょう時間 20分

とく点　　／100点

解説↓ 180ページ

らくらくマルつけ

2245

1 （　）に ――せんの 読みがなを 書きましょう。

1つ5点【55点】

(1) 太古の 地きゅう。（　　）

(2) 日直の しごとを する。（　　）

(3) まぶしい 光線。（　　）

(4) せん手が 引たいする。（　　）

(5) 半年が すぎる。（　　）

(6) 校長先生に あいさつする。（　　）

(7) 細部まで よく 見る。（　　）

(8) 点線を なぞる。（　　）

(9) 直ちに 出ぱつする。（　　）

(10) となり町に 引っこす。（　　）

(11) 細切れの 肉。（　　）

2 □に かん字を 書きましょう。

1つ5点【45点】

(1) たまごの □(き) 身。

(2) 茶□(いろ) の クレヨン。

(3) ぬり□(え) を する。

(4) □(どう) 級生と あそぶ。

(5) □□(かいが) の てんらん会。

(6) ガスを 使□(よう) する。

(7) きのうと □(おな) じ メニュー。

(8) □□(まるた) を ならべる。

(9) アンケートの □□(ようし)。

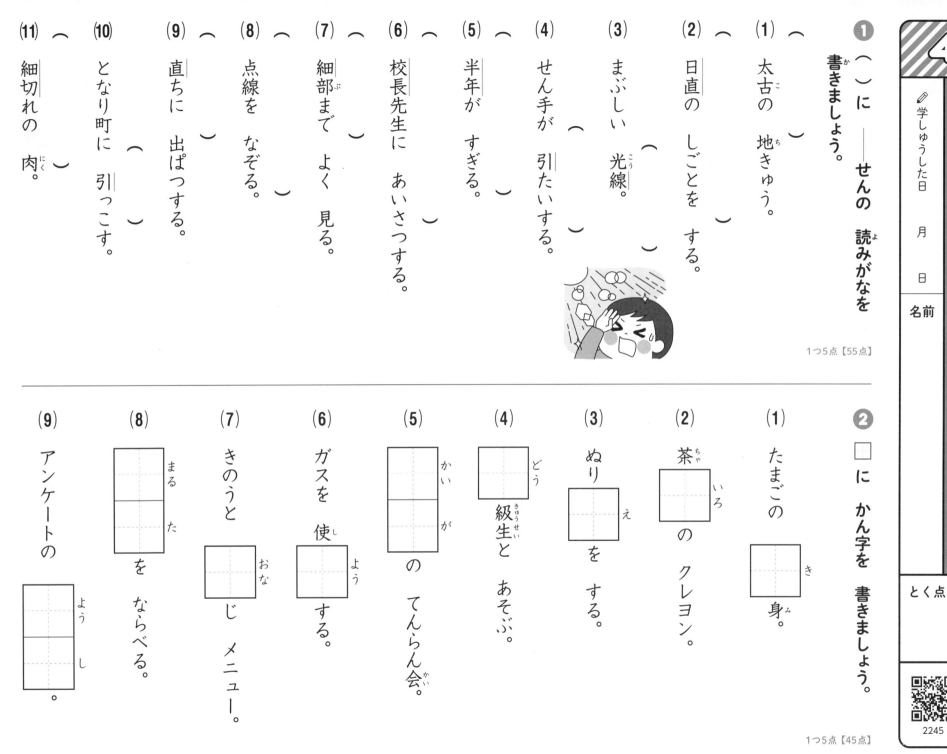

45 まとめの テスト 21

学しゅうした日　月　日

名前

目ひょう時間 20分

とく点　／100点

らくらくマルつけ　解説↓180ページ

2245

1 （　）に ——せんの 読みがなを 書きましょう。

1つ5点【55点】

(1) 太古の 地きゅう。（　　）
(2) 日直の しごとを する。（　　）
(3) まぶしい 光線。（　　）
(4) せん手が 引たいする。（　　）
(5) 半年が すぎる。（　　）
(6) 校長先生に あいさつする。（　　）
(7) 細部まで よく 見る。（　　）
(8) 点線を なぞる。（　　）
(9) 直ちに 出ぱつする。（　　）
(10) となり町に 引っこす。（　　）
(11) 細切れの 肉。（　　）

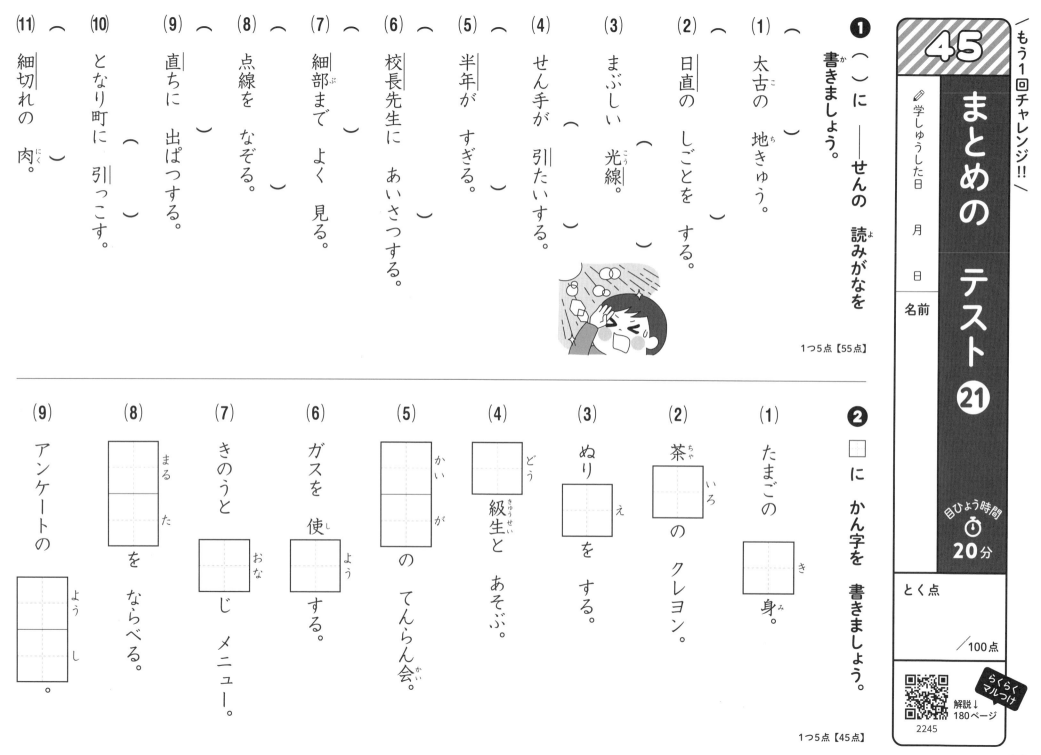

2 □に かん字を 書きましょう。

1つ5点【45点】

(1) たまごの □（き）身。
(2) 茶□（いろ）の クレヨン。
(3) ぬり□（え）を する。
(4) □（どう）級生と あそぶ。
(5) □□（かいが）の てんらん会。
(6) ガスを 使□（よう）する。
(7) きのうと □（おな）じ メニュー。
(8) □□（まるた）を ならべる。
(9) アンケートの □□（ようし）。

46

まとめの テスト ㉒

学しゅうした日　月　日

名前

目ひょう時間 20分

とく点　／100点

らくらくマルつけ　解説↓180ページ　2246

1 （　）に ——線(せん)の 読(よ)みがなを 書(か)きましょう。

(1) まん画を 読む。（　）
(2) 用事(じ)を すませる。（　）
(3) 和(わ)紙に 字を 書く。（　）（　）
(4) 丸顔の 犬。（　）
(5) 黄土色の かべ。（　）
(6) 夏休(なつやす)みの 絵日記(にっき)。（　）
(7) わたしも 同感(かん)だ。（　）
(8) かん字の 画数。（　）
(9) 道(どう)ぐを 用いる。（　）
(10) だんごを 丸める。（　）
(11) じゅうたんが へん色する。（　）

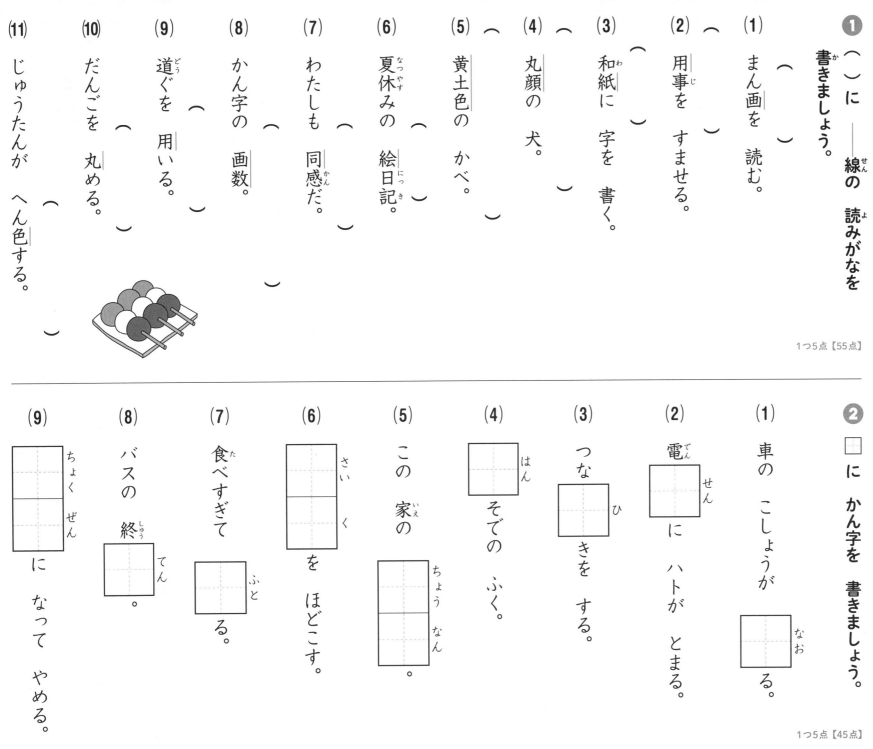

1つ5点【55点】

2 □に かん字を 書きましょう。

(1) 車の こしょうが □(なお)る。
(2) 電(でん)□(せん)に ハトが とまる。
(3) つな□(ひ)きを する。
(4) □(はん)そでの ふく。
(5) この 家(いえ)の □□(ちょうなん)。
(6) □□(さいく)を ほどこす。
(7) 食(た)べすぎて □(ふと)る。
(8) バスの 終(しゅう)□(てん)。
(9) □□(ちょくぜん)に なって やめる。

1つ5点【45点】

もう1回チャレンジ!!

46 まとめの テスト 22

学しゅうした日　月　日

名前

目ひょう時間 20分

とく点　／100点

らくらくマルつけ

解説↓180ページ

2246

❶ （　）に ——線(せん)の 読(よ)みがなを 書(か)きましょう。　1つ5点【55点】

(1) まん画を 読む。（　）
(2) 用事(じ)を すませる。（　）
(3) 和(わ)紙に 字を 書く。（　）
(4) 丸顔の 犬。（　）
(5) 黄土色の かべ。（　）
(6) 夏休(なつやす)みの 絵日記(にっき)。（　）
(7) わたしも 同感(かん)だ。（　）
(8) かん字の 画数。（　）
(9) 道(どう)ぐを 用いる。（　）
(10) だんごを 丸める。（　）
(11) じゅうたんが へん色する。（　）

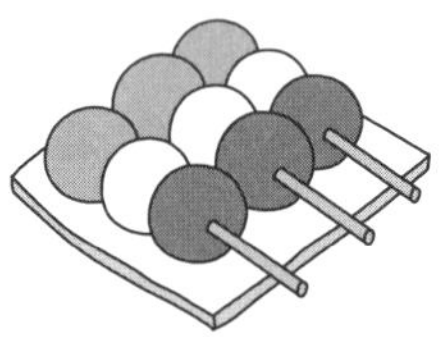

❷ □に かん字を 書きましょう。　1つ5点【45点】

(1) 車の こしょうが □(なお)る。
(2) 電(でん)□(せん)に ハトが とまる。
(3) つな□(ひ)きを する。
(4) □(はん)そでの ふく。
(5) この 家(いえ)の □□(ちょうなん)。
(6) □□(さいく)を ほどこす。
(7) 食(た)べすぎて □(ふと)る。
(8) バスの 終(しゅう)□(てん)。
(9) □□(ちょくぜん)に なって やめる。

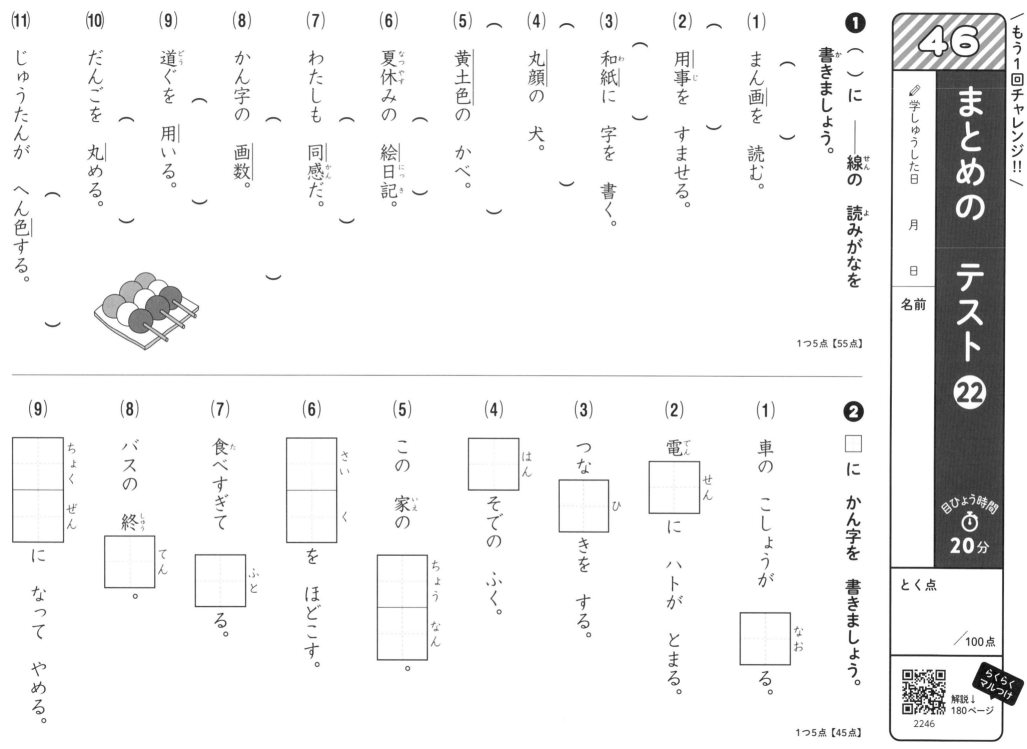

47 まとめの テスト ㉓

目ひょう時間 20分

学しゅうした日　月　日

名前

とく点　／100点

解説↓ 180ページ

2247

らくらくマルつけ

❶ かん字の 足し算を しましょう。　1つ10点【40点】

(1) 言 ＋ 十 ＝ □

(2) 糸 ＋ 田 ＝ □

(3) 止 ＋ 少 ＝ □

(4) 門 ＋ 耳 ＝ □

❷ （　）に ――線の 読みがなを 書きましょう。　1つ5点【20点】

(1) ① 本の 表紙。（　　）
② 手紙を 書く。（　　）

(2) ① 計画どおりに すすむ。（　　）
② 図画工作の じゅぎょう。（　　）

❸ ――線を かん字と おくりがなで 書きましょう。　1つ5点【20点】

(1) ① ほそい ひも。（　　）
② こまかい もよう。（　　）

(2) ① きげんが なおる。（　　）
② ただちに 出かける。（　　）

❹ ある かん字を □に 入れて 矢じるしの 方こうに 読むと、三つの ことばが できます。入る かん字を あとの 〈 〉から えらんで 書き、できた ことばの 読みがなを （　）に 書きましょう。　1つ5点【20点】

音 ↓ □

黄 → □ → 紙

（　　）（　　）（　　）

〈 色　楽　用 〉

＼もう1回チャレンジ!!／

47 まとめのテスト㉓

学しゅうした日　月　日

名前

目ひょう時間 20分

とく点　／100点

らくらくマルつけ

解説↓180ページ

2247

❶ かん字の 足し算を しましょう。　1つ10点【40点】

(1) 言＋十＝□

(2) 糸＋田＝□

(3) 止＋少＝□

(4) 門＋耳＝□

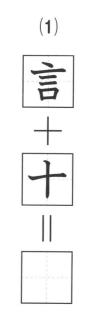

❷ （　）に ──線の 読みがなを 書きましょう。　1つ5点【20点】

(1) ① 本の 表紙。（　　）

② 手紙を 書く。（　　）

(2) ① 計画どおりに すすむ。（　　）

② 図画工作の じゅぎょう。（　　）

❸ ──線を かん字と おくりがなで 書きましょう。　1つ5点【20点】

(1) ① ほそい ひも。（　　）

② こまかい もよう。（　　）

(2) ① きげんが なおる。（　　）

② ただちに 出かける。（　　）

❹ ある かん字を □に 入れて 矢じるしの 方こうに 読むと、三つの ことばが できます。入る かん字を あとの 〈　〉から えらんで 書き、できた ことばの 読みがなを （　）に 書きましょう。　1つ5点【20点】

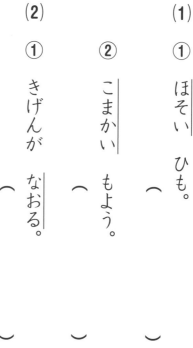

音 ↓ □

黄 → □ → 紙

（　　）（　　）（　　）

〈色　楽　用〉

48

まとめの テスト 24

目ひょう時間 20分

学しゅうした日　月　日

名前

とく点　／100点

解説↓ 180ページ

2248

らくらくマルつけ

1 カードを 組み合わせて、二字の ことばを 四つ 作りましょう。（同じ カードは 一どしか つかえません。） 1つ10点【40点】

手　分　画　直　紙　計　半　日

□□　□□　□□　□□

2 つぎの かん字の 画数を 数字で 書きましょう。 1つ10点【20点】

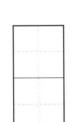

(1) 直　（　　）画

(2) 引　（　　）画

3 つぎの 文の ――線に 合う かん字を 〈 〉から えらび、○で かこみましょう。 1つ5点【20点】

(1) カイ画の てんらん会。　〈 回 ・ 絵 〉

(2) アンケート用シを くばる。　〈 糸 ・ 紙 〉

(3) キ色の おちば。　〈 黄 ・ 気 〉

(4) ゆっくり 通コウする。　〈 行 ・ 後 〉

4 上と はんたいの いみに なるように、□に かん字を 書きましょう。 1つ10点【20点】

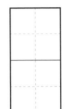

(1) みじかい　↕　□い

(2) 細い　↕　□い

もう1回チャレンジ!!

48 まとめの テスト 24

目ひょう時間 20分

学しゅうした日　月　日

名前

とく点　／100点

らくらくマルつけ

解説↓180ページ

2248

❶ カードを 組み合わせて、二字の ことばを 四つ 作りましょう。(同じ カードは 一どしか つかえません。) 1つ10点【40点】

手　画　分　直　紙　計　半　日

□□　□□

□□　□□

❷ つぎの かん字の 画数を 数字で 書きましょう。 1つ10点【20点】

(1) 直　（　　）画

(2) 引　（　　）画

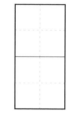

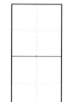

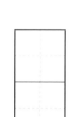

❸ つぎの 文の ―線に 合う かん字を 〈 〉から えらび、○で かこみましょう。 1つ5点【20点】

(1) カイ画の てんらん会。〈回・絵〉

(2) アンケート用シを くばる。〈糸・紙〉

(3) キ色の おちば。〈黄・気〉

(4) ゆっくり 通コウする。〈行・後〉

❹ 上と はんたいの いみに なるように、□に かん字を 書きましょう。 1つ10点【20点】

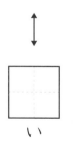

(1) みじかい ↕ □い

(2) 細い ↕ □い

49 地図(ちず)を 見よう①

学しゅうした日　月　日

名前

目ひょう時間 20分

とく点　／100点

らくらくマルつけ　解説↓ 181ページ

2249

東

8かく

とめる

読みかた　音 トウ　くん ひがし

つかいかた
東京(とうきょう)　東洋(とうよう)　東北(とうほく)　東西南北(とうざいなんぼく)　東日本(ひがしにほん)

れんしゅう　東

西

6かく

かどを つけずに まげる

読みかた　音 セイ サイ　くん にし

つかいかた
東西(とうざい)　北西(ほくせい)　西洋(せいよう)　西(せい)れき　かん西(さい)　西日(にしび)

れんしゅう　西

南

9かく

はねる　とめる

読みかた　音 ナン (ナ)　くん みなみ

つかいかた
南国(なんごく)　南北(なんぼく)　南(なん)きょく　南部(なんぶ)　南下(なんか)　南向(みなみむ)き

れんしゅう　南

北

5かく

右上に はらう

読みかた　音 ホク　くん きた

つかいかた
北上(ほくじょう)　北(ほっ)きょく　北海道(ほっかいどう)　はい北(ぼく)　北風(きたかぜ)　北国(きたぐに)

れんしゅう　北

1 □に かん字を 書(か)きましょう。

(1) ［とうほく］地方(ちほう)の 地図(ちず)。

(2) ［とうざい］に 走(はし)る 道(みち)。

(3) ［なんぼく］に 長(なが)い 国(くに)。

(4) ［ひがし］の 方角(ほうがく)を 目ざす。

(5) かん［さい］地方へ 行(い)く。

(6) ［みなみ］へ むかって 歩(ある)く。

(7) ［きたぐに］に 春(はる)が 来(く)る。

(8) ［せい］洋の 文(ぶん)か。

1つ10点【80点】

スパイラルコーナー □に かん字を 書きましょう。

(1) ［だいく］に なる。

(2) 紙(かみ)を 星(ほし)の ［かたち］に 切(き)る。

1つ10点【20点】

＼もう1回チャレンジ!!／

49

地図(ちず)を 見よう①

学しゅうした日　月　日

名前

目ひょう時間 20分

とく点　／100点

らくらくマルつけ

解説↓ 181ページ

2249

東

8かく

一 ｢ 冂 日 目 申 東 東

とめる

読みかた
音 トウ
くん ひがし

つかいかた
東京(とうきょう)　東洋(とうよう)　東北(とうほく)
東西南北(とうざいなんぼく)　東日本(ひがしにほん)

れんしゅう

西

6かく

一 一 ｢ 襾 西 西

かどを つけずに まげる

読みかた
音 セイ サイ
くん にし

つかいかた
東西(とうざい)　北西(ほくせい)　西洋(せいよう)
西(せい)れき　かん西(さい)　西日(にしび)

れんしゅう

南

9かく

一 十 广 冂 内 冉 冉 南 南

はねる

とめる

読みかた
音 ナン (ナ)
くん みなみ

つかいかた
南国(なんごく)　南北(なんぼく)　南(なん)きょく
南部(なんぶ)　南下(なんか)　南向(みなみむ)き

れんしゅう

北

5かく

丨 𠃊 𠃋 ⺦ 北

右上に はらう

読みかた
音 ホク
くん きた

つかいかた
北上(ほくじょう)　北(ほっ)きょく　北海道(ほっかいどう)
はい北(ぼく)　北風(きたかぜ)　北国(きたぐに)

れんしゅう

1 □に かん字を 書(か)きましょう。　1つ10点【80点】

(1) ［とう］［ほく］地方(ちほう)の 地図(ちず)。

(2) ［とう］［ざい］に 走(はし)る 道(みち)。

(3) ［なん］［ぼく］に 長(なが)い 国(くに)。

(4) ［ひがし］の 方角(ほうがく)を 目ざす。

(5) かん［さい］地方へ 行(い)く。

(6) ［みなみ］へ むかって 歩(ある)く。

(7) ［きた］［ぐに］に 春(はる)が 来(く)る。

(8) ［せい］洋の 文(ぶん)か。

スパイラルコーナー

□に かん字を 書きましょう。　1つ10点【20点】

(1) ［だい］［く］に なる。

(2) 紙(かみ)を 星(ほし)の ［かたち］に 切(き)る。

50 地図を見よう②

学しゅうした日　月　日

名前

目ひょう時間 20分

とく点　／100点

らくらくマルつけ　解説↓181ページ

2250

交（6かく）

とめる

亠 六 交

読みかた
音 コウ
くん まじわる・まじえる・まじる・まざる・まぜる・（かう・かわす）

つかいかた
交通　交番　交代
親交　交さ点　交かん

れんしゅう 交

番（12かく）

とめる

番

読みかた
音 バン
くん ―

つかいかた
当番　番人　番犬
番号　番地　じゅん番

れんしゅう 番

方（4かく）

まげて はねる

亠 方

読みかた
音 ホウ
くん かた

つかいかた
方向　方角　地方
正方形　夕方　味方

れんしゅう 方

角（7かく）

出さない

角

読みかた
音 カク
くん かど　つの

つかいかた
三角　四角　直角
角度　まち角　角ぶえ

れんしゅう 角

1 □に かん字を 書きましょう。　1つ10点【80点】

(1) 道が □（まじ）わる。
(2) □□（こう ばん）に 立ちよる。
(3) 北の □（ほう）向へ すすむ。
(4) つぎの □（かど）を まがる。
(5) □（こう）さ点を わたる。
(6) □（ばん）地を かくにんする。
(7) □□（ばん けん）が ほえる。
(8) しかの □（つの）を 切る。

スパイラルコーナー

□に かん字を 書きましょう。　1つ10点【20点】

(1) □□（しょう じき）に 話す。
(2) □□（はく せん）の 中に 入る。

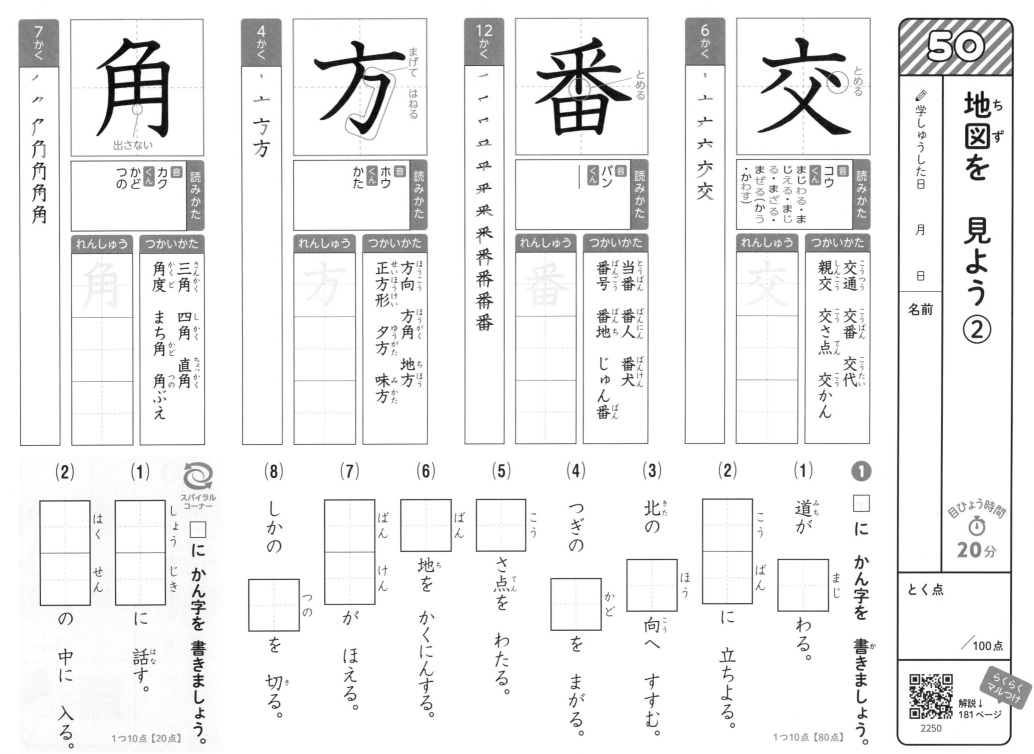

／もう1回チャレンジ!!／

50 地図(ちず)を 見よう②

学しゅうした日　月　日

名前

目ひょう時間 20分

とく点　／100点

解説↓181ページ

らくらくマルつけ

2250

交（6かく）

丶 亠 亠 六 亣 交

とめる

読みかた
音 コウ
くん まじわる・まじえる・まじる・まざる・まぜる（かう・かわす）

つかいかた
交通(こうつう)　交番(こうばん)　交代(こうたい)
親交(しんこう)　交さ点(こうさてん)　交かん(こうかん)

れんしゅう 交

番（12かく）

一 ⺍ ⺍ 平 平 平 釆 釆 番 番 番 番

とめる

読みかた
音 バン
くん ―

つかいかた
当番(とうばん)　番人(ばんにん)　番犬(ばんけん)
番号(ばんごう)　番地(ばんち)　じゅん番(ばん)

れんしゅう 番

方（4かく）

丶 亠 亍 方

まげて　はねる

読みかた
音 ホウ
くん かた

つかいかた
方向(ほうこう)　方角(ほうがく)　地方(ちほう)
正方形(せいほうけい)　夕方(ゆうがた)　味方(みかた)

れんしゅう 方

角（7かく）

ノ ク 𠂊 角 角 角 角

出さない

読みかた
音 カク
くん かど　つの

つかいかた
三角(さんかく)　四角(しかく)　直角(ちょっかく)
角度(かくど)　まち角(かど)　角(つの)ぶえ

れんしゅう 角

1 □に かん字を 書きましょう。

1つ10点【80点】

(1) 道(みち)が □(まじ)わる。

(2) □□(こうばん)に 立ちよる。

(3) 北(きた)の □(ほう)向(こう)へ すすむ。

(4) つぎの □(かど)を まがる。

(5) □(こう)さ点(てん)を わたる。

(6) □(ばん)地(ち)を かくにんする。

(7) □□(ばんけん)が ほえる。

(8) しかの □(つの)を 切(き)る。

スパイラルコーナー □に かん字を 書きましょう。

1つ10点【20点】

(1) □□(しょうじき)に 話(はな)す。

(2) □□(はくせん)の 中に 入る。

51 公園(こうえん)へ 行(い)こう

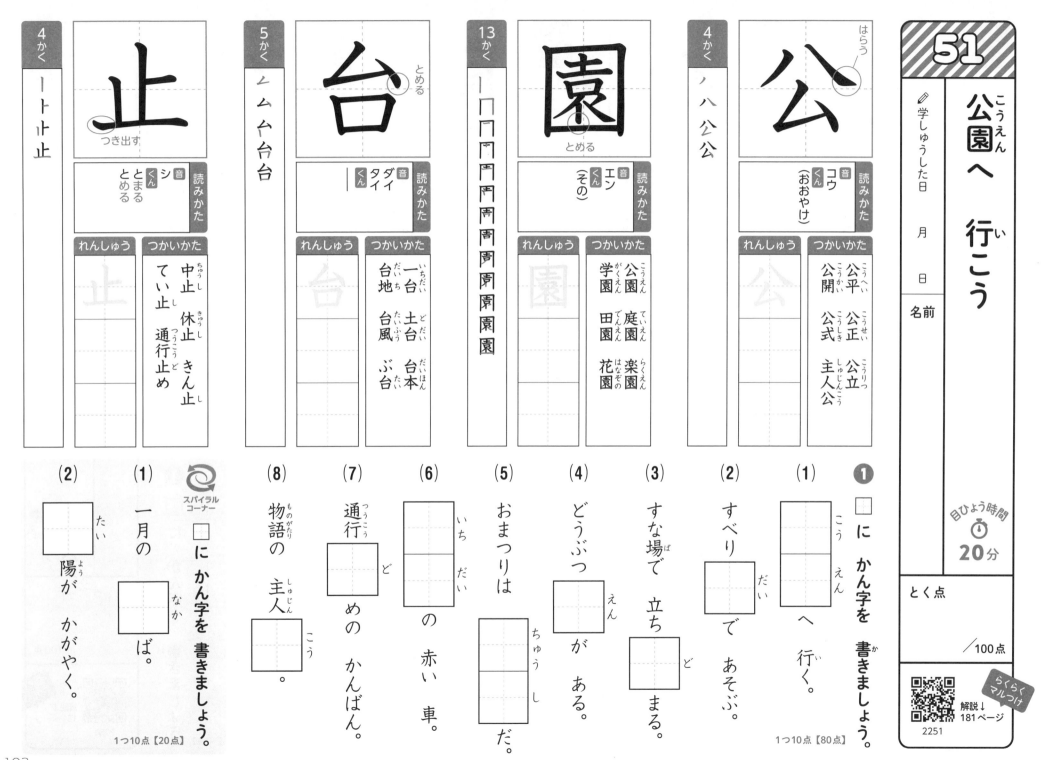

学しゅうした日　月　日

名前

目ひょう時間 20分

とく点　／100点

解説↓ 181ページ

らくらくマルつけ

2251

公

4かく

はらう

筆順：ノ　八　公　公

読みかた：音 コウ　くん（おおやけ）

つかいかた：公平(こうへい)　公正(こうせい)　公立(こうりつ)　公開(こうかい)　公式(こうしき)　主人公(しゅじんこう)

れんしゅう：公

園

13かく

とめる

筆順：丨　冂　冂　冂　冃　冃　冎　周　周　周　周　園　園

読みかた：音 エン　くん（その）

つかいかた：公園(こうえん)　庭園(ていえん)　楽園(らくえん)　学園(がくえん)　田園(でんえん)　花園(はなぞの)

れんしゅう：園

台

5かく

とめる

筆順：ㄥ　ム　台　台　台

読みかた：音 ダイ　タイ　くん —

つかいかた：一台(いちだい)　土台(どだい)　台本(だいほん)　台地(だいち)　台風(たいふう)　ぶ台(たい)

れんしゅう：台

止

4かく

つき出す

筆順：丨　⺊　㇑⺊　止

読みかた：音 シ　くん とまる　とめる

つかいかた：中止(ちゅうし)　休止(きゅうし)　きん止(し)　てい止(し)　通行止(つうこうど)め

れんしゅう：止

1 □に かん字を 書(か)きましょう。

1つ10点【80点】

(1) □(こうえん)へ 行(い)く。

(2) すべり□(だい)で あそぶ。

(3) すな場(ば)で 立ち□(ど)まる。

(4) どうぶつ□(えん)が ある。

(5) おまつりは □(ちゅうし)だ。

(6) □(いちだい)の 赤い 車。

(7) 通行(つうこう)□(ど)めの かんばん。

(8) 物語(ものがたり)の 主人(しゅじん)□(こう)。

スパイラルコーナー

□に かん字を 書きましょう。

1つ10点【20点】

(1) 一月の □(なか)ば。

(2) □(たい)陽(よう)が かがやく。

もう1回チャレンジ!!

51 公園(こうえん)へ 行(い)こう

学しゅうした日　月　日

名前

目ひょう時間 20分

とく点　／100点

解説↓ 181ページ

らくらくマルつけ

2251

公

4かく

ノ 八 公 公

はらう

読みかた　音 コウ　くん (おおやけ)

つかいかた：公平(こうへい)　公正(こうせい)　公立(こうりつ)　公開(こうかい)　公式(こうしき)　主人公(しゅじんこう)

れんしゅう

園

13かく

とめる

読みかた　音 エン　くん (その)

つかいかた：公園(こうえん)　庭園(ていえん)　楽園(らくえん)　学園(がくえん)　田園(でんえん)　花園(はなぞの)

れんしゅう

台

5かく

ム ム 台 台 台

とめる

読みかた　音 ダイ タイ　くん ―

つかいかた：一台(いちだい)　土台(どだい)　台本(だいほん)　台地(だいち)　台風(たいふう)　ぶ台(たい)

れんしゅう

止

4かく

丨 ト 止 止

つき出す

読みかた　音 シ　くん とまる とめる

つかいかた：中止(ちゅうし)　休止(きゅうし)　きん止(し)　てい止(し)　通行止(つうこうど)め

れんしゅう

1 □に かん字を 書(か)きましょう。

(1) □□(こう えん)へ 行(い)く。

(2) すべり□(だい)で あそぶ。

(3) すな場(ば)で 立ち□(ど)まる。

(4) どうぶつ□(えん)が ある。

(5) おまつりは □□(ちゅう し)だ。

(6) □□(いち だい)の 赤い 車。

(7) 通行(つうこう)□(ど)めの かんばん。

(8) 物語(ものがたり)の 主人(しゅじん)□(こう)。

1つ10点【80点】

スパイラルコーナー

□に かん字を 書きましょう。

(1) 一月の □(なか)ば。

(2) □(たい)陽(よう)が かがやく。

1つ10点【20点】

52

山のぼりを　しよう

学しゅうした日　月　日

名前

目ひょう時間 20分

とく点　／100点

らくらくマルつけ

解説↓ 181ページ

2252

高（10かく）

丶 亠 亠 亠 亠 亠 亨 高 高 高

とめる

読みかた
音 コウ
くん たかい　たか　たかまる　たかめる

つかいかた
高校（こうこう）　高級（こうきゅう）　高原（こうげん）
高音（こうおん）　高所（こうしょ）　円高（えんだか）

れんしゅう 高

岩（8かく）

丨 山 山 屵 岩 岩 岩 岩

つける

読みかた
音 ガン
くん いわ

つかいかた
岩石（がんせき）　火山岩（かざんがん）　よう岩（がん）
岩（がん）えん　岩山（いわやま）　岩場（いわば）

れんしゅう 岩

谷（7かく）

ノ ハ 个 欠 谷 谷 谷

あいだを　あける

読みかた
音 （コク）
くん たに

つかいかた
けい谷（こく）　谷川（たにがわ）　谷間（たにま）
谷（たに）そこ

れんしゅう 谷

地（6かく）

一 十 土 圠 地 地

ながめに　つき出す

読みかた
音 チ　ジ
くん

つかいかた
地図（ちず）　土地（とち）　地下（ちか）
地（ち）きゅう　地面（じめん）　地（じ）しん

れんしゅう 地

1 □に　かん字を　書（か）きましょう。

(1) □（たか）い　山に　のぼる。

(2) 大きな　□（いわ）が　ある。

(3) ふかい　□（たに）が　見える。

(4) □□（ちず）を　見る。

(5) さわやかな　□（こう）原（げん）。

(6) □□（がんせき）を　よける。

(7) □（じ）面（めん）に　すわる。

(8) □□（いわやま）に　のぼる。

1つ10点【80点】

スパイラルコーナー

□に　かん字を　書きましょう。

(1) 火に　□□（ようじん）　する。

(2) 本の　表（ひょう）□（し）を　めくる。

1つ10点【20点】

52 もう1回チャレンジ!!

山のぼりを しよう

学しゅうした日　月　日

名前

目ひょう時間 20分

とく点　/100点

らくらくマルつけ　解説↓181ページ

2252

高（10かく）

とめる

書きじゅん：丶 亠 亠 亡 古 古 高 高 高 高

読みかた：音 コウ／くん たかい、たか、たかまる、たかめる

つかいかた：高校(こうこう)　高級(こうきゅう)　高原(こうげん)　高音(こうおん)　高所(こうしょ)　円高(えんだか)

れんしゅう：高

岩（8かく）

つける

書きじゅん：丨 山 山 山 岩 岩 岩 岩

読みかた：音 ガン／くん いわ

つかいかた：岩石(がんせき)　火山岩(かざんがん)　よう岩(がん)　岩えん(がん)　岩山(いわやま)　岩場(いわば)

れんしゅう：岩

谷（7かく）

あいだを　あける

書きじゅん：ノ ハ ハ 仌 仌 谷 谷

読みかた：音 (コク)／くん たに

つかいかた：けい谷(こく)　谷川(たにがわ)　谷間(たにま)　谷(たに)そこ

れんしゅう：谷

地（6かく）

ながめに つき出す

書きじゅん：一 十 土 圠 地 地

読みかた：音 チ、ジ／くん ―

つかいかた：地図(ちず)　土地(とち)　地下(ちか)　地(ち)きゅう　地面(じめん)　地(じ)しん

れんしゅう：地

---

1 □に かん字を 書(か)きましょう。　1つ10点【80点】

(1) □(たか)い 山に のぼる。

(2) 大きな □(いわ)が ある。

(3) ふかい □(たに)が 見える。

(4) □□(ちず)を 見る。

(5) さわやかな □(こう)原(げん)。

(6) □□(がんせき)を よける。

(7) □(じ)面(めん)に すわる。

(8) □□(いわやま)に のぼる。

スパイラルコーナー

□に かん字を 書きましょう。　1つ10点【20点】

(1) 火に □□(ようじん)する。

(2) 本の 表(ひょう)□(し)を めくる。

53

まとめの テスト 25

目ひょう時間 20分

学しゅうした日　月　日

名前

とく点　／100点

解説↓ 182ページ

らくらくマルつけ

2253

1 （　）に ——線の 読みがなを 書きましょう。

(1) 東洋の 国々。（　　）

(2) 北西の 風が ふく。（　　）

(3) 南国を たびする。（　　）

(4) 大きな 北きょくグマ。（　　）

(5) 大人に 子どもが 交じる。（　　）

(6) しろを まもる 番人。（　　）

(7) 方角を たしかめる。（　　）

(8) 西日が まぶしい。（　　）

(9) じゅん番を まもる。（　　）

(10) ぼくは きみの 味方だ。（　　）

(11) まち角の きっさ店。（　　）

1つ5点【55点】

2 □に かん字を 書きましょう。

(1) □（こう）平に はんだんする。

(2) のどかな □□（でんえん）風けい。

(3) たてものの □□（どだい）。

(4) しんこうで てい□（し）する。

(5) □（こう）級な メロン。

(6) 火山の よう□（がん）。

(7) ふかい □（たに）の そこ。

(8) ふと 立ち□（ど）まる。

(9) ビルの □□（ちか）の かい。

1つ5点【45点】

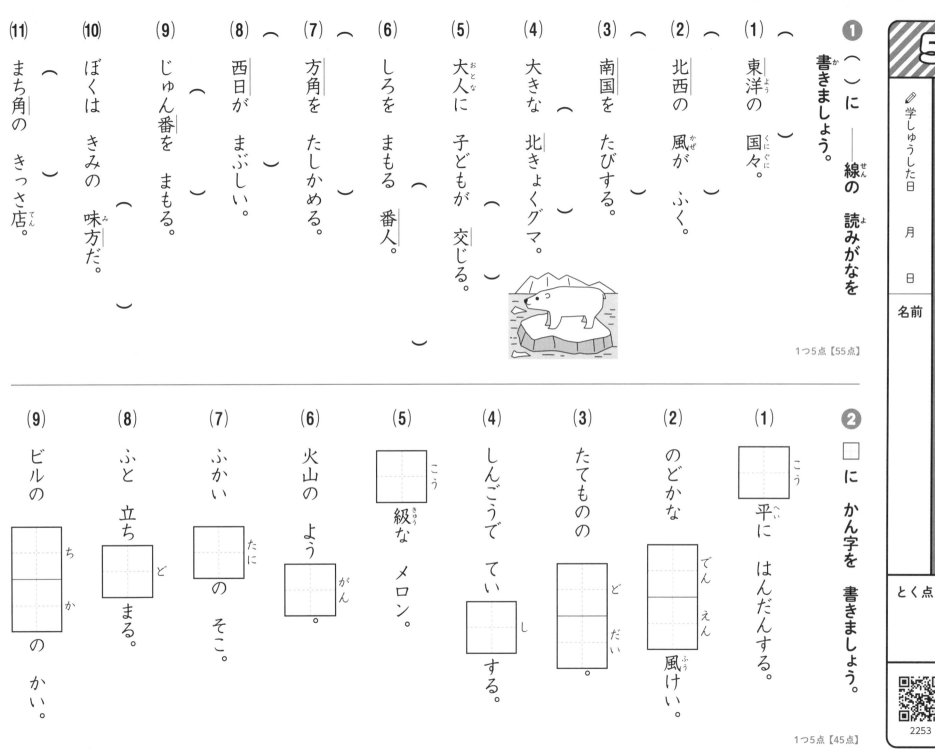

もう1回チャレンジ!!

53 まとめの テスト㉕

学しゅうした日　　月　　日

名前

目ひょう時間 20分

とく点　　／100点

解説↓182ページ

らくらくマルつけ

2253

❶ （　）に ――線の 読みがなを 書きましょう。

1つ5点【55点】

(1) 東洋の 国々。（　）

(2) 北西の 風が ふく。（　）

(3) 南国を たびする。（　）

(4) 大きな 北きょくグマ。（　）

(5) 大人に 子どもが 交じる。（　）（　）

(6) しろを まもる 番人。（　）

(7) 方角を たしかめる。（　）

(8) 西日が まぶしい。（　）

(9) じゅん番を まもる。（　）

(10) ぼくは きみの 味方だ。（　）

(11) まち角の きっさ店。（　）

❷ □に かん字を 書きましょう。

1つ5点【45点】

(1) □（こう）平に はんだんする。

(2) のどかな □□（でんえん）風けい。

(3) たてものの □□（どだい）。

(4) しんごうで てい□（し）する。

(5) □（こう）級な メロン。

(6) 火山の よう□（がん）。

(7) ふかい □（たに）の そこ。

(8) ふと 立ち□（ど）まる。

(9) ビルの □□（ちか）の かい。

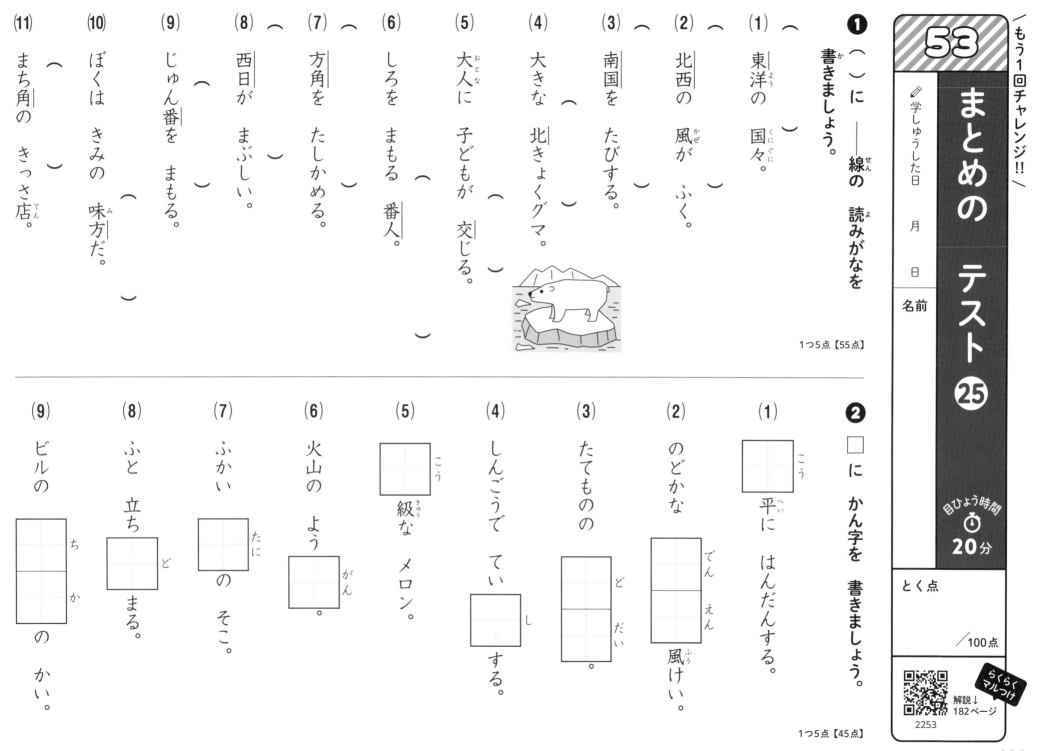

54

まとめの テスト 26

学しゅうした日　月　日

名前

目ひょう時間 20分

とく点　／100点

らくらくマルつけ

解説↓ 182ページ

2254

1 （　）に ――線の 読みがなを 書きましょう。

(1) 公立の 学校。（　　）

(2) どうぶつの 楽園。（　　）

(3) げきの 台本を 読む。（　　）

(4) じこを ぼう止する。（　　）

(5) 円高の えいきょう。（　　）

(6) 岩場を のぼる。（　　）

(7) 谷川の ながれ。（　　）

(8) 電池を 交かんする。（　　）

(9) うごきが 止まる。（　　）

(10) きたいが 高まる。（　　）

(11) すべり台を すべる。（　　）

1つ5点【55点】

2 □に かん字を 書きましょう。

(1) □（ひがし）日本の 天気。

(2) □（せい）れきで 年を 書く。

(3) □（みなみ）むきの へや。

(4) □（きた）風が ふく。

(5) □（じ）しんに そなえる。

(6) 電話□（ばん）号を たしかめる。

(7) □□□（せいほうけい）を かく。

(8) □□（ちょっかく）に まがる。

(9) 四国□□（ちほう）を たびする。

1つ5点【45点】

もう1回チャレンジ!!

54 まとめのテスト㉖

学しゅうした日　月　日

名前

目ひょう時間 20分

とく点　／100点

解説↓ 182ページ

2254

らくらくマルつけ

❶ （　）に ——線の 読みがなを 書きましょう。 1つ5点【55点】

(1) 公立の 学校。（　）

(2) どうぶつの 楽園。（　）

(3) げきの 台本を 読む。（　）

(4) じこを ぼう止する。（　）

(5) 円高の えいきょう。（　）

(6) 岩場を のぼる。（　）

(7) 谷川の ながれ。（　）

(8) 電池を 交かんする。（　）

(9) うごきが 止まる。（　）

(10) きたいが 高まる。（　）

(11) すべり台を すべる。（　）

❷ □に かん字を 書きましょう。 1つ5点【45点】

(1) □(ひがし)日本の 天気。

(2) □(せい)れきで 年を 書く。

(3) □(みなみ)むきの へや。

(4) □(きた)風が ふく。

(5) □(じ)しんに そなえる。

(6) 電話□(ばん)号を たしかめる。

(7) □□□(せいほうけい)を かく。

(8) □□(ちょっかく)に まがる。

(9) 四国□□(ちほう)を たびする。

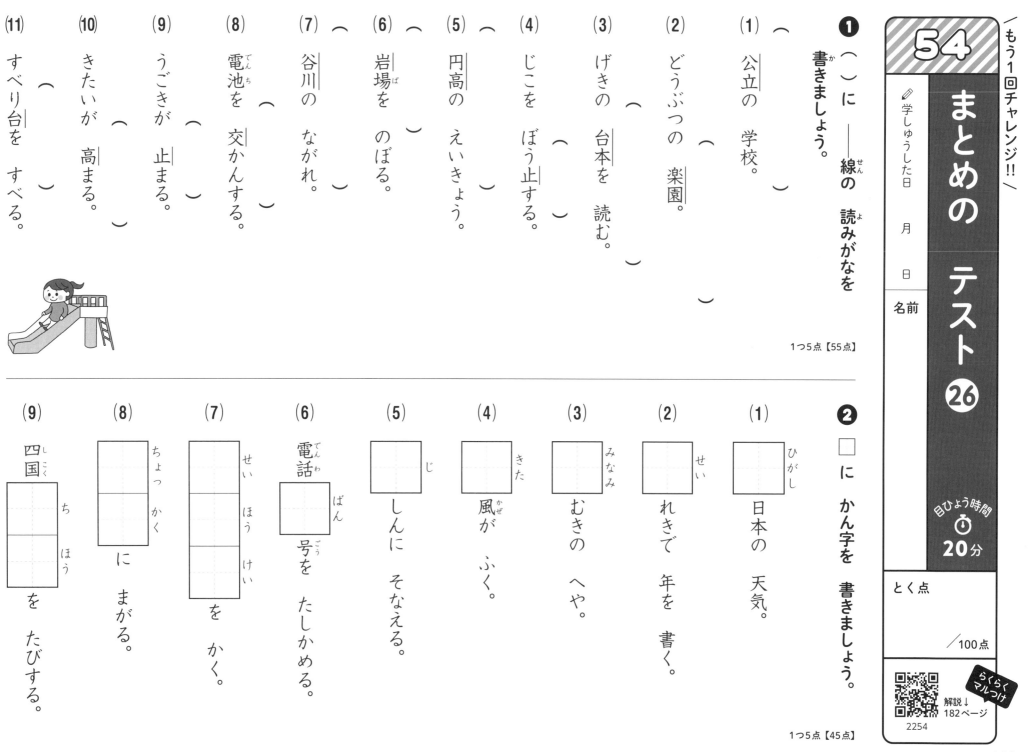

55

まとめのテスト 27

学しゅうした日　月　日

名前

目ひょう時間 20分

とく点　／100点

らくらくマルつけ　解説↓182ページ　2255

1 上と　はんたいの　いみに　なるように、□に　かん字を　書きましょう。　1つ10点【20点】

(1) 東日本 ↔ □日本

(2) 北きょく ↔ □きょく

2 つぎの　文の　□に　合う　かん字を　〈　〉から　えらび、書きましょう。　1つ5点【30点】

(1) コウ〈交・校〉

① 学□へ　行く。

② □通ルールを　まもる。

(2) カク〈角・画〉

① 直□に　おれる。

② 夏休みの　計□。

(3) ガク〈学・楽〉

① 中□生に　なる。

② 音□を　きく。

3 つぎの　かん字の　矢じるし→の　画は何画目に　書きますか。数字で　書きましょう。　1つ10点【20点】

(1) 方　（　　）画目

(2) 角　（　　）画目

4 ―線を　かん字で　書きましょう。　1つ6点【30点】

まちの　①ちゅうしんに　②こうえんがあります。こうえんの　すべり③だいのところに　さいふが　おちて　いたので、④ちかくの　⑤こうばんに　とどけました。

① □□　② □□　③ □　④ □　⑤ □□

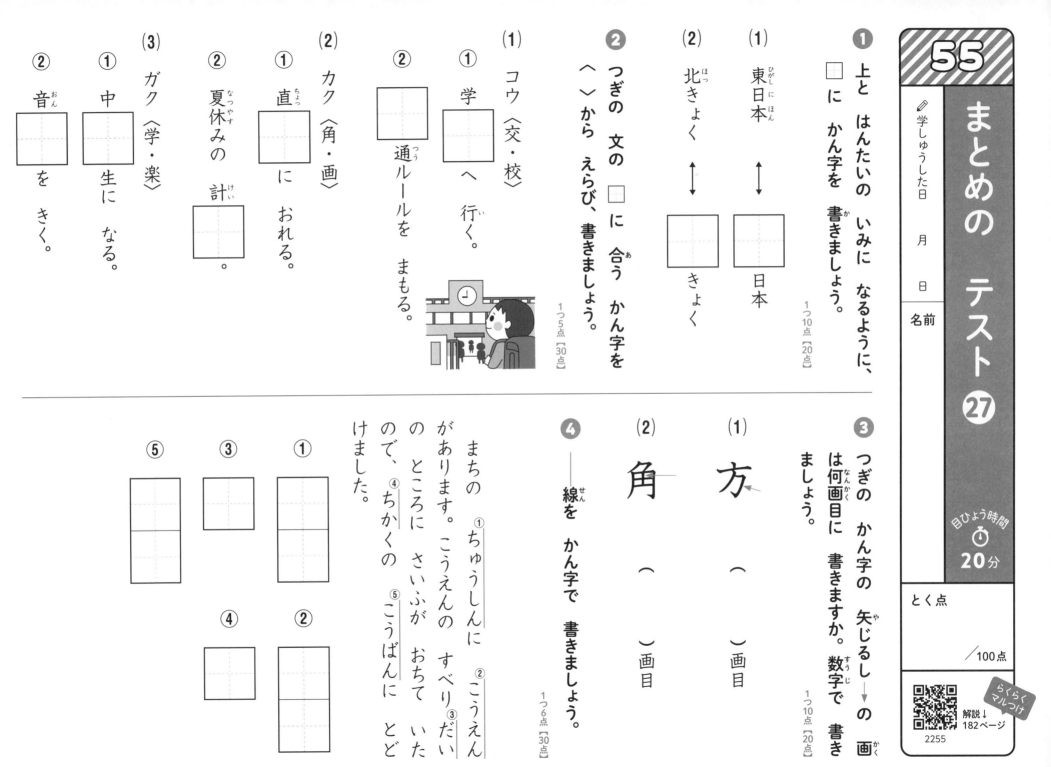

55

まとめの テスト 27

学しゅうした日　　月　　日

名前

目ひょう時間 20分

とく点

／100点

らくらくマルつけ

解説↓ 182ページ

2255

❶ 上と はんたいの いみに なるように、□に かん字を 書きましょう。 1つ10点【20点】

(1) 東日本 ↕ □日本

(2) 北きょく ↕ □きょく

❷ つぎの 文の □に 合う かん字を 〈 〉から えらび、書きましょう。 1つ5点【30点】

(1) コウ〈交・校〉

① 学□へ 行く。

② □通ルールを まもる。

(2) カク〈角・画〉

① 直□に おれる。

② 夏休みの 計□。

(3) ガク〈学・楽〉

① 中□生に なる。

② 音□を きく。

❸ つぎの かん字の 矢じるし↓の 画は何画目に 書きますか。数字で 書きましょう。 1つ10点【20点】

(1) 方　（　　）画目

(2) 角　（　　）画目

❹ ——線を かん字で 書きましょう。 1つ6点【30点】

まちの ①ちゅうしんに ②こうえんが あります。こうえんの すべり③だいの ところに さいふが おちていたので、④ちかくの ⑤こうばんに とどけました。

①　□□

②　□□

③　□

④　□

⑤　□□

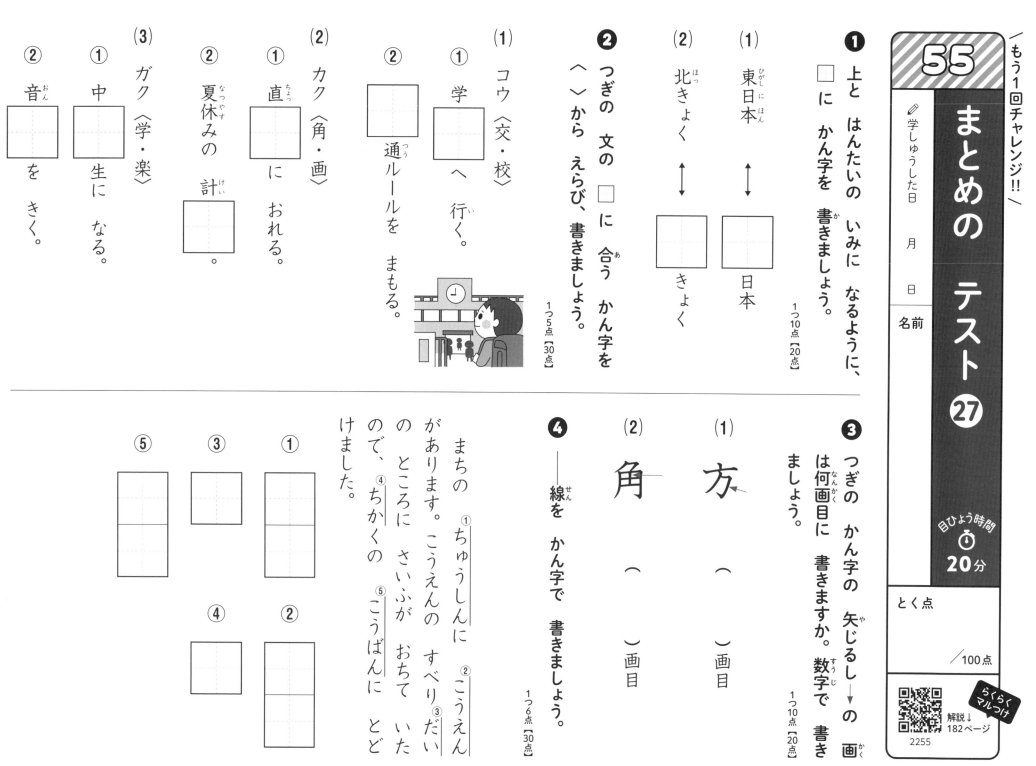

56

まとめの テスト 28

目ひょう時間 20分

学しゅうした日　月　日

名前

とく点　／100点

らくらくマルつけ　解説↓182ページ　2256

1 つぎの かん字は どこから 書(か)きはじめますか。一画目(いっかくめ)を なぞりましょう。 1つ5点【20点】

(1) 止　(2) 北　(3) 友　(4) 少

2 かくれて いる ぶ分(ぶん)に 入る かん字を あとの カードから えらんで 書きましょう。 1つ10点【30点】

(1) 厶□　公□　□
(2) □氏　□会　□
(3) 采□　□丁　□

糸　口　田

3 （　）に ――線(せん)の 読(よ)みがなを 書きましょう。 1つ5点【30点】

(1) ① 川を 南北に 横切(よこぎ)る。（　）
② 南むきの まど。（　）

(2) ① 東西に のびる 道(みち)。（　）
② 西日が さす。（　）

(3) ① 方向(こう)を かえる。（　）
② 夕方に なる。（　）

4 ――線を かん字に した とき、おくりがなの 正しい ほうに ○を つけましょう。 1つ10点【20点】

(1) とまる
（　）止る
（　）止まる

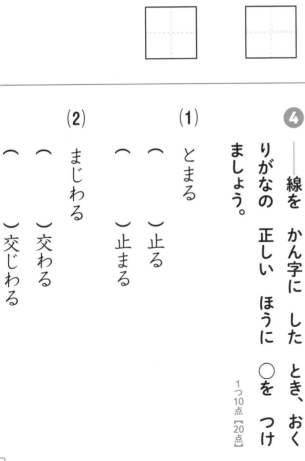

(2) まじわる
（　）交わる
（　）交じわる

＼もう1回チャレンジ!!／

56 まとめの テスト 28

学しゅうした日　月　日

名前

目ひょう時間 20分

とく点　／100点

解説↓182ページ

らくらくマルつけ

2256

❶ つぎの かん字は どこから 書きはじめますか。一画目を なぞりましょう。 1つ5点【20点】

(1) 止

(2) 北

(3) 友

(4) 少

❷ かくれて いる ぶ分に 入る かん字を あとの カードから えらんで 書きましょう。 1つ10点【30点】

(1) 厶　公

(2) 氏　会

(3) 釆　丁

糸　口　田

❸ （ ）に ——線の 読みがなを 書きましょう。 1つ5点【30点】

(1) ① 川を 南北に 横切る。（　）
② 南むきの まど。（　）

(2) ① 東西に のびる 道。（　）
② 西日が さす。（　）

(3) ① 方向を かえる。（　）
② 夕方に なる。（　）

❹ ——線を かん字に した とき、おくりがなの 正しい ほうに ○を つけましょう。 1つ10点【20点】

(1) とまる
（　）止る
（　）止まる

(2) まじわる
（　）交わる
（　）交じわる

57 海(うみ)へ 行(い)こう

学しゅうした日　月　日

名前

目ひょう時間 20分

とく点　／100点

らくらくマルつけ　解説↓183ページ　2257

海　9かく

つき出して　はねる

読みかた　音 カイ　くん うみ

つかいかた　海水(かいすい)　海岸(かいがん)　海外(かいがい)　大海(たいかい)　海(うみ)べ　★海原(うなばら)

船　11かく

あける　まっすぐに

読みかた　音 セン　くん ふね　ふな

つかいかた　船長(せんちょう)　風船(ふうせん)　船員(せんいん)　客船(きゃくせん)　船出(ふなで)　船(ふな)よい

汽　7かく

そらして　はねる

読みかた　音 キ　くん ―

つかいかた　汽車(きしゃ)　汽船(きせん)　汽笛(きてき)

風　9かく

かるく　はらう

読みかた　音 フウ（フ）　くん かぜ　かざ

つかいかた　台風(たいふう)　洋風(ようふう)　風習(ふうしゅう)　風流(ふうりゅう)　北風(きたかぜ)　風車(かざぐるま・ふうしゃ)

1 □に かん字を 書(か)きましょう。　1つ10点【80点】

(1) □(うみ)で およぐ。

(2) 白い □(ふね)が 見える。

(3) □(き)笛(てき)が 聞(き)こえる。

(4) 強(つよ)い □(かぜ)が ふく。

(5) □(かい)岸(がん)を さん歩(ぽ)する。

(6) 大きな 客(きゃく)□(せん)。

(7) □□(たいふう)が 近(ちか)づく。

(8) □□(きしゃ)が 走(はし)る。

スパイラルコーナー

□に かん字を 書きましょう。　1つ10点【20点】

(1) □□(しきし)を わたす。

(2) □□(どうてん)に なる。

もう1回チャレンジ!!

57

海へ 行こう

学しゅうした日　月　日

名前

目ひょう時間 20分

とく点　／100点

解説↓ 183ページ

2257

らくらくマルつけ

海（9かく）

筆順：丶 丶 氵 氵 汇 汇 海 海 海

読みかた：音 カイ　くん うみ

つかいかた：海水（かいすい）　海岸（かいがん）　海外（かいがい）　大海（たいかい）　海べ（うみべ）　★海原（うなばら）

つき出して　はねる

船（11かく）

筆順：丿 丿 凢 月 月 舟 舟 舢 船 船 船

読みかた：音 セン　くん ふね　ふな

つかいかた：船長（せんちょう）　風船（ふうせん）　船員（せんいん）　客船（きゃくせん）　船出（ふなで）　船よい（ふなよい）

あける　まっすぐに

汽（7かく）

筆順：丶 丶 氵 氵 汇 汽 汽

読みかた：音 キ　くん ―

つかいかた：汽車（きしゃ）　汽船（きせん）　汽笛（きてき）

そらして　はねる

風（9かく）

筆順：丿 几 凡 凡 凧 凨 風 風 風

読みかた：音 フウ　（フ）　くん かぜ　かざ

つかいかた：台風（たいふう）　洋風（ようふう）　風習（ふうしゅう）　風流（ふうりゅう）　北風（きたかぜ）　風車（かざぐるま）（ふうしゃ）

かるく　はらう

れんしゅう

1 □に かん字を 書きましょう。　1つ10点【80点】

(1) □（うみ）で およぐ。

(2) 白い □（ふね）が 見える。

(3) □（き）笛が 聞こえる。

(4) 強い □（かぜ）が ふく。

(5) □（かい）岸を さん歩する。

(6) 大きな 客□（せん）。

(7) □□（たいふう）が 近づく。

(8) □□（きしゃ）が 走る。

スパイラルコーナー

□に かん字を 書きましょう。　1つ10点【20点】

(1) □□（しきし）を わたす。

(2) □□（どうてん）に なる。

58

空を 見上げよう

学しゅうした日　月　日

名前

目ひょう時間 20分

とく点　／100点

解説↓183ページ　らくらくマルつけ

2258

雲

12かく

一 ⺈ 𠂉 雨 … 雲

読みかた　音 ウン　くん くも

つかいかた　白雲（はくうん）　雲海（うんかい）　暗雲（あんうん）　雨雲（あまぐも）（しらくも）　入道雲（にゅうどうぐも）　雲行き（くもゆき）

れんしゅう　雲

はねる

明

8かく

読みかた　音 メイ・ミョウ　くん あかり・あかるい・あかるむ・あからむ・あきらか・あける・あく・あくる・あかす

つかいかた　せつ明（めい）　発明（はつめい）　明暗（めいあん）　明朝（みょうちょう）　夜明け（よあけ）　★明日（あす）

れんしゅう　明

はらう　はねる

星

9かく

読みかた　音 セイ（ショウ）　くん ほし

つかいかた　金星（きんせい）　流星（りゅうせい）　星雲（せいうん）　星ざ（せいざ）　星空（ほしぞら）　流れ星（ながれぼし）

れんしゅう　星

つける

広

5かく

読みかた　音 コウ　くん ひろい・ひろまる・ひろめる・ひろがる・ひろげる

つかいかた　広大（こうだい）　広野（こうや）　広こく（こうこく）　広ほう（こうほう）　広場（ひろば）　広間（ひろま）

れんしゅう　広

まっすぐ立てる

1 □に かん字を 書きましょう。　1つ10点【80点】

(1) 白い □（くも） が 見える。

(2) □（あか） るい 太（たい）よう。

(3) 夜空（よぞら）に □（ほし） が 光（ひか）る。

(4) □（ひろ） い 空を 見上げる。

(5) オリオン大 □□（せいうん）。

(6) □□（こうだい） な うちゅう。

(7) □□（きんせい） が かがやく。

(8) せつ □（めい） を 聞（き）く。

スパイラルコーナー

□に かん字を 書きましょう。　1つ10点【20点】

(1) 家（いえ）の □（にし） がわ。

(2) 台風（たいふう）が □□（ほくじょう） する。

もう1回チャレンジ!!

58 空を 見上げよう

学しゅうした日　月　日

名前

目ひょう時間 20分

とく点　／100点

らくらくマルつけ

解説↓ 183ページ

2258

雲

12かく

一 ㇐ 𠄌 帀 币 雨 雨 雨 雪 雲 雲 雲

はねる

読みかた　音 ウン　くん くも

つかいかた　白雲（はくうん）　雲海（うんかい）　暗雲（あんうん）　雨雲（あまぐも）　しら雲（しらくも）　入道雲（にゅうどうぐも）　雲行き（くもゆき）

れんしゅう

明

8かく

丨 冂 冃 日 日 旫 明 明 明

はらう　はねる

読みかた　音 メイ・ミョウ　くん あかり・あかるい・あかるむ・あからむ・あきらか・あける・あく・あくる・あかす

つかいかた　せつ明（めい）　発明（はつめい）　明暗（めいあん）　明朝（みょうちょう）　夜明け（よあ）　★明日（あす）

れんしゅう

星

9かく

丨 冂 日 日 尸 旦 早 星 星

つける

読みかた　音 セイ（ショウ）　くん ほし

つかいかた　金星（きんせい）　流星（りゅうせい）　星雲（せいうん）　星ざ（せい）　星空（ほしぞら）　流れ星（なが　ぼし）

れんしゅう

広

5かく

丶 亠 广 広 広

まっすぐ立てる

読みかた　音 コウ　くん ひろい・ひろまる・ひろめる・ひろがる・ひろげる

つかいかた　広大（こうだい）　広野（こうや）　広こく（こう）　広ほう（こう）　広場（ひろば）　広間（ひろま）

れんしゅう

1 □に かん字を 書（か）きましょう。　1つ10点【80点】

(1) 白い □（くも） が 見える。

(2) □（あか） るい 太（たい）よう。

(3) 夜空（よぞら）に □（ほし） が 光（ひか）る。

(4) □（ひろ） い 空を 見上げる。

(5) オリオン大 □□（せいうん）。

(6) □□（こうだい） な うちゅう。

(7) □□（きんせい） が かがやく。

(8) せつ □（めい） を 聞（き）く。

スパイラルコーナー

□に かん字を 書きましょう。　1つ10点【20点】

(1) 家（いえ）の □（にし） がわ。

(2) 台風（たいふう）が □□（ほくじょう） する。

59 天気の へんか

学しゅうした日　月　日

名前

目ひょう時間 20分

とく点　／100点

解説↓183ページ

らくらくマルつけ

2259

晴
12かく

書きじゅん：丨 ＰＨ 日 日一 日+ 日丰 日丰 晴 晴 晴 晴

とめる　はねる

読みかた　音 セイ　くん は(れる) は(らす)

れんしゅう　晴

つかいかた　晴天（せいてん）　晴雨（せいう）　かい晴（せい）　晴れ間（はれま）　気晴（きば）らし

雪
11かく

書きじゅん：一 冖 㓁 雨 雨 雨 雨 雨 雪 雪 雪

てんは おなじ むき

読みかた　音 セツ　くん ゆき

れんしゅう　雪

つかいかた　新雪（しんせつ）　雪原（せつげん）　風雪（ふうせつ）　雪国（ゆきぐに）　大雪（おおゆき）　はつ雪（ゆき）

光
6かく

書きじゅん：丨 丬 丬 业 光 光

まげて はねる

読みかた　音 コウ　くん ひか(る) ひかり

れんしゅう　光

つかいかた　日光（にっこう）　光線（こうせん）　月光（げっこう）　光（こう）けい　えい光（こう）　いな光（びかり）

弱
10かく

書きじゅん：フ コ 弓 弓 弓 弓 弱 弱 弱 弱

てんの むきに ちゅうい

読みかた　音 ジャク　くん よわ(い) よわ(る) よわ(まる) よわ(める)

れんしゅう　弱

つかいかた　弱点（じゃくてん）　強弱（きょうじゃく）　弱小（じゃくしょう）　病弱（びょうじゃく）　弱虫（よわむし）　気弱（きよわ）

1 □に かん字を 書きましょう。　1つ10点【80点】

(1) □(は)れた 空。

(2) にわに □(ゆき)が つもる。

(3) □□(にっこう)が ふりそそぐ。

(4) 雨が □(よわ)まる。

(5) □□(せいてん)が つづく。

(6) まどから □(ひかり)が さしこむ。

(7) 新□(せつ)の 上を 歩(ある)く。

(8) 太陽(たいよう)の □□(こうせん)。

スパイラルコーナー

□に かん字を 書きましょう。　1つ10点【20点】

(1) □□(こうつう)ルール。

(2) □□(ゆうがた)に 家(いえ)へ 帰(かえ)る。

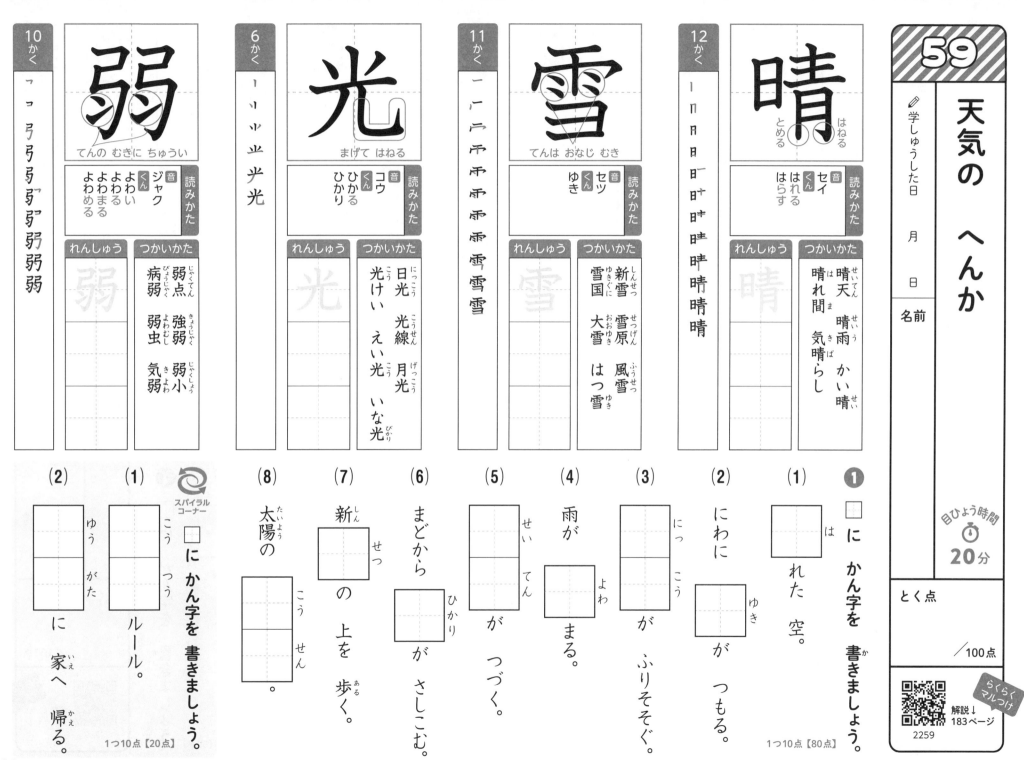

もう1回チャレンジ!!

59

天気の へんか

学しゅうした日　月　日

名前

目ひょう時間 20分

とく点　／100点

解説↓ 183ページ

らくらくマルつけ

2259

晴（12かく）

はねる　とめる

読みかた
音 セイ
くん は れる　は らす

つかいかた
晴天(せいてん)　晴雨(せいう)　かい晴(せい)
晴(は)れ間(ま)　気晴(きば)らし

雪（11かく）

てんは おなじ むき

読みかた
音 セツ
くん ゆき

つかいかた
新雪(しんせつ)　雪原(せつげん)　風雪(ふうせつ)
雪国(ゆきぐに)　大雪(おおゆき)　はつ雪(ゆき)

光（6かく）

まげて はねる

読みかた
音 コウ
くん ひかる　ひかり

つかいかた
日光(にっこう)　光線(こうせん)　月光(げっこう)
光(こう)けい　えい光(こう)　いな光(びかり)

弱（10かく）

てんの むきに ちゅうい

読みかた
音 ジャク
くん よわい　よわる　よわまる　よわめる

つかいかた
弱点(じゃくてん)　強弱(きょうじゃく)　弱小(じゃくしょう)
病弱(びょうじゃく)　弱虫(よわむし)　気弱(きよわ)

れんしゅう

---

1 □に かん字を 書(か)きましょう。　1つ10点【80点】

(1) □(は)れた 空。
(2) にわに □(ゆき)が つもる。
(3) □□(にっこう)が ふりそそぐ。
(4) 雨が □(よわ)まる。
(5) □□(せいてん)が つづく。
(6) まどから □(ひかり)が さしこむ。
(7) 新(しん)□(せつ)の 上を 歩(ある)く。
(8) 太陽(たいよう)の □□(こうせん)。

スパイラルコーナー

□に かん字を 書きましょう。　1つ10点【20点】

(1) □□(こうつう)ルール。
(2) □□(ゆうがた)に 家(いえ)へ 帰(かえ)る。

60 うつくしい 自ぜん

学しゅうした日　月　日

名前

目ひょう時間 20分

とく点　／100点

解説↓ 183ページ

2260

らくらくマルつけ

野（11かく）

とめる

読みかた　音 ヤ　くん の

つかいかた　野生　野鳥　野外　野草　分野　野原

原（10かく）

みじかく はらう

読みかた　音 ゲン　くん はら

つかいかた　高原　原いん　草原　原文　原作　★川原

里（7かく）

上より ながく

読みかた　音 リ　くん さと

つかいかた　きょう里　人里　千里　里帰り　山里　里いも

鳴（14かく）

すこし ながく

読みかた　音 メイ　くん なく なる ならす

つかいかた　悲鳴　鳴動　らい鳴　鳴き声　きょう鳴　耳鳴り

1 □に かん字を 書きましょう。　1つ10点【80点】

(1) □□（やがい）で すごす。

(2) □□（そうげん）を 馬が 走る。

(3) のどかな □□（やまざと）。

(4) 鳥の □（な）き声を 聞く。

(5) □□（のはら）を かけ回る。

(6) きょう □（り）に 帰る。

(7) □□（やせい）の どうぶつ。

(8) らい □（めい）が ひびく。

スパイラルコーナー　□に かん字を 書きましょう。　1つ10点【20点】

(1) □□（たいふう）が 来る。

(2) ゲームを きん □（し）する。

もう1回チャレンジ!!

60

うつくしい 自(し)ぜん

学しゅうした日 月 日

名前

目ひょう時間 20分

とく点 /100点

らくらくマルつけ 解説↓183ページ 2260

野 11かく

とめる

書きじゅん：丨 ㄇ 日 日 甲 甲 里 里` 野 野 野

読みかた：音 ヤ くん の

つかいかた：野生(やせい) 野鳥(やちょう) 野外(やがい) 野草(やそう) 分野(ぶんや) 野原(のはら)

れんしゅう 野

原 10かく

みじかく はらう

書きじゅん：一 厂 厂 斤 厉 质 盾 盾 原 原

読みかた：音 ゲン くん はら

つかいかた：高原(こうげん) 原いん(げん) 草原(そうげん) 原文(げんぶん) 原作(げんさく) ★川原(かわら)

れんしゅう 原

里 7かく

上より ながく

書きじゅん：丨 ㄇ 日 日 甲 甲 里

読みかた：音 リ くん さと

つかいかた：きょう里(り) 人里(ひとざと) 千里(せんり) 里帰り(さとがえ) 山里(やまざと) 里いも(さと)

れんしゅう 里

鳴 14かく

すこし ながく

書きじゅん：丨 ㄇ 口 口' 叮 叩 叩 咱 咱 鳴 鳴 鳴 鳴 鳴

読みかた：音 メイ くん なく なる ならす

つかいかた：悲鳴(ひめい) 鳴動(めいどう) らい鳴(めい) 鳴き声(なごえ) きょう鳴(めい) 耳鳴り(みみな)

れんしゅう 鳴

1 □に かん字を 書(か)きましょう。

1つ10点【80点】

(1) □□(やがい) で すごす。

(2) □□(そうげん) を 馬(うま)が 走(はし)る。

(3) のどかな □□(やまざと)。

(4) 鳥(とり)の □(な) き声(ごえ)を 聞(き)く。

(5) □□(のはら) を かけ回(まわ)る。

(6) きょう □(り) に 帰(かえ)る。

(7) □□(やせい) の どうぶつ。

(8) らい □(めい) が ひびく。

スパイラルコーナー

□に かん字を 書きましょう。

1つ10点【20点】

(1) □□(たいふう) が 来(く)る。

(2) ゲームを きん □(し) する。

61 まとめの テスト ㉙

学しゅうした日　月　日

名前

目ひょう時間 20分

とく点　／100点

解説↓ 184ページ

2261

らくらくマルつけ

1 (　)に ——線の 読みがなを 書きましょう。

1つ5点【55点】

(1) 海水を くむ。(　　)

(2) フェリーの 船長。(　　)

(3) 汽船が みなとを 出る。(　　)

(4) 洋風の ホテル。(　　)

(5) 山に 白雲が かかる。(　　)

(6) エジソンは 発明家だ。(　　)

(7) 夜空に 流星が 見える。(　　)(　　)

(8) 海べで あそぶ。(　　)

(9) 明日は 休日だ。(　　)(　　)

(10) 広野を さまよう。(　　)

(11) 入道雲を ながめる。(　　)

2 □に かん字を 書きましょう。

1つ5点【45点】

(1) うたがいを □(は)らす。

(2) □□(おお ゆき)の よほうが 出る。

(3) 電きゅうが □(ひか)る。

(4) 弟は □□(よわ むし)だ。

(5) □(はら)っぱで あそぶ。

(6) 夏休みに □□(さと がえ)りする。

(7) ベルを □(な)らす。

(8) □□(げっ こう)が さしこむ。

(9) □□(あき ば)れの よい 天気。

＼もう1回チャレンジ!!／

61 まとめの テスト㉙

学しゅうした日　月　日

名前

目ひょう時間 20分

とく点　／100点

解説↓ 184ページ

2261

らくらくマルつけ

1 （　）に ——線の 読みがなを 書きましょう。

1つ5点【55点】

(1) 海水を くむ。（　　）

(2) フェリーの 船長。（　　）

(3) 汽船が みなとを 出る。（　　）

(4) 洋（よう）風の ホテル。（　　）

(5) 山に 白雲が かかる。（　　）

(6) エジソンは 発（はつ）明家だ。（　　）

(7) 夜空（よぞら）に 流（りゅう）星が 見える。（　　）

(8) 海べで あそぶ。（　　）

(9) 明日は 休日だ。（　　）

(10) 広野を さまよう。（　　）

(11) 入道雲を ながめる。（　　）

2 □に かん字を 書きましょう。

1つ5点【45点】

(1) うがいを □（は）らす。

(2) □□（おおゆき）の よほうが 出る。

(3) 電（でん）きゅうが □（ひか）る。

(4) 弟（おとうと）は □□（よわむし）だ。

(5) □（はら）っぱで あそぶ。

(6) 夏休（なつやす）みに □□（さとがえ）りする。

(7) ベルを □（な）らす。

(8) □□（げっこう）が さしこむ。

(9) □□（あきば）れの よい 天気。

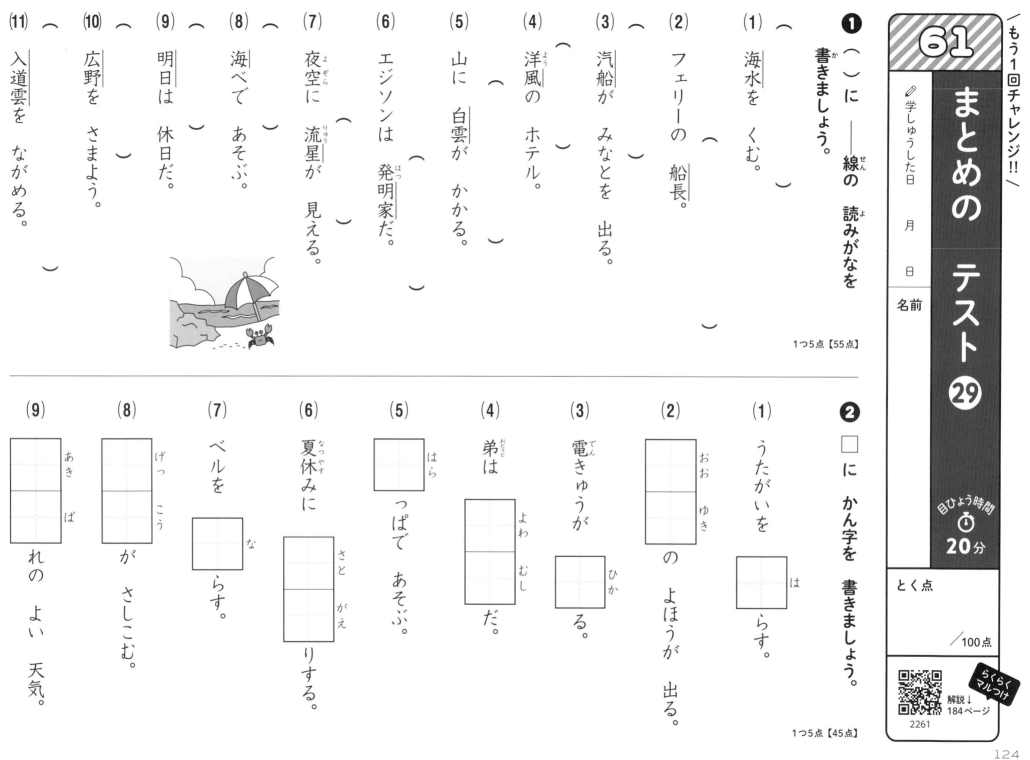

62

まとめの テスト 30

学しゅうした日　月　日

名前

目ひょう時間 20分

とく点　／100点

解説↓184ページ

2262

らくらくマルつけ

1 （　）に ―― 線（せん）の 読（よ）みがなを 書（か）きましょう。

1つ5点【55点】

(1) 今日（きょう）は かい晴だ。（　　）

(2) 新雪（しん）を ふむ。（　　）

(3) ビルの 上からの 光けい。（　　）

(4) てきの 弱点を 知（し）る。（　　）

(5) 野鳥（ちょう）が とび立つ。（　　）

(6) 千里を 走（はし）る。（　　）

(7) 悲鳴（ひ）を 上げる。（　　）

(8) ぼくは 気弱な せいかくだ。（　　）

(9) 川原で あそぶ。（　　）

(10) つゆの 晴れ間（ま）。（　　）

(11) えい画（が）の 原作。（　　）

2 □に かん字を 書（か）きましょう。

1つ5点【45点】

(1) □□（かいがい）へ りゅう学する。

(2) □□（ふなで）を いわう。

(3) □□（きしゃ）に のる。

(4) □□（くもゆ）きが あやしい。

(5) 赤い □□（ふうせん）。

(6) けしきが □（あか）らむ。

(7) □□（ほしぞら）を ながめる。

(8) えき前（まえ）の □（ひろ）場（ば）。

(9) つめたい □（かぜ）が ふく。

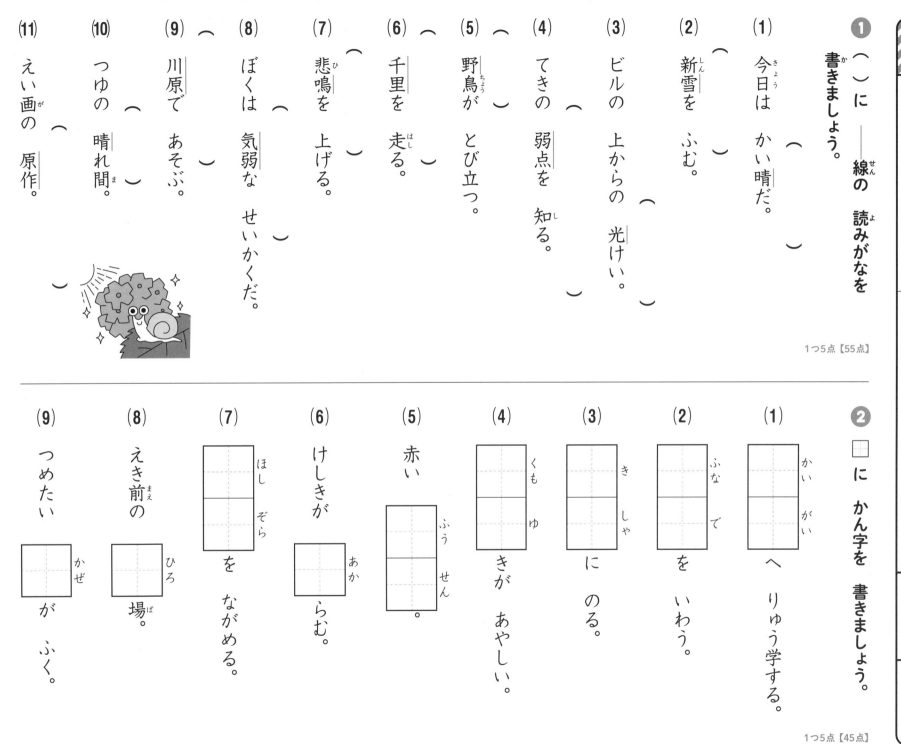

＼もう1回チャレンジ!!／

62 まとめの テスト 30

学しゅうした日　月　日

名前

目ひょう時間 20分

とく点

／100点

解説↓ 184ページ

らくらくマルつけ

2262

1 （　）に ——線の 読みがなを 書きましょう。

1つ5点【55点】

(1) 今日は かい晴だ。（　　）

(2) 新雪を ふむ。（　　）

(3) ビルの 上からの 光けい。（　　）

(4) てきの 弱点を 知る。（　　）

(5) 野鳥が とび立つ。（　　）

(6) 千里を 走る。（　　）

(7) 悲鳴を 上げる。（　　）

(8) ぼくは 気弱な せいかくだ。（　　）

(9) 川原で あそぶ。（　　）

(10) つゆの 晴れ間。（　　）

(11) えい画の 原作。（　　）

2 □に かん字を 書きましょう。

1つ5点【45点】

(1) □□（かいがい）へ りゅう学する。

(2) □□（ふなで）を いわう。

(3) □□（きしゃ）に のる。

(4) □□（くもゆき）が あやしい。

(5) 赤い □□（ふうせん）。

(6) けしきが □（あか）らむ。

(7) □□（ほしぞら）を ながめる。

(8) えき前の □（ひろ）場。

(9) つめたい □（かぜ）が ふく。

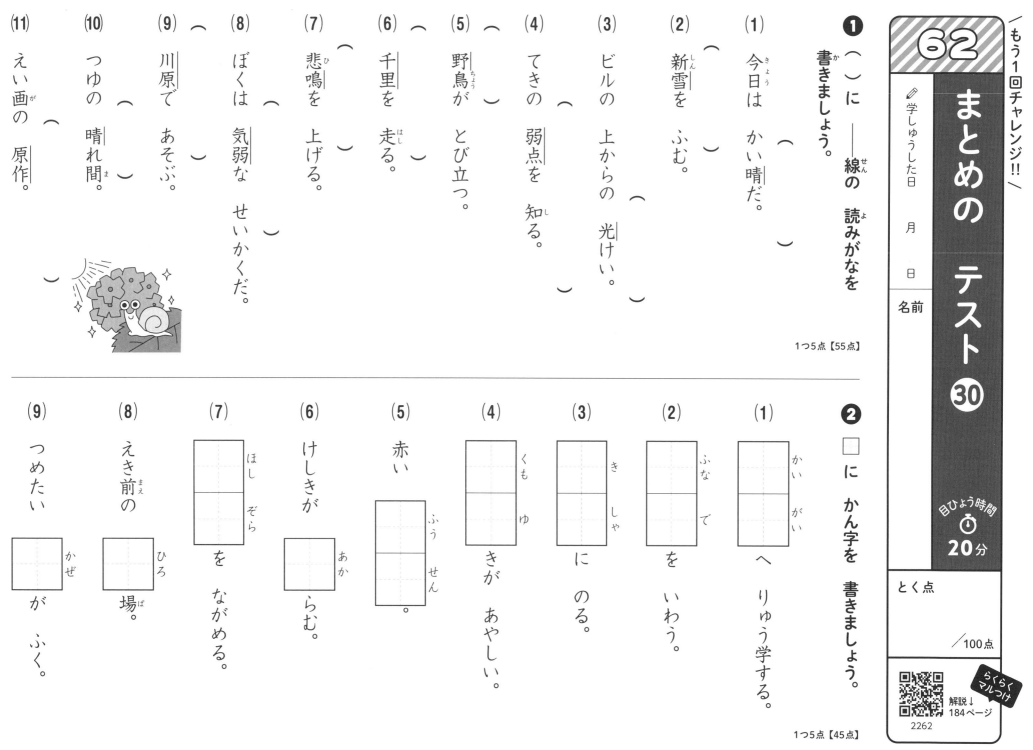

63 まとめの テスト 31

✎学しゅうした日　月　日

名前

目ひょう時間 20分

とく点　／100点

解説↓184ページ

2263

らくらくマルつけ

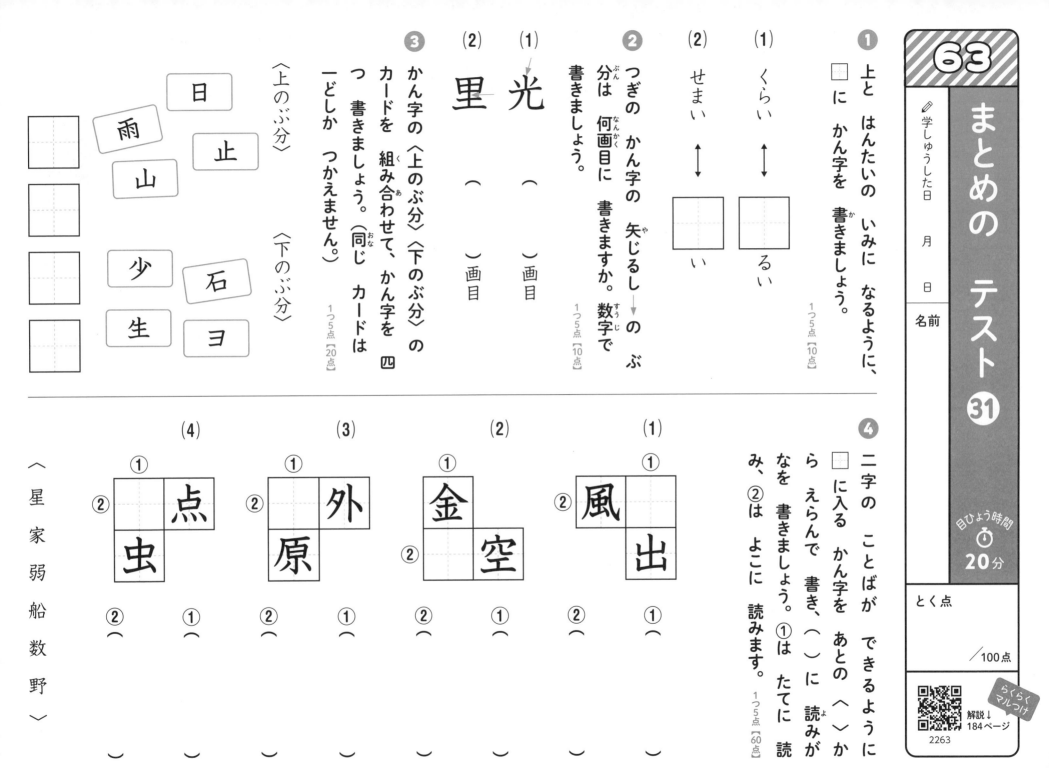

❶ 上と はんたいの いみに なるように、□に かん字を 書きましょう。 1つ5点【10点】

(1) くらい ↕ □るい

(2) せまい ↕ □い

❷ つぎの かん字の 矢じるし↓の ぶ分は 何画目に 書きますか。数字で 書きましょう。 1つ5点【10点】

(1) 光 （　）画目

(2) 里 （　）画目

❸ かん字の 〈上のぶ分〉〈下のぶ分〉の カードを 組み合わせて、かん字を 四つ 書きましょう。（同じ カードは 一どしか つかえません。） 1つ5点【20点】

〈上のぶ分〉　〈下のぶ分〉

日　雨　止　山　少　石　生　ヨ

□　□　□　□

❹ 二字の ことばが できるように □に入る かん字を あとの 〈　〉から えらんで 書き、（　）に 読みがなを 書きましょう。①は たてに 読み、②は よこに 読みます。 1つ5点【60点】

(1) ① □／出　② 風□　①（　）②（　）

(2) ① 金／□　② □空　①（　）②（　）

(3) ① □／原　② □外　①（　）②（　）

(4) ① □／虫　② □点　①（　）②（　）

〈星 家 弱 船 数 野〉

もう1回チャレンジ!!

63

まとめの テスト 31

目ひょう時間 20分

学しゅうした日　月　日

名前

とく点　／100点

らくらくマルつけ

解説↓ 184ページ

2263

❶ 上と はんたいの いみに なるように、□に かん字を 書きましょう。 1つ5点【10点】

(1) くらい ↕ □るい

(2) せまい ↕ □い

❷ つぎの かん字の 矢じるし→の ぶ分は 何画目に 書きますか。数字で 書きましょう。 1つ5点【10点】

(1) 光 （　　）画目

(2) 里 （　　）画目

❸ かん字の 〈上のぶ分〉〈下のぶ分〉の カードを 組み合わせて、かん字を 四つ 書きましょう。（同じ カードは 一どしか つかえません。） 1つ5点【20点】

〈上のぶ分〉 日　雨　止　山

〈下のぶ分〉 少　石　生　ヨ

□　□　□　□

❹ 二字の ことばが できるように □に入る かん字を あとの 〈　〉から えらんで 書き、（　）に 読みがなを 書きましょう。①は たてに 読み、②は よこに 読みます。 1つ5点【60点】

(1) ①□出　②風□　① （　　）② （　　）

(2) ①金□　②□空　① （　　）② （　　）

(3) ①外□　②□原　① （　　）② （　　）

(4) ①点□　②□虫　① （　　）② （　　）

〈 星　家　弱　船　数　野 〉

64

まとめの テスト 32

学しゅうした日　月　日

名前

目ひょう時間 20分

とく点　／100点

らくらくマルつけ
解説↓184ページ
2264

1 かくれて いる ぶ分に 入る ものを あとの カードから えらんで 書きましょう。 1つ10点【30点】

(1) □月　□青　□

(2) □气　□毎　□

(3) □未　□市　□

女　日　氵　木　イ

2 （　）に ──線の 読みがなを 書きましょう。 1つ5点【30点】

(1) ① 雲海が 広がる。（　）
② はい色の 雨雲。（　）

(2) ① 雪原を 歩く。（　）
② 大雪が ふる。（　）

(3) ① 月光を あびる。（　）
② 日の 光が まぶしい。（　）

3 つぎは りょ行あん内の チラシです。──線を かん字で 書きましょう。 1つ8点【40点】

さわやかな ①かぜ、かがやく ②うみが あなたを まっている！

ごうか客③せんで 行く １週間の たび。④はれていれば、夜は、⑤ほしが きれいに 見えます。

りょう金：○○○○円

①（　）
②（　）
③（　）
④（　）
⑤（　）

もう1回チャレンジ!!

64 まとめの テスト 32

学しゅうした日　月　日

名前

目ひょう時間 20分

とく点　／100点

解説↓184ページ

らくらくマルつけ

2264

1 かくれて いる ぶ分に 入る ものを あとの カードから えらんで 書きましょう。　1つ10点【30点】

(1) □月　□青　□

(2) □气　□毎　□

(3) □未　□市　□

女　日　氵　木　亻

2 （　）に ――線の 読みがなを 書きましょう。　1つ5点【30点】

(1) ① 雲海が 広がる。（　）
② はい色の 雨雲。（　）

(2) ① 雪原を 歩く。（　）
② 大雪が ふる。（　）

(3) ① 月光を あびる。（　）
② 日の 光が まぶしい。（　）

3 つぎは りょ行あんない内の チラシです。――線を かん字で 書きましょう。　1つ8点【40点】

さわやかな ①かぜ、かがやく ②うみが あなたを まっている！

ごうか客③せんで 行く 1週間の たび。④はれていれば、夜は、⑤ほしが きれいに 見えます。

りょう金：○○○○円

①（　）　②（　）　③（　）　④（　）　⑤（　）

65 買(か)いものを しよう①

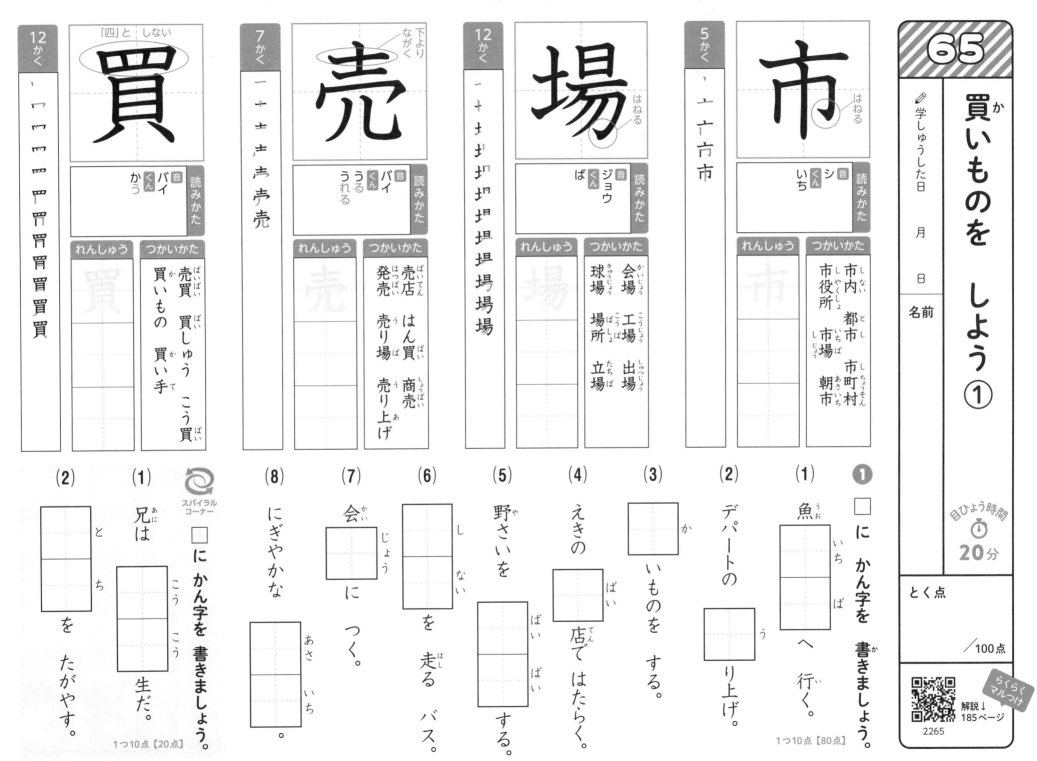

学しゅうした日　月　日

名前

目ひょう時間 20分

とく点　／100点

解説↓185ページ

らくらくマルつけ

2265

市

5かく

はねる

読みかた　音 シ　くん いち

つかいかた：市内(しない)　都市(とし)　市町村(しちょうそん)　市役所(しやくしょ)　市場(いちば／しじょう)　朝市(あさいち)

れんしゅう：市

場

12かく

はねる

読みかた　音 ジョウ　くん ば

つかいかた：会場(かいじょう)　工場(こうじょう)　出場(しゅつじょう)　球場(きゅうじょう)　場所(ばしょ)　立場(たちば)

れんしゅう：場

売

7かく

下より ながく

読みかた　音 バイ　くん うる　うれる

つかいかた：売店(ばいてん)　はん買(ばい)　商売(しょうばい)　発売(はつばい)　売(う)り場(ば)　売(う)り上(あ)げ

れんしゅう：売

買

12かく

「四」と しない

読みかた　音 バイ　くん かう

つかいかた：売買(ばいばい)　買(ばい)しゅう　こう買(ばい)　買(か)いもの　買(か)い手(て)

れんしゅう：買

1 □に かん字を 書(か)きましょう。

(1) 魚(うお)□□(いちば)へ 行(い)く。

(2) デパートの□(う)り上げ。

(3) □(か)いものを する。

(4) えきの□(ばい)店(てん)で はたらく。

(5) 野(や)さいを□□(ばいばい)する。

(6) □□(しない)を 走(はし)る バス。

(7) 会(かい)□(じょう)に つく。

(8) にぎやかな□□(あさいち)。

1つ10点【80点】

スパイラルコーナー　□に かん字を 書きましょう。

(1) 兄(あに)は□□(こうこう)生だ。

(2) □□(とち)を たがやす。

1つ10点【20点】

もう1回チャレンジ!!

65 買(か)いものを しよう①

学しゅうした日　月　日

名前

目ひょう時間 20分

とく点　／100点

解説↓185ページ

らくらくマルつけ

2265

市　5かく

はねる

丶 亠 亡 市

読みかた　音 シ　くん いち

つかいかた：市内(しない)　都市(とし)　市町村(しちょうそん)　市役所(しやくしょ)　市場(いちば／しじょう)　朝市(あさいち)

れんしゅう

場　12かく

はねる

一 十 土 坦 坦 坦 坦 坦 場 場 場 場

読みかた　音 ジョウ　くん ば

つかいかた：会場(かいじょう)　工場(こうじょう／こうば)　出場(しゅつじょう)　球場(きゅうじょう)　場所(ばしょ)　立場(たちば)

れんしゅう

売　7かく

下より ながく

一 十 士 声 声 声 売

読みかた　音 バイ　くん うる　うれる

つかいかた：売店(ばいてん)　はん買(ばい)　商売(しょうばい)　発売(はつばい)　売(う)り場(ば)　売(う)り上(あ)げ

れんしゅう

買　12かく

「四」と しない

丶 冂 罒 罒 罒 罒 罒 買 買 買 買 買

読みかた　音 バイ　くん かう

つかいかた：売買(ばいばい)　買(ばい)しゅう　こう買(ばい)　買(か)いもの　買(か)い手(て)

れんしゅう

1 □に かん字を 書(か)きましょう。　1つ10点【80点】

(1) 魚(うお)［いちば］へ 行(い)く。

(2) デパートの［う］り上げ。

(3) ［か］いものを する。

(4) えきの［ばい］店(てん)で はたらく。

(5) 野(や)さいを［ばいばい］する。

(6) ［しない］を 走(はし)る バス。

(7) 会(かい)［じょう］に つく。

(8) にぎやかな［あさいち］。

スパイラルコーナー　□に かん字を 書きましょう。　1つ10点【20点】

(1) 兄(あに)は［こうこう］生だ。

(2) ［とち］を たがやす。

66 買(か)いものを しよう②

学しゅうした日　月　日

名前

目ひょう時間 20分

とく点　　／100点

らくらくマルつけ

解説↓ 185ページ

2266

店　8かく

まっすぐ立てる

丶 亠 广 广 庐 庐 店 店

読みかた
音 テン
くん みせ

つかいかた
店員(てんいん)　書店(しょてん)　売店(ばいてん)
店先(みせさき)　夜店(よみせ)　店番(みせばん)

れんしゅう

米　6かく

とめる

丶 丷 丷 半 米 米

読みかた
音 ベイ マイ
くん こめ

つかいかた
米作(べいさく)　米国(べいこく)　新米(しんまい)
白米(はくまい)　米つぶ(こめつぶ)　米屋(こめや)

れんしゅう

茶　9かく

「木」では ない

一 十 艹 艹 犬 苓 苓 茶 茶

読みかた
音 チャ (サ)
くん ―

つかいかた
茶色(ちゃいろ)　お茶(ちゃ)　麦茶(むぎちゃ)　茶畑(ちゃばたけ)
緑茶(りょくちゃ)　茶柱(ちゃばしら)　茶わん(ちゃわん)

れんしゅう

当　6かく

まっすぐ立てる

丨 丨丨 ⺌ 当 当 当

読みかた
音 トウ
くん あたる あてる

つかいかた
本当(ほんとう)　当番(とうばん)　見当(けんとう)
目当て(めあて)　日当たり(ひあたり)

れんしゅう

---

1 □に かん字を 書きましょう。　1つ10点【80点】

(1) □□(しょてん)へ 行(い)く。

(2) 五キロの □(こめ)を はこぶ。

(3) 新(あたら)しい □(ちゃ)わんを 買(か)う。

(4) ふく引(び)きが □(あ)たる。

(5) くだものやの □□(みせさき)。

(6) □□(はくまい)を 食(た)べる。

(7) お□(ちゃ)の ねだんが 下がる。

(8) □□(ほんとう)の ことを 知(し)る。

スパイラルコーナー

□に かん字を 書きましょう。　1つ10点【20点】

(1) □(ふな)よいが ひどい。

(2) 赤い □□(かざぐるま)を 買う。

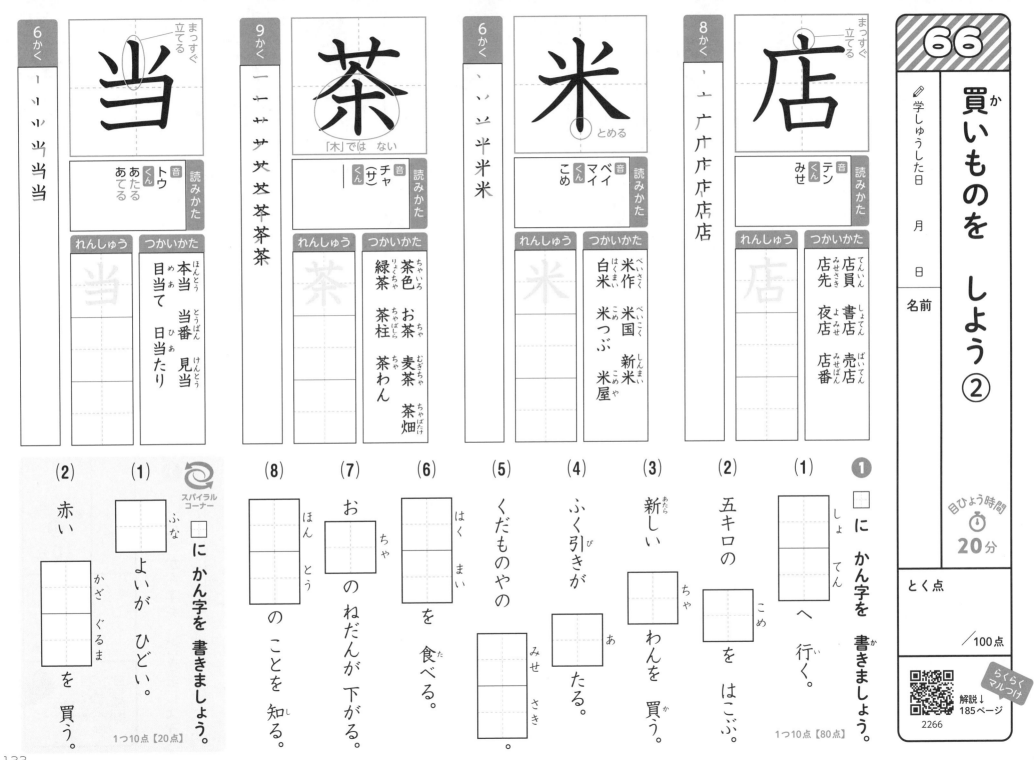

もう1回チャレンジ!!

66 買(か)いものを　しよう②

学しゅうした日　月　日

名前

目ひょう時間 20分

とく点　／100点

解説↓ 185ページ

らくらくマルつけ

2266

店　8かく

まっすぐ立てる

読みかた　音 テン　くん みせ

書きじゅん：丶 亠 广 庀 庐 庐 店 店

つかいかた：店員(てんいん)　書店(しょてん)　売店(ばいてん)　店先(みせさき)　夜店(よみせ)　店番(みせばん)

米　6かく

とめる

読みかた　音 ベイ マイ　くん こめ

書きじゅん：丶 丷 䒑 半 米 米

つかいかた：米作(べいさく)　米国(べいこく)　新米(しんまい)　白米(はくまい)　米つぶ(こめつぶ)　米屋(こめや)

茶　9かく

「木」では　ない

読みかた　音 チャ（サ）　くん ―

書きじゅん：一 十 艹 艹 犾 苁 苶 茶 茶

つかいかた：茶色(ちゃいろ)　お茶(ちゃ)　麦茶(むぎちゃ)　茶畑(ちゃばたけ)　緑茶(りょくちゃ)　茶柱(ちゃばしら)　茶わん(ちゃわん)

当　6かく

まっすぐ立てる

読みかた　音 トウ　くん あたる　あてる

書きじゅん：丨 丨丨 丷丨 当 当 当

つかいかた：本当(ほんとう)　当番(とうばん)　見当(けんとう)　目当て(めあて)　日当たり(ひあたり)

1 □に　かん字を　書(か)きましょう。　1つ10点【80点】

(1) □□(しょてん)へ　行(い)く。

(2) 五キロの　□(こめ)を　はこぶ。

(3) 新(あたら)しい　□(ちゃ)わんを　買(か)う。

(4) ふく引(び)きが　□(あ)たる。

(5) くだものやの　□□(みせさき)。

(6) □□(はくまい)を　食(た)べる。

(7) お□(ちゃ)の　ねだんが　下がる。

(8) □□(ほんとう)の　ことを　知(し)る。

スパイラルコーナー

□に　かん字を　書きましょう。　1つ10点【20点】

(1) □(ふな)よいが　ひどい。

(2) 赤い　□□(かざぐるま)を　買う。

67

りょう理(り)を しよう

学しゅうした日　月　日

名前

目ひょう時間 20分

とく点　／100点

らくらくマルつけ　解説↓185ページ

2267

理　11かく

右上に はらう

一 T 王 王 王 王 王 王 理 理 理

読みかた　音 リ　くん ―

つかいかた　理科(りか)　地理(ちり)　整理(せいり)　りょう理(り)　理由(りゆう)　理(り)かい　心理(しんり)

れんしゅう

肉　6かく

とめる

丨 冂 内 内 肉 肉

読みかた　音 ニク　くん ―

つかいかた　肉体(にくたい)　牛肉(ぎゅうにく)　肉食(にくしょく)　皮肉(ひにく)　肉親(にくしん)　きん肉(にく)

れんしゅう

麦　7かく

はらう

一 十 丰 丰 麦 麦 麦

読みかた　音 (バク)　くん むぎ

つかいかた　小麦(こむぎ)　麦(むぎ)めし　麦茶(むぎちゃ)　麦(むぎ)わらぼうし　麦畑(むぎばたけ)

れんしゅう

食　9かく

まっすぐ立てる

ノ 人 𠆢 今 今 今 今 食 食

読みかた　音 ショク (ジキ)　くん くう (くらう) たべる

つかいかた　夕食(ゆうしょく)　きゅう食(しょく)　食事(しょくじ)　食(た)べもの　食品(しょくひん)

れんしゅう

1 □に かん字を 書(か)きましょう。　1つ10点【80点】

(1) りょう□(り)を する。

(2) 百グラムの ぶた□(にく)。

(3) □□(こむぎ)こを 入れる。

(4) □□(ゆうしょく)の じゅんび。

(5) 台(だい)どころを 整(せい)□(り)する。

(6) ごはんを □(た)べる。

(7) □□(むぎちゃ)を 入れる。

(8) バランスの よい □(しょく)事(じ)。

スパイラルコーナー

□に かん字を 書きましょう。　1つ10点【20点】

(1) □□(あまぐも)が 広(ひろ)がる。

(2) □(あき)らかに ちがう。

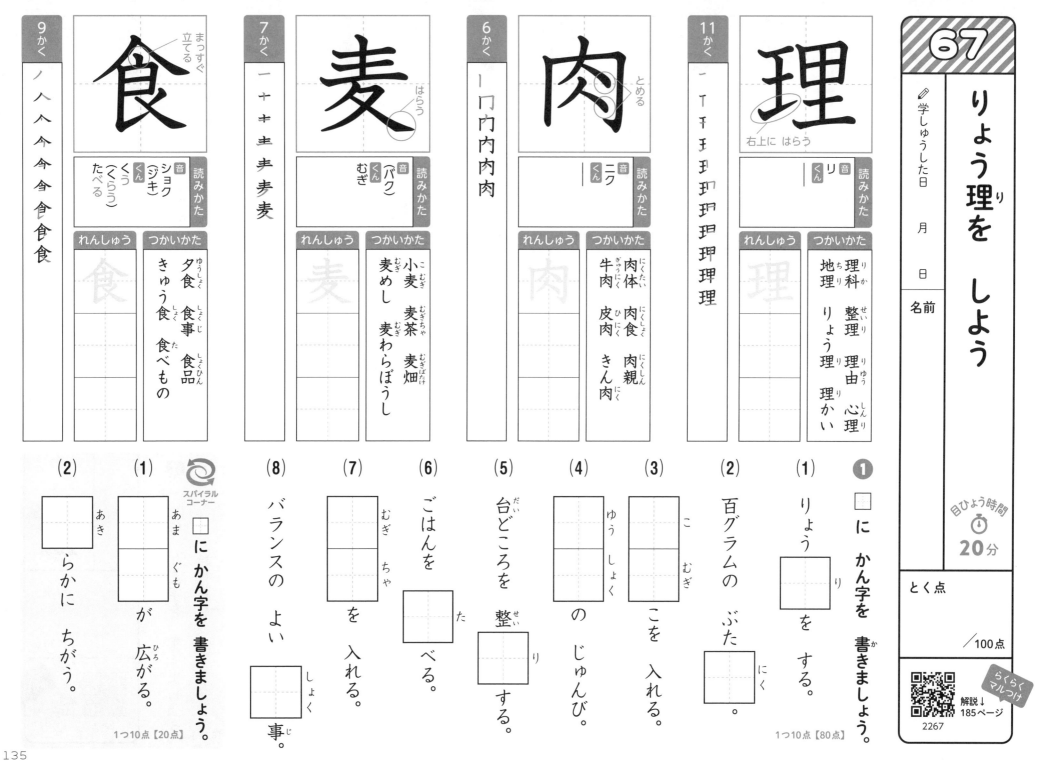

もう1回チャレンジ!!

67

りょう理(り)をしよう

学しゅうした日　月　日

名前

目ひょう時間 20分

とく点　／100点

解説↓185ページ

らくらくマルつけ

2267

理　11かく

右上に はらう

読みかた
- 音 リ
- くん ―

筆順：一 T 干 王 玎 玑 珂 玾 理 理 理

つかいかた：理科(りか)　整理(せいり)　理由(りゆう)　心理(しんり)　地理(ちり)　りょう理(り)　理(り)かい

れんしゅう：理

肉　6かく

とめる

読みかた
- 音 ニク
- くん ―

筆順：丨 冂 内 内 肉 肉

つかいかた：肉体(にくたい)　肉食(にくしょく)　肉親(にくしん)　牛肉(ぎゅうにく)　皮肉(ひにく)　きん肉(にく)

れんしゅう：肉

麦　7かく

はらう

読みかた
- 音 (バク)
- くん むぎ

筆順：一 十 キ 主 声 麦 麦

つかいかた：小麦(こむぎ)　麦茶(むぎちゃ)　麦畑(むぎばたけ)　麦(むぎ)めし　麦(むぎ)わらぼうし

れんしゅう：麦

食　9かく

まっすぐ立てる

読みかた
- 音 ショク (ジキ)
- くん くう (くらう) たべる

筆順：ノ 人 今 今 今 今 食 食 食

つかいかた：夕食(ゆうしょく)　食事(しょくじ)　食品(しょくひん)　きゅう食(しょく)　食(た)べもの

れんしゅう：食

❶ □に かん字を 書(か)きましょう。　1つ10点【80点】

(1) りょう□(り)を する。

(2) 百グラムの ぶた□(にく)。

(3) □□(こむぎ)こを 入れる。

(4) □□(ゆうしょく)の じゅんび。

(5) 台(だい)どころを 整(せい)□(り)する。

(6) ごはんを □(た)べる。

(7) □□(むぎちゃ)を 入れる。

(8) バランスの よい □(しょく)事(じ)。

スパイラルコーナー

□に かん字を 書きましょう。　1つ10点【20点】

(1) □□(あまぐも)が 広(ひろ)がる。

(2) □(あき)らかに ちがう。

68 りょ行(こう)を　しよう

学しゅうした日　月　日

名前

目ひょう時間 20分

とく点　／100点

解説↓ 185ページ

らくらくマルつけ

2268

京

8かく

筆順：丶 亠 亠 市 亨 亨 京 京

はねる

読みかた
音 キョウ（ケイ）
くん ―

つかいかた
東京(とうきょう)　京都(きょうと)　上京(じょうきょう)
帰京(ききょう)　平安京(へいあんきょう)　京人形(きょうにんぎょう)

れんしゅう

寺

6かく

筆順：一 十 土 圭 寺 寺

いちばんながく

読みかた
音 ジ
くん てら

つかいかた
寺院(じいん)　寺社(じしゃ)　古寺(こじ)
山寺(やまでら)　あま寺(でら)　寺子屋(てらこや)

れんしゅう

社

7かく

筆順：丶 ラ ネ ネ ネ 社 社

ななめにうつ

読みかた
音 シャ
くん やしろ

つかいかた
社会(しゃかい)　会社(かいしゃ)　社長(しゃちょう)
社員(しゃいん)　神社(じんじゃ)　社交(しゃこう)

れんしゅう

電

13かく

筆順：一 丆 冖 币 币 雨 雨 雨 雨 霄 雪 雷 電

まげて　はねる

読みかた
音 デン
くん ―

つかいかた
電話(でんわ)　電車(でんしゃ)　電気(でんき)
電力(でんりょく)　発電(はつでん)　てい電(でん)

れんしゅう

1 □に　かん字を　書(か)きましょう。

1つ10点【80点】

(1) □(きょう)都(と)へ　りょ行(こう)する。

(2) 古(ふる)い　□(てら)を　たずねる。

(3) 神(じん)□(じゃ)に　行(い)く。

(4) □□(でんしゃ)で　いどうする。

(5) 多(おお)くの　□(じ)院(いん)が　ある。

(6) かみさまを　まつる　□(やしろ)。

(7) □□(とうきょう)へ　帰(かえ)る。

(8) □□(でんわ)を　かける。

スパイラルコーナー

□に　かん字を　書きましょう。

1つ10点【20点】

(1) □□(ゆきぐに)の　春(はる)。

(2) □□(きょうじゃく)を　つける。

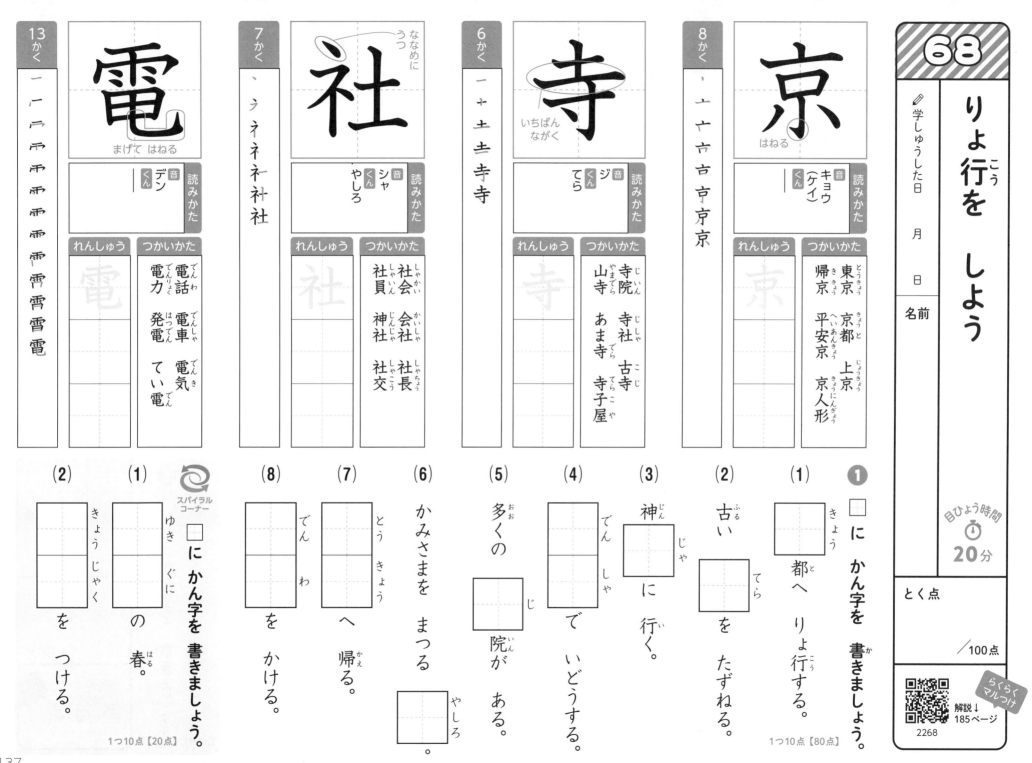

もう1回チャレンジ!!

68 りょ行（こう）を しよう

学しゅうした日　月　日

名前

目ひょう時間 20分

とく点　／100点

らくらくマルつけ　解説↓185ページ　2268

京
8かく
、 亠 亣 亡 古 亨 京 京
はねる
読みかた　音 キョウ（ケイ）　くん ―
れんしゅう
つかいかた：東京（とうきょう）　京都（きょうと）　上京（じょうきょう）　帰京（ききょう）　平安京（へいあんきょう）　京人形（きょうにんぎょう）

寺
6かく
一 十 土 圭 寺 寺
いちばん ながく
読みかた　音 ジ　くん てら
れんしゅう
つかいかた：寺院（じいん）　寺社（じしゃ）　古寺（こじ）　山寺（やまでら）　あま寺（でら）　寺子屋（てらこや）

社
7かく
、 ラ ネ ネ ネ一 社 社
ななめに うつ
読みかた　音 シャ　くん やしろ
れんしゅう
つかいかた：社会（しゃかい）　会社（かいしゃ）　社長（しゃちょう）　社員（しゃいん）　神社（じんじゃ）　社交（しゃこう）

電
13かく
一 厂 冖 币 币 雨 雨 雨 雨 霄 雷 雷 電
まげて はねる
読みかた　音 デン　くん ―
れんしゅう
つかいかた：電話（でんわ）　電車（でんしゃ）　電気（でんき）　電力（でんりょく）　発電（はつでん）　てい電（でん）

1 □に かん字を 書（か）きましょう。　1つ10点【80点】

(1) □（きょう）都（と）へ りょ行（こう）する。
(2) 古（ふる）い □（てら）を たずねる。
(3) 神（じん）□（じゃ）に 行（い）く。
(4) □□（でんしゃ）で いどうする。
(5) 多（おお）くの □（じ）院（いん）が ある。
(6) かみさまを まつる □（やしろ）。
(7) □□（とうきょう）へ 帰（かえ）る。
(8) □□（でんわ）を かける。

スパイラルコーナー　□に かん字を 書きましょう。　1つ10点【20点】

(1) □□（ゆきぐに）の 春（はる）。
(2) □□（きょうじゃく）を つける。

69

まとめの テスト 33

目ひょう時間 20分

学しゅうした日　月　日

名前

とく点　／100点

らくらくマルつけ

解説↓ 186ページ

2269

❶ （　）に ——線(せん)の 読(よ)みがなを 書(か)きましょう。

(1) 市町村の ことを しらべる。（　）

(2) し合(あい)に 出場する。（　）

(3) 商(しょう)売を はじめる。（　）

(4) 見当も つかない。（　）

(5) デパートの 店員(いん)。（　）

(6) 新(しん)米を たべる。（　）

(7) 茶畑(ばたけ)が 広(ひろ)がる。（　）

(8) 買い手が 見つかる。（　）

(9) はなれた 場所(しょ)。（　）

(10) 店番を する。（　）

(11) 日当たりが よい。（　）

1つ5点【55点】

❷ □に かん字を 書きましょう。

(1) 日本(にほん)の □□(ちり)。

(2) □□(にくしょく)の どうぶつ。

(3) □(むぎ)わらぼうしを かぶる。

(4) おいしい □(た)べもの。

(5) 母(はは)が □□(じょうきょう)する。

(6) □□(やまでら)を たずねる。

(7) □□(でんき)を つける。

(8) きゅう□(しょく)を おかわりする。

(9) 古(ふる)い □(やしろ)に おまいりする。

1つ5点【45点】

＼もう1回チャレンジ!!／

69 まとめのテスト 33

学しゅうした日　月　日

名前

目ひょう時間 20分

とく点　／100点

解説↓186ページ　2269　らくらくマルつけ

1 （　）に ――線(せん)の 読(よ)みがなを 書(か)きましょう。

1つ5点【55点】

(1) 市町村の ことを しらべる。（　）
(2) し合(あい)に 出場する。（　）
(3) 商売(しょう)を はじめる。（　）
(4) 見当も つかない。（　）
(5) デパートの 店員(いん)。（　）
(6) 新米(しん)を たべる。（　）
(7) 茶畑(ばたけ)が 広(ひろ)がる。（　）
(8) 買い手が 見つかる。（　）
(9) はなれた 場所(しょ)。（　）
(10) 店番を する。（　）
(11) 日当たりが よい。（　）

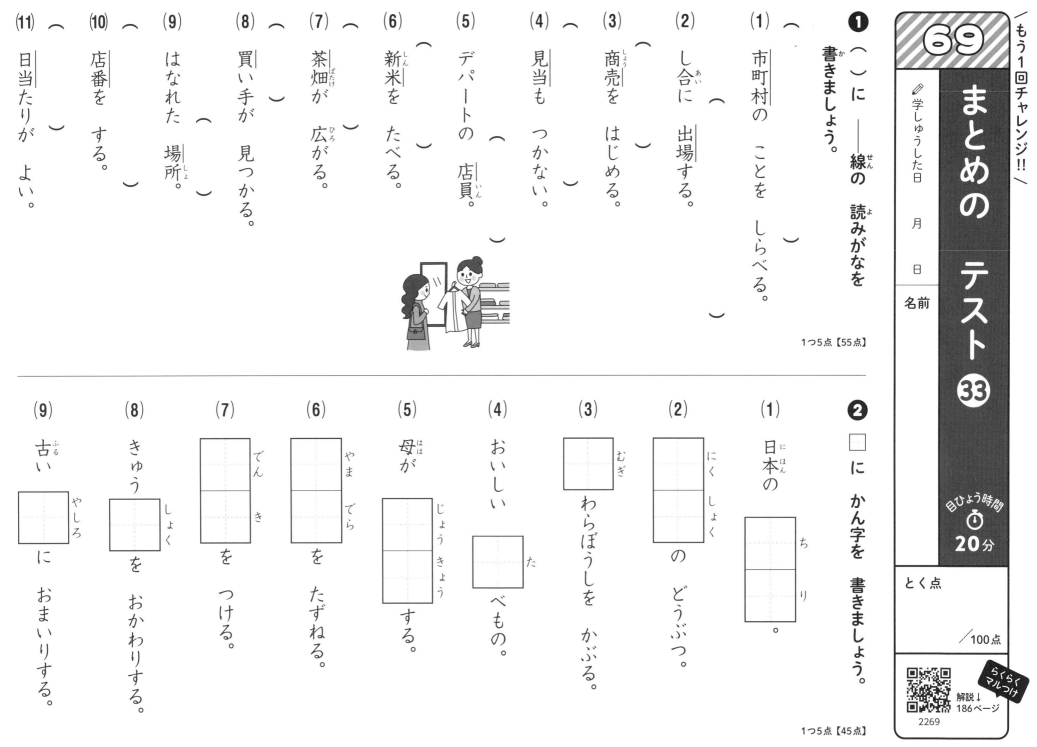

2 □に かん字を 書きましょう。

1つ5点【45点】

(1) 日本(にほん)の □□(ちり)。
(2) □□(にくしょく)の どうぶつ。
(3) □(むぎ)わらぼうしを かぶる。
(4) おいしい □(た)べもの。
(5) 母(はは)が □□(じょうきょう)する。
(6) □□(やまでら)を たずねる。
(7) □□(でんき)を つける。
(8) きゅう□(しょく)を おかわりする。
(9) 古(ふる)い □(やしろ)に おまいりする。

70 まとめの テスト 34

学しゅうした日　月　日

名前

目ひょう時間 20分

とく点　／100点

解説↓ 186ページ

らくらくマルつけ

2270

1 （　）に ——線の 読みがなを 書きましょう。

1つ5点【55点】

(1) 理由を せつ明する。（　　）

(2) 肉親との わかれ。（　　）

(3) 麦畑で はたらく。（　　）

(4) ゆたかな 食生活。（　　）

(5) おみやげの 京人形。（　　）

(6) 寺社を めぐる。（　　）

(7) 水力で 発電する。（　　）

(8) 兄は 食いしんぼうだ。（　　）

(9) 寺子屋で 学ぶ。（　　）

(10) 社会で 活やくする。（　　）

(11) きん肉を きたえる。（　　）

2 □に かん字を 書きましょう。

1つ5点【45点】

(1) □□（いちば）が にぎわう。

(2) □□（よみせ）で わたあめを 買う。

(3) 顔に □（こめ）つぶが つく。

(4) □（ちゃ）柱を 見つける。

(5) □□（たちば）が かわる。

(6) □（う）り上げが のびる。

(7) □（し）役所へ 行く。

(8) くじが □（あ）たる。

(9) 車を □□（ばいばい）する。

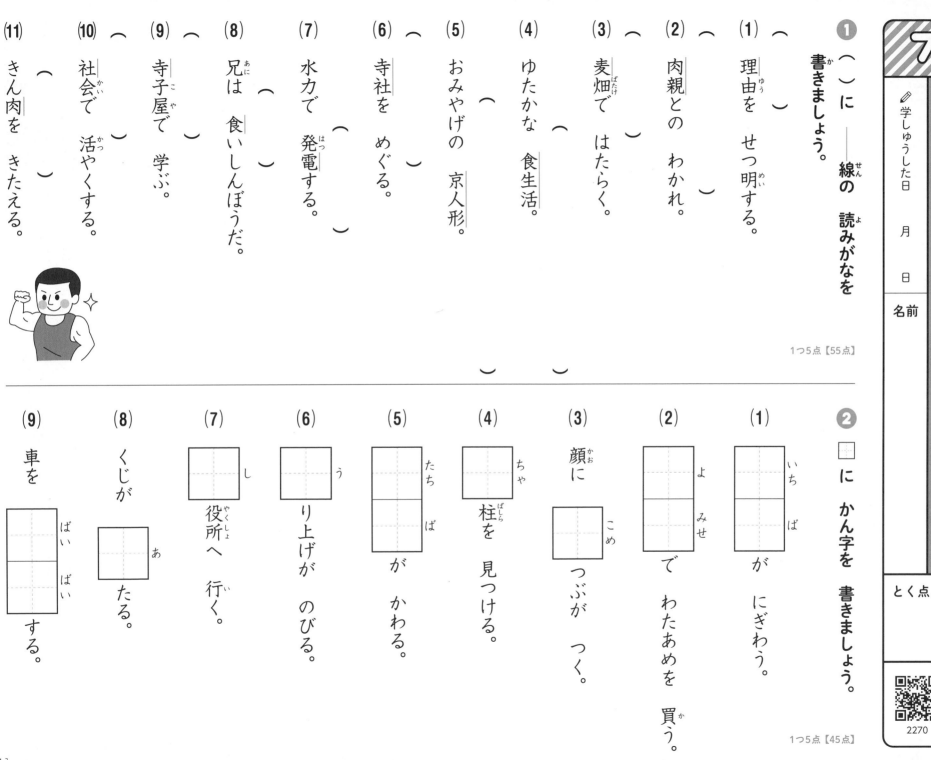

もう1回チャレンジ!!

70

まとめの テスト 34

学しゅうした日　月　日

名前

目ひょう時間 20分

とく点　／100点

らくらくマルつけ

解説↓ 186ページ

2270

1 （　）に ——線の 読みがなを 書きましょう。

1つ5点【55点】

(1) 理由を せつ明する。（　）

(2) 肉親との わかれ。（　）

(3) 麦畑で はたらく。（　）

(4) ゆたかな 食生活。（　）

(5) おみやげの 京人形。（　）

(6) 寺社を めぐる。（　）

(7) 水力で 発電する。（　）

(8) 兄は 食いしんぼうだ。（　）

(9) 寺子屋で 学ぶ。（　）

(10) 社会で 活やくする。（　）

(11) きん肉を きたえる。（　）

2 □に かん字を 書きましょう。

1つ5点【45点】

(1) □□（いちば）が にぎわう。

(2) □□（よみせ）で わたあめを 買う。

(3) 顔に □（こめ）つぶが つく。

(4) □（ちゃ）柱を 見つける。

(5) □□（たちば）が かわる。

(6) □（う）り上げが のびる。

(7) □（し）役所へ 行く。

(8) くじが □（あ）たる。

(9) 車を □□（ばいばい）する。

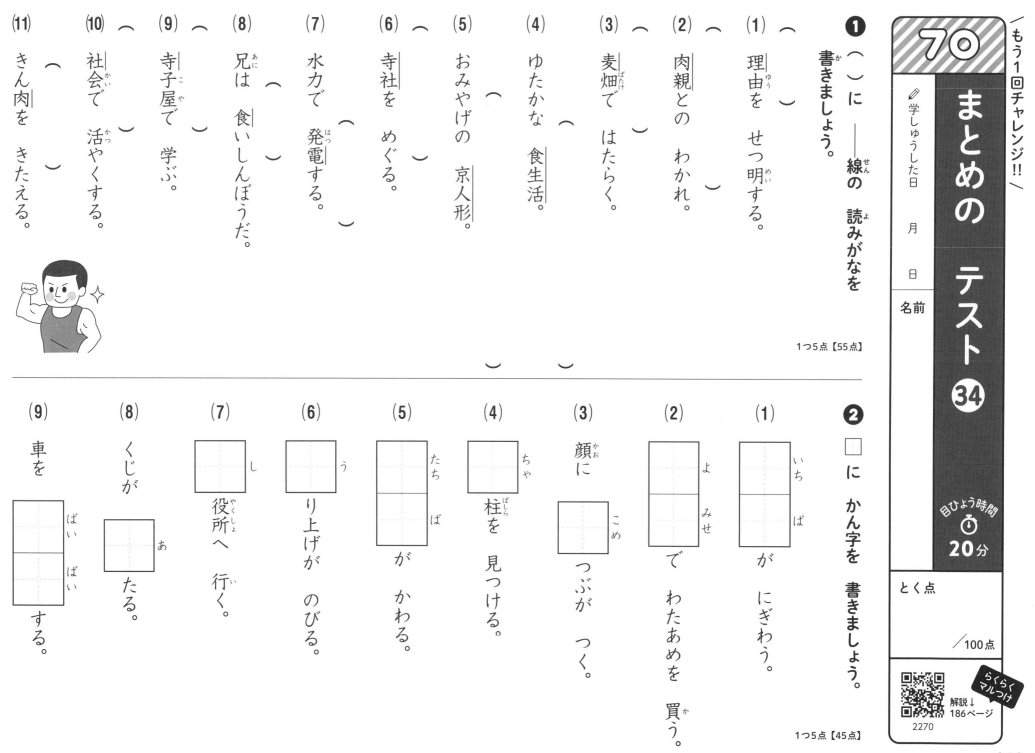

71

まとめの テスト 35

学しゅうした日　月　日

名前

目ひょう時間 20分

とく点　／100点

解説↓186ページ

らくらくマルつけ

2271

1 矢(や)じるしの むきに 読(よ)むと 二字の ことばに なるように、□に 入る かん字を 書(か)きましょう。 1つ10点【20点】

(1) □ → 話　力　車

(2) 書　売　夜 → □

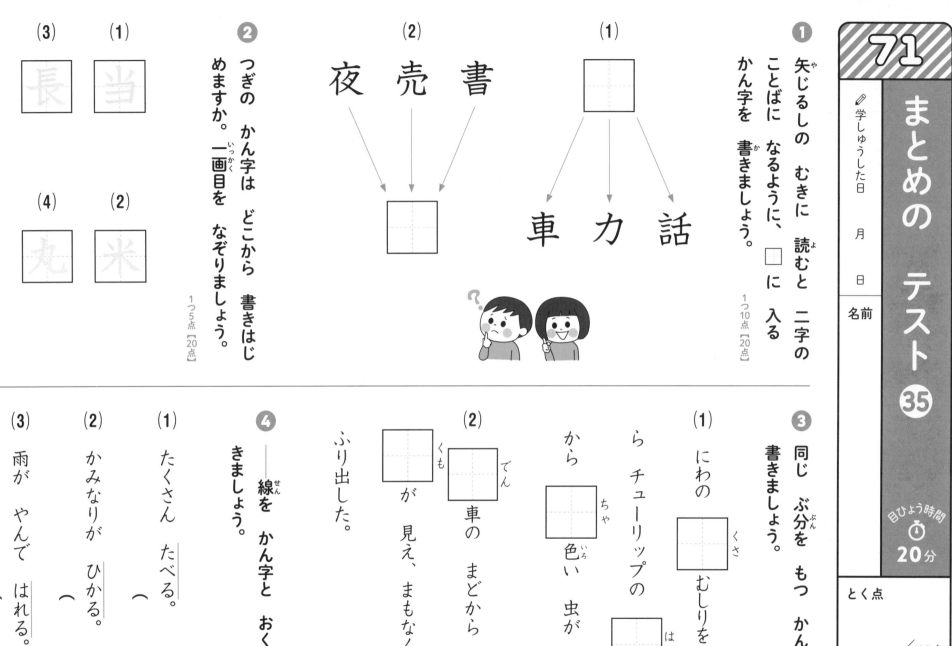

2 つぎの かん字は どこから 書きはじめますか。一画目(いっかくめ)を なぞりましょう。 1つ5点【20点】

(1) 当

(2) 米

(3) 長

(4) 丸

3 同じ ぶ分(ぶん)を もつ かん字を □に 書きましょう。 1つ5点【30点】

(1) にわの □(くさ) むしりを して いたら チューリップの □(はな) の かげから □(ちゃ) 色(いろ)い 虫が とび出した。

(2) □(でん) 車の まどから はい色の □(くも) が 見え、まもなく □(ゆき) が ふり出した。

4 ——線(せん)を かん字と おくりがなで 書きましょう。 1つ10点【30点】

(1) たくさん たべる。（　　）

(2) かみなりが ひかる。（　　）

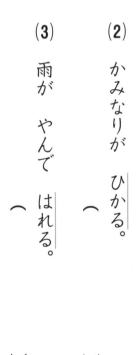

(3) 雨が やんで はれる。（　　）

71 まとめの テスト 35

目ひょう時間 20分

学しゅうした日　月　日

名前

とく点　／100点

解説↓ 186ページ

らくらくマルつけ

2271

1 矢(や)じるしの むきに 読(よ)むと 二字の ことばに なるように、□に 入る かん字を 書(か)きましょう。 1つ10点【20点】

(1) □ → 話　力　車

(2) 書　売　夜 → □

2 つぎの かん字は どこから 書きはじめますか。一画目(いっかくめ)を なぞりましょう。 1つ5点【20点】

(1) 当　(2) 米　(3) 長　(4) 丸

3 同じ ぶ分(ぶん)を もつ かん字を □に 書きましょう。 1つ5点【30点】

(1) にわの □(くさ) むしりを して いた ら チューリップの □(はな) の かげ から □(ちゃ) 色(いろ)い 虫が とび出した。

(2) □(でん) 車の まどから はい色の □(くも) が 見え、まもなく □(ゆき) が ふり出した。

4 ——線(せん)を かん字と おくりがなで 書きましょう。 1つ10点【30点】

(1) たくさん たべる。（　　）

(2) かみなりが ひかる。（　　）

(3) 雨が やんで はれる。（　　）

72

まとめの テスト 36

学しゅうした日　　月　　日

名前

目ひょう時間 20分

とく点　　／100点

らくらくマルつけ

解説↓ 186ページ

2272

1 （　）に ――線の 読みがなを 書きましょう。 1つ5点【20点】

(1) ① 白米を 食べる。 （　　　）

② 米を とぐ。 （　　　）

(2) ① せんきょに 当せんする。 （　　　）

② くじに 当たる。 （　　　）

2 □に はんたいの いみの かん字を 入れて 二字の ことばを 作りましょう。 1つ10点【40点】

(1) 強 ＋ □ → 強□

(2) 遠 ＋ □ → 遠□

(3) 売 ＋ □ → 売□

(4) 内 ＋ □ → 内□

3 つぎの 二字の ことばの □に 入る 同じ かん字を あとから それぞれ えらび、記ごうを 書きましょう。 1つ5点【20点】

(1) □場・朝□・□内 （　　　）

(2) □社・山□・古□ （　　　）

(3) □食・□体・□親 （　　　）

(4) 会□・入□・工□ （　　　）

ア 場　イ 市　ウ 寺　エ 肉

4 つぎの かん字と 画数が 同じ かん字を 線で むすびましょう。 1つ5点【20点】

(1) 食 ・　　・ 当

(2) 社 ・　　・ 茶

(3) 電 ・　　・ 数

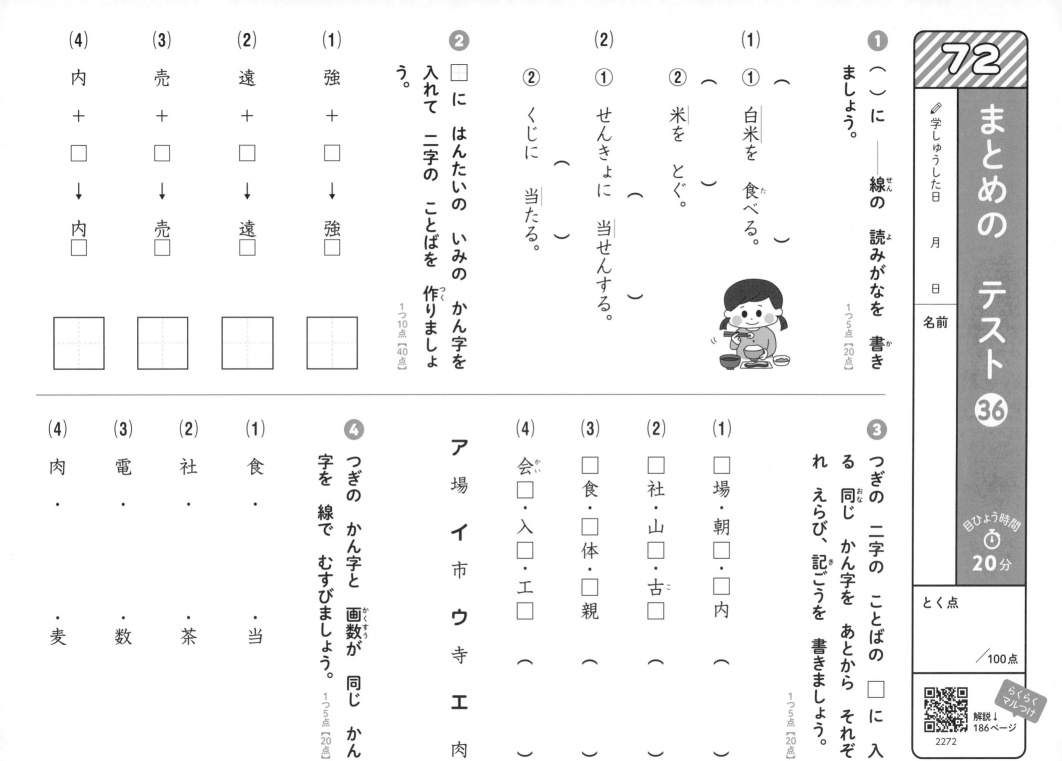

(4) 肉 ・　　・ 麦

＼もう1回チャレンジ!!／

72

まとめの テスト 36

学しゅうした日　月　日

名前

目ひょう時間 20分

とく点 ／100点

らくらくマルつけ

解説↓186ページ

2272

❶ （　）に ―線の 読みがなを 書きましょう。 1つ5点【20点】

(1) ① 白米を 食べる。（　　）

② 米を とぐ。（　　）

(2) ① せんきょに 当せんする。（　　）

② くじに 当たる。（　　）

❷ □に はんたいの いみの かん字を 入れて 二字の ことばを 作りましょう。 1つ10点【40点】

(1) 強 ＋ □ → 強□

(2) 遠 ＋ □ → 遠□

(3) 売 ＋ □ → 売□

(4) 内 ＋ □ → 内□

❸ つぎの 二字の ことばの □に 入る 同じ かん字を あとから それぞれ えらび、記ごうを 書きましょう。 1つ5点【20点】

(1) □場・朝□・□内（　　）

(2) □社・山□・古□（　　）

(3) □食・□体・□親（　　）

(4) 会□・入□・工□（　　）

ア 場　**イ** 市　**ウ** 寺　**エ** 肉

❹ つぎの かん字と 画数が 同じ かん字を 線で むすびましょう。 1つ5点【20点】

(1) 食 ・　　・ 当

(2) 社 ・　　・ 茶

(3) 電 ・　　・ 数

(4) 肉 ・　　・ 麦

73 いろいろな どうぶつ

学しゅうした日　月　日
名前

目ひょう時間 20分

とく点　／100点

解説↓ 187ページ
らくらくマルつけ
2273

馬
10かく
はねる
読みかた　音　バ　くん　うま　ま
つかいかた　馬車（ばしゃ）　乗馬（じょうば）　馬力（ばりき）　子馬（こうま）　竹馬（たけうま）　絵馬（えま）
れんしゅう　馬

牛
4かく
はらう
読みかた　音　ギュウ　くん　うし
つかいかた　牛肉（ぎゅうにく）　肉牛（にくぎゅう）　水牛（すいぎゅう）　牛にゅう（ぎゅう）　子牛（こうし）　牛小屋（うしごや）
れんしゅう　牛

鳥
11かく
てんの むきに ちゅうい
読みかた　音　チョウ　くん　とり
つかいかた　白鳥（はくちょう）　野鳥（やちょう）　鳥るい（ちょう）　一石二鳥（いっせきにちょう）（しらとり）　小鳥（ことり）　水鳥（みずどり）
れんしゅう　鳥

羽
6かく
てんの むきに ちゅうい
読みかた　音　（ウ）　くん　は　はね
つかいかた　一羽（いちわ）　羽音（はおと）　羽子板（はごいた）　羽ごろも（は）　羽ばたき（は）
れんしゅう　羽

1 □に かん字を 書きましょう。　1つ10点【80点】

(1) □□（こうま）が 走（はし）る。

(2) 二頭（とう）の □（うし）が いる。

(3) □（とり）が 空を とぶ。

(4) □□（ばしゃ）に のる。

(5) □□（やちょう）を ほごする。

(6) しぼりたての □（ぎゅう）にゅう。

(7) ハトが □（は）ばたく。

(8) □□（えま）を かける。

スパイラルコーナー

□に かん字を 書きましょう。　1つ10点【20点】

(1) はば広（ひろ）い □□（ぶんや）。

(2) □□（ひとざと）はなれた 森。

もう1回チャレンジ!!

73 いろいろな どうぶつ

学しゅうした日　月　日

名前

目ひょう時間 20分

とく点　／100点

らくらくマルつけ　解説↓187ページ　2273

馬

10かく

丨 𠃍 ⺁ 𫝀 𫝀 馬 馬 馬 馬 馬

はねる

読みかた
音 バ
くん うま　ま

つかいかた
馬車（ばしゃ）　乗馬（じょうば）　馬力（ばりき）
子馬（こうま）　竹馬（たけうま）　絵馬（えま）

れんしゅう

牛

4かく

ノ 𠂉 ⺧ 牛

はらう

読みかた
音 ギュウ
くん うし

つかいかた
牛肉（ぎゅうにく）　肉牛（にくぎゅう）　水牛（すいぎゅう）
牛にゅう（ぎゅう）　子牛（こうし）　牛小屋（うしごや）

れんしゅう

鳥

11かく

丿 ｢ 户 户 户 白 鳥 鳥 鳥 鳥 鳥

てんの むきに ちゅうい

読みかた
音 チョウ
くん とり

つかいかた
白鳥（はくちょう・しらとり）　野鳥（やちょう）　鳥るい（ちょう）
一石二鳥（いっせきにちょう）　小鳥（ことり）　水鳥（みずどり）

れんしゅう

羽

6かく

𠃌 ㇆ 习 羽 羽 羽

てんの むきに ちゅうい

読みかた
音 （ウ）
くん は　はね

つかいかた
一羽（いちわ）　羽音（はおと）　羽子板（はごいた）
羽ごろも（は）　羽ばたき（は）

れんしゅう

1 □に かん字を 書きましょう。

1つ10点【80点】

(1) □（こうま）が 走る（はし）。

(2) 二頭（とう）の □（うし）が いる。

(3) □（とり）が 空を とぶ。

(4) □（ばしゃ）に のる。

(5) □（やちょう）を ほごする。

(6) しぼりたての □（ぎゅう）にゅう。

(7) ハトが □（は）ばたく。

(8) □（えま）を かける。

スパイラルコーナー □に かん字を 書きましょう。

1つ10点【20点】

(1) はば広い（ひろ） □（ぶんや）。

(2) □（ひとざと） はなれた 森。

74 魚（さかな）つりを　しよう

学しゅうした日　月　日

名前

目ひょう時間 20分

とく点　／100点

らくらくマルつけ　解説↓187ページ　2274

池
6かく
まげて　はねる
読みかた　音　チ　くん　いけ
つかいかた　電池（でんち）　古池（ふるいけ）　用水池（ようすいち）　ため池（いけ）　ちょ水池（すいち）

魚
11かく
はらう
読みかた　音　ギョ　くん　うお　さかな
つかいかた　金魚（きんぎょ）　白魚（しらうお）　人魚（にんぎょ）　魚市場（うおいちば）　魚る（ぎょ）い　小魚（こざかな）

多
6かく
上より　やや　大きく
読みかた　音　タ　くん　おおい
つかいかた　多数（たすう）　多りょう（た）　多少（たしょう）　多がく（た）　多様（たよう）

会
6かく
上より　ながく
読みかた　音　カイ　(エ)　くん　あう
つかいかた　会話（かいわ）　面会（めんかい）　集会（しゅうかい）　会見（かいけん）　会社（かいしゃ）　学級会（がっきゅうかい）

れんしゅう

1 □に　かん字を　書（か）きましょう。　1つ10点【80点】

(1) 古（ふる）い　ため□（いけ）。
(2) 川で　□（さかな）を　つる。
(3) □（おお）くの　人が　いる。
(4) □□（きんぎょ）を　かう。
(5) 大きな　ちょ水□（ち）。
(6) ぐうぜん　友人（ゆうじん）と　□（あ）う。
(7) □□（たすう）の　ボート。
(8) 人と　□□（かいわ）　する。

スパイラルコーナー

□に　かん字を　書きましょう。　1つ10点【20点】

(1) □□（こうじょう）で　はたらく。
(2) ざっしの　はつ□（ばい）日。

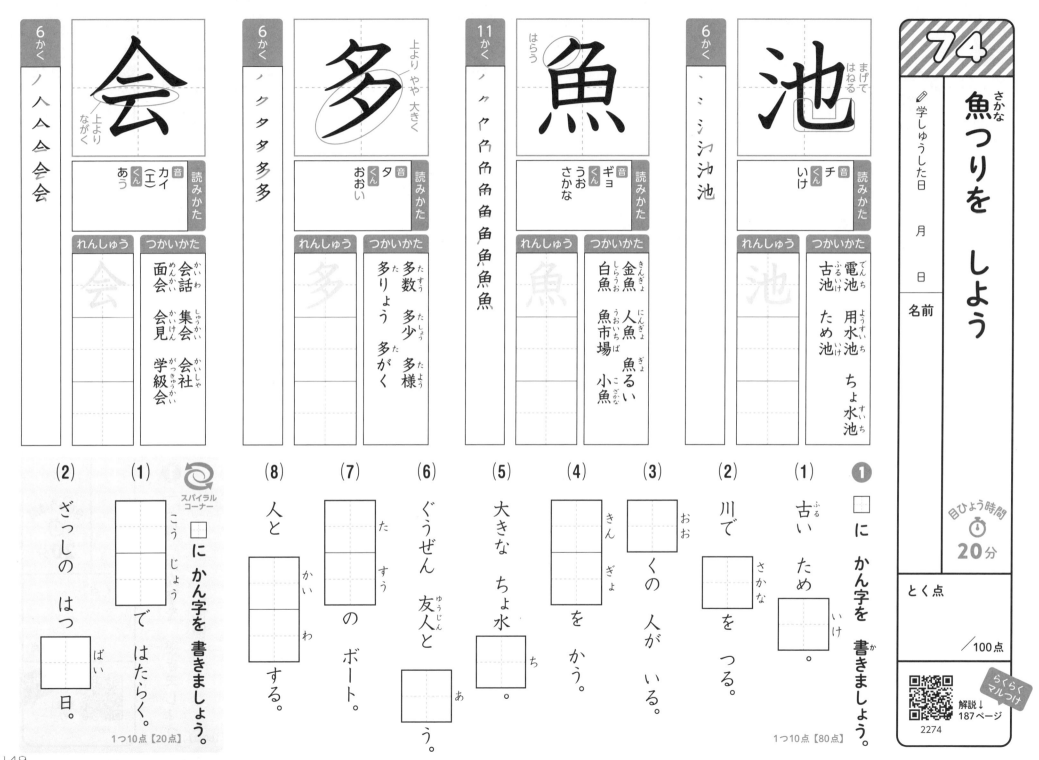

もう1回チャレンジ!!

74

魚(さかな)つりを しよう

学しゅうした日　月　日

名前

目ひょう時間 20分

とく点　／100点

らくらくマルつけ　解説↓187ページ　2274

池　6かく

丶 冫 氵 氵 汁 池

読みかた　音 チ　くん いけ

まげて はねる

つかいかた：電池(でんち)　古池(ふるいけ)　用水池(ようすいち)　ため池(いけ)　ちょ水池(すいち)

れんしゅう

魚　11かく

ノ ク 𠂊 各 甶 甶 角 鱼 魚 魚 魚

読みかた　音 ギョ　くん うお さかな

はらう

つかいかた：金魚(きんぎょ)　白魚(しらうお)　人魚(にんぎょ)　魚市場(うおいちば)　魚(ぎょ)るい　小魚(こざかな)

れんしゅう

多　6かく

ノ ク 夕 夕 多 多

読みかた　音 タ　くん おおい

上より やや 大きく

つかいかた：多数(たすう)　多(た)りょう　多少(たしょう)　多(た)がく　多様(たよう)

れんしゅう

会　6かく

ノ 人 亼 亼 会 会

読みかた　音 カイ (エ)　くん あう

上より ながく

つかいかた：会話(かいわ)　面会(めんかい)　集会(しゅうかい)　会見(かいけん)　会社(かいしゃ)　学級会(がっきゅうかい)

れんしゅう

1 □に かん字を 書(か)きましょう。　1つ10点【80点】

(1) 古(ふる)い ため［いけ］。

(2) 川で［さかな］を つる。

(3) ［おお］くの 人が いる。

(4) ［きんぎょ］を かう。

(5) 大きな ちょ水［ち］。

(6) ぐうぜん 友人(ゆうじん)と［あ］う。

(7) ［たすう］の ボート。

(8) 人と［かいわ］する。

スパイラルコーナー

□に かん字を 書きましょう。　1つ10点【20点】

(1) ［こうじょう］で はたらく。

(2) ざっしの はつ［ばい］日。

75 科学(かがく)の はっ見

学しゅうした日　月　日

名前

目ひょう時間 20分

とく点　／100点

らくらくマルつけ

解説↓ 187ページ

2275

科（9かく）

てんの むきに ちゅうい

読みかた　音 カ　くん ―

れんしゅう　科

つかいかた：科目(かもく)　教科(きょうか)　科学(かがく)　理科(りか)　内科(ないか)　教科書(きょうかしょ)

記（10かく）

上に はねる

読みかた　音 キ　くん しるす

れんしゅう　記

つかいかた：日記(にっき)　記号(きごう)　記入(きにゅう)　記事(きじ)　暗記(あんき)　記おく

新（13かく）

とめる

読みかた　音 シン　くん あたらしい　あらた　にい

れんしゅう　新

つかいかた：新年(しんねん)　新聞(しんぶん)　新品(しんぴん)　新人(しんじん)　新米(しんまい)　新入り(しんいり)

知（8かく）

とめる

読みかた　音 チ　くん しる

れんしゅう　知

つかいかた：知人(ちじん)　通知(つうち)　知事(ちじ)　知しき　知のう　物知り(ものしり)

---

1 □に かん字を 書きましょう。 1つ10点【80点】

(1) □□(りか)の じっけん。

(2) けっかを □(しる)す。

(3) □(あたら)しい はっ見が ある。

(4) □(ち)しきが ふえる。

(5) □□(かがく)の はったつ。

(6) □(き)号(ごう)を 書く。

(7) ことばの いみを □(し)る。

(8) □□(しんぶん)に のる。

スパイラルコーナー　□に かん字を 書きましょう。 1つ10点【20点】

(1) □□(べいこく)の れきし。

(2) □□(とうばん)を きめる。

もう1回チャレンジ!!

75

科学(かがく)の はっ見

学しゅうした日　月　日

名前

目ひょう時間 20分

とく点　／100点

解説↓ 187ページ

らくらくマルつけ

2275

科　9かく

てんの むきに ちゅうい

読みかた　音 カ　くん ―

つかいかた：科目(かもく)　理科(りか)　教科(きょうか)　内科(ないか)　科学(かがく)　教科書(きょうかしょ)

記　10かく

上に はねる

読みかた　音 キ　くん しるす

つかいかた：日記(にっき)　記事(きじ)　記号(きごう)　暗記(あんき)　記入(きにゅう)　記(き)おく

新　13かく

とめる

読みかた　音 シン　くん あたらしい　あらた　にい

つかいかた：新年(しんねん)　新人(しんじん)　新聞(しんぶん)　新米(しんまい)　新品(しんぴん)　新入(しんい)り

知　8かく

とめる

読みかた　音 チ　くん しる

つかいかた：知人(ちじん)　知(ち)しき　通知(つうち)　知(ち)のう　知事(ちじ)　物知(ものし)り

れんしゅう

1 □に かん字を 書(か)きましょう。　1つ10点【80点】

(1) □□(りか)の じっけん。

(2) けっかを □(しる)す。

(3) □(あたら)しい はっ見が ある。

(4) □(ち)しきが ふえる。

(5) □□(かがく)の はったつ。

(6) □(き)号(ごう)を 書く。

(7) ことばの いみを □(し)る。

(8) □□(しんぶん)に のる。

スパイラルコーナー

□に かん字を 書きましょう。　1つ10点【20点】

(1) □□(べいこく)の れきし。

(2) □□(とうばん)を きめる。

76 さむらいの 時(じ)だい

学しゅうした日　月　日

名前

目ひょう時間 20分

とく点　／100点

解説↓ 187ページ

2276

らくらくマルつけ

刀

2かく

ㇷ 刀

はねる

読みかた
音 トウ
くん かたな

つかいかた
木刀(ぼくとう)　短刀(たんとう)　日本刀(にほんとう)
一刀両だん(いっとうりょう)　小刀(こがたな)

れんしゅう
刀

弓

3かく

㇕ ㇕ 弓

まるみを つけて　はねる

読みかた
音 (キュウ)
くん ゆみ

つかいかた
弓形(ゆみがた)　弓矢(ゆみや)
弓(ゆみ)なり　弓道(きゅうどう)

れんしゅう
弓

矢

5かく

ノ 𠂉 𠂉 𠂉 矢

出さない

読みかた
音 (シ)
くん や

つかいかた
ふき矢(や)　矢(や)おもて　矢先(やさき)
矢車(やぐるま)　矢(や)じるし

れんしゅう
矢

古

5かく

一 十 十 古 古

まっすぐ下に つける

読みかた
音 コ
くん ふるい
ふるす

つかいかた
中古(ちゅうこ)　古代(こだい)　古風(こふう)
古(こ)てん　古着(ふるぎ)　古本(ふるほん)

れんしゅう
古

1 □に かん字を 書(か)きましょう。

(1) ぶしが □(かたな)を もつ。

(2) □□(ゆみや)の 名人。

(3) □(ふる)い しきたり。

(4) □□(ぼくとう)を かまえる。

(5) □(ゆみ)を 引(ひ)く。

(6) 父(ちち)は □□(こふう)な 人だ。

(7) □(や)じるしの 方(ほう)を むく。

(8) □□(ふるほん)を 売(う)る。

1つ10点【80点】

スパイラルコーナー

□に かん字を 書きましょう。

(1) □□(りか)の ノート。

(2) □□(にくたい)を きたえる。

1つ10点【20点】

もう１回チャレンジ!!

76

さむらいの 時(じ)だい

学しゅうした日　月　日

名前

目ひょう時間 20分

とく点　／100点

解説↓ 187ページ

らくらくマルつけ

2276

刀

2かく

フ刀

はねる

読みかた
音 トウ
くん かたな

つかいかた
木刀(ぼくとう)　短刀(たんとう)　日本刀(にほんとう)
一刀両(いっとうりょう)だん　小刀(こがたな)

れんしゅう

弓

3かく

フコ弓

まるみを つけて はねる

読みかた
音 (キュウ)
くん ゆみ

つかいかた
弓形(ゆみがた)　弓矢(ゆみや)
弓(ゆみ)なり　弓道(きゅうどう)

れんしゅう

矢

5かく

ノ𠂉𠂉矢矢

出さない

読みかた
音 (シ)
くん や

つかいかた
ふき矢(や)　矢(や)おもて　矢先(やさき)
矢車(やぐるま)　矢(や)じるし

れんしゅう

古

5かく

一十十古古

まっすぐ下に つける

読みかた
音 コ
くん ふるい　ふるす

つかいかた
中古(ちゅうこ)　古代(こだい)　古風(こふう)
古(こ)てん　古着(ふるぎ)　古本(ふるほん)

れんしゅう

1 □に かん字を 書(か)きましょう。　1つ10点【80点】

(1) ぶしが □(かたな) を もつ。

(2) □□(ゆみや) の 名人。

(3) □(ふる) い しきたり。

(4) □□(ぼくとう) を かまえる。

(5) □(ゆみ) を 引(ひ)く。

(6) 父(ちち)は □□(こふう) な 人だ。

(7) □(や) じるしの 方(ほう)を むく。

(8) □□(ふるほん) を 売(う)る。

スパイラルコーナー

□に かん字を 書きましょう。　1つ10点【20点】

(1) □□(りか) の ノート。

(2) □□(にくたい) を きたえる。

77

まとめの テスト 37

学しゅうした日　月　日

名前

目ひょう時間 20分

とく点　／100点

解説↓ 188ページ

2277

らくらくマルつけ

1 （　）に ――線の 読みがなを 書きましょう。

(1) 乗馬（じょうば）が とくいだ。（　）

(2) 水牛の むれ。（　）

(3) 白鳥が はばたく。（　）

(4) うつくしい 羽ごろも。（　）

(5) 電池を かえる。（　）

(6) 人魚ひめの お話（はなし）。（　）

(7) 多様（よう）な 人たち。（　）

(8) 社長（しゃちょう）が 会見する。（　）（　）

(9) 小鳥を かう。（　）

(10) 子牛が うまれる。（　）

(11) 白魚のような ゆび。（　）

1つ5点【55点】

2 □に かん字を 書きましょう。

(1) □□□（きょうかしょ）を 読む。

(2) アンケートに □□（きにゅう）する。

(3) □（あら）たな 一年。

(4) □（かたな）で 木を けずる。

(5) □□（ゆみや）で まとを いる。

(6) つかい□（ふる）した タオル。

(7) □□（しんねん）の あいさつ。

(8) □（ち）のうが はったつする。

(9) □□（ちゅうこ）の 車を 買（か）う。

1つ5点【45点】

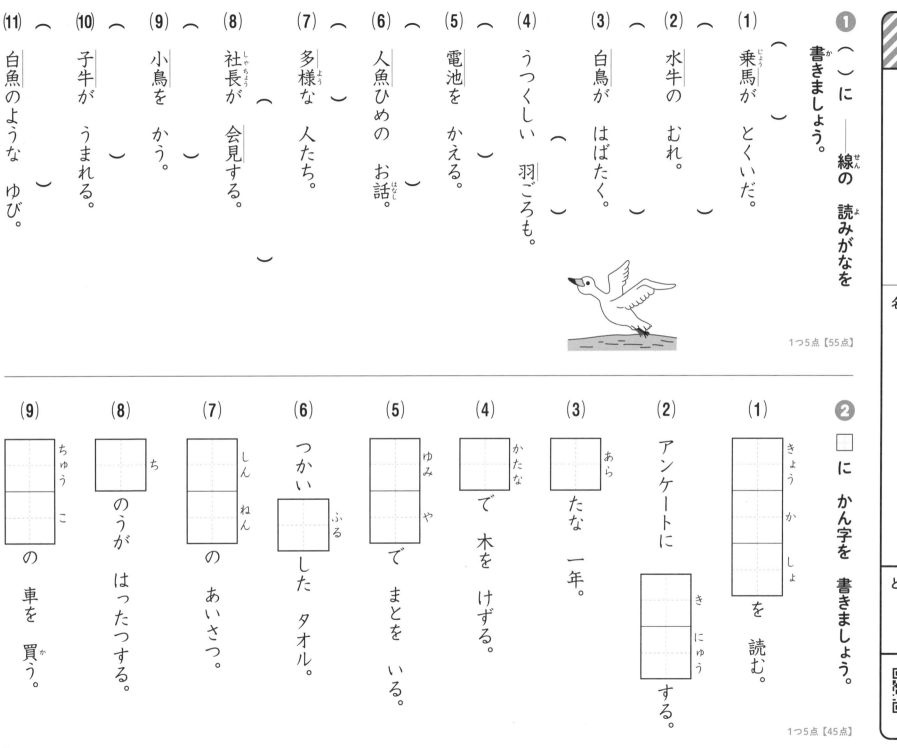

もう1回チャレンジ!!

77

まとめの テスト 37

学しゅうした日　月　日

名前

目ひょう時間 20分

とく点 ／100点

解説↓ 188ページ

らくらくマルつけ

2277

1 （　）に ——線の 読みがなを 書きましょう。

1つ5点【55点】

(1) 乗馬（　　）が とくいだ。

(2) 水牛（　　）の むれ。

(3) 白鳥（　　）が はばたく。

(4) うつくしい 羽（　　）ごろも。

(5) 電池（　　）を かえる。

(6) 人魚（　　）ひめの お話。

(7) 多様（　　）な 人たち。

(8) 社長が 会見（　　）する。

(9) 小鳥（　　）を かう。

(10) 子牛（　　）が うまれる。

(11) 白魚（　　）のような ゆび。

2 □に かん字を 書きましょう。

1つ5点【45点】

(1) □□□（きょうかしょ）を 読む。

(2) アンケートに □□（きにゅう） する。

(3) □（あら）たな 一年。

(4) □（かたな）で 木を けずる。

(5) □□（ゆみや）で まとを いる。

(6) つかい□（ふる）した タオル。

(7) □□（しんねん）の あいさつ。

(8) □（ち）のうが はったつする。

(9) □□（ちゅうこ）の 車を 買う。

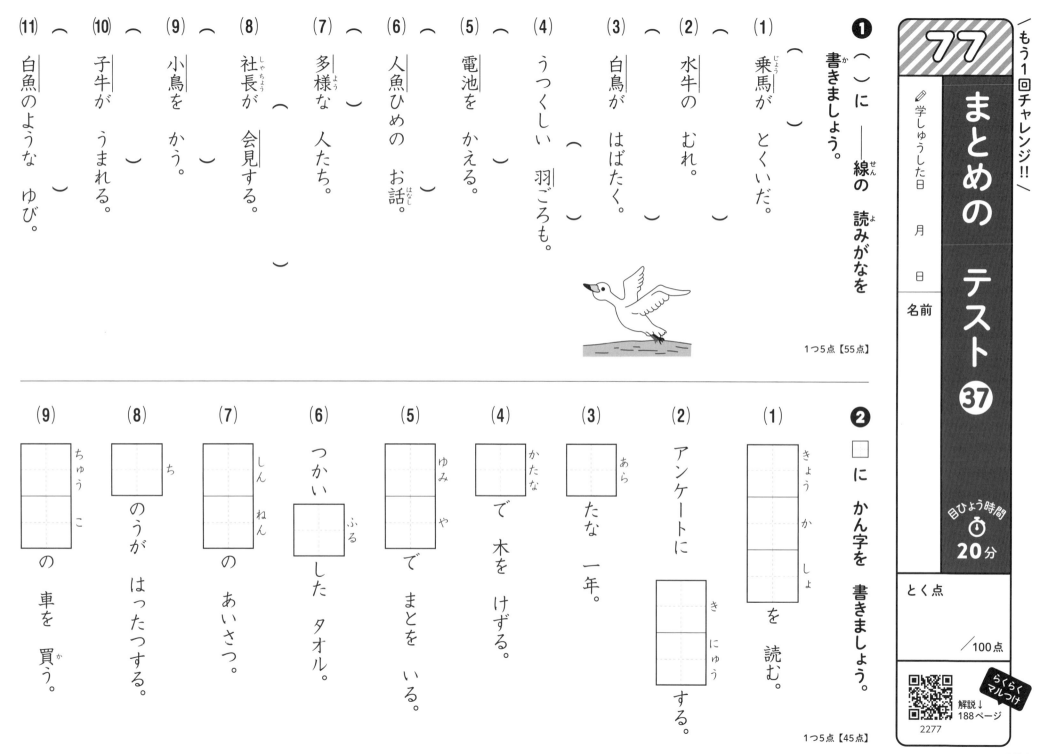

78

まとめの テスト 38

学しゅうした日　月　日

名前

目ひょう時間 20分

とく点　／100点

解説↓ 188ページ　らくらくマルつけ　2278

1 （　）に ——線の 読みがなを 書きましょう。　1つ5点【55点】

(1) 古代の れきし。（　　）

(2) 日記を つける。（　　）

(3) 新年の あいさつを する。（　　）

(4) メールで 通知する。（　　）

(5) 短刀を たずさえる。（　　）

(6) ふき矢を ふく。（　　）

(7) すきな 科目を 学ぶ。（　　）

(8) ノートに 記す。（　　）

(9) 新しい ふくを きる。（　　）

(10) 父は 物知りだ。（　　）

(11) ざっしの 記事に のる。（　　）

2 □に かん字を 書きましょう。　1つ5点【45点】

(1) □□（たけうま）で あそぶ。

(2) □（うし）小屋を そうじする。

(3) みずうみに □□（みずどり）が いる。

(4) 虫の □□（はおと）。

(5) 近じょの 人に □（あ）う。

(6) □□（ふるいけ）の ほとり。

(7) □□（こざかな）を 食べる。

(8) もんだいが □（おお）い。

(9) □□（かいしゃ）で はたらく。

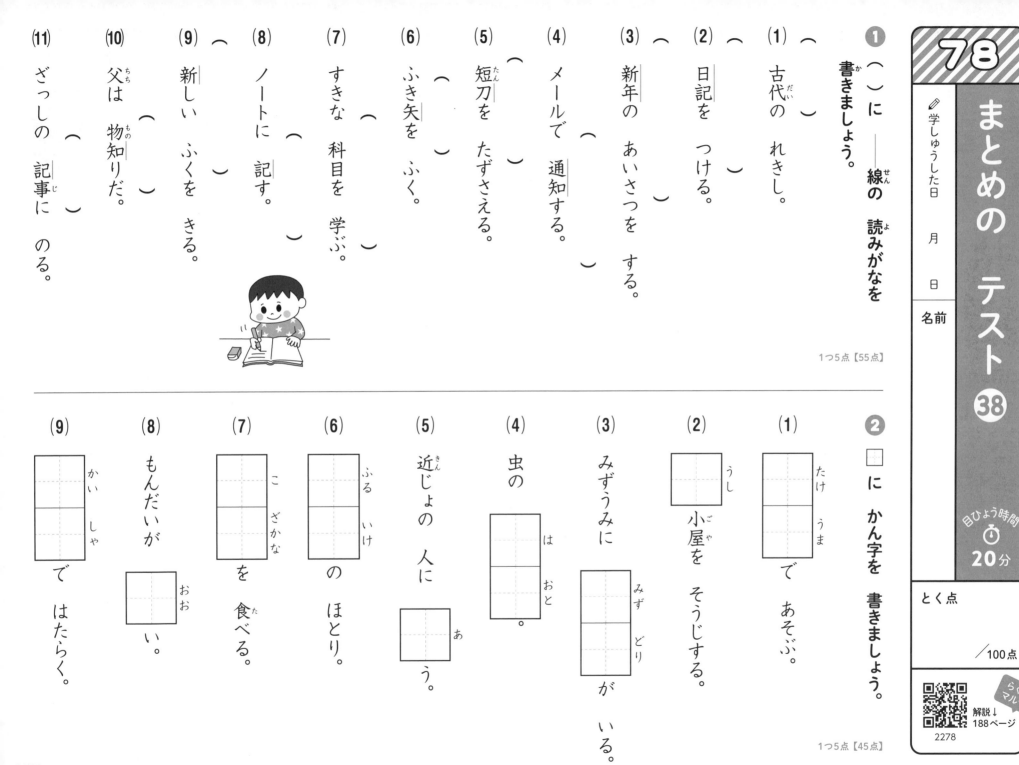

もう1回チャレンジ!!

78

まとめのテスト㊳

学しゅうした日　　月　　日

名前

目ひょう時間 20分

とく点

／100点

らくらくマルつけ

解説↓188ページ

2278

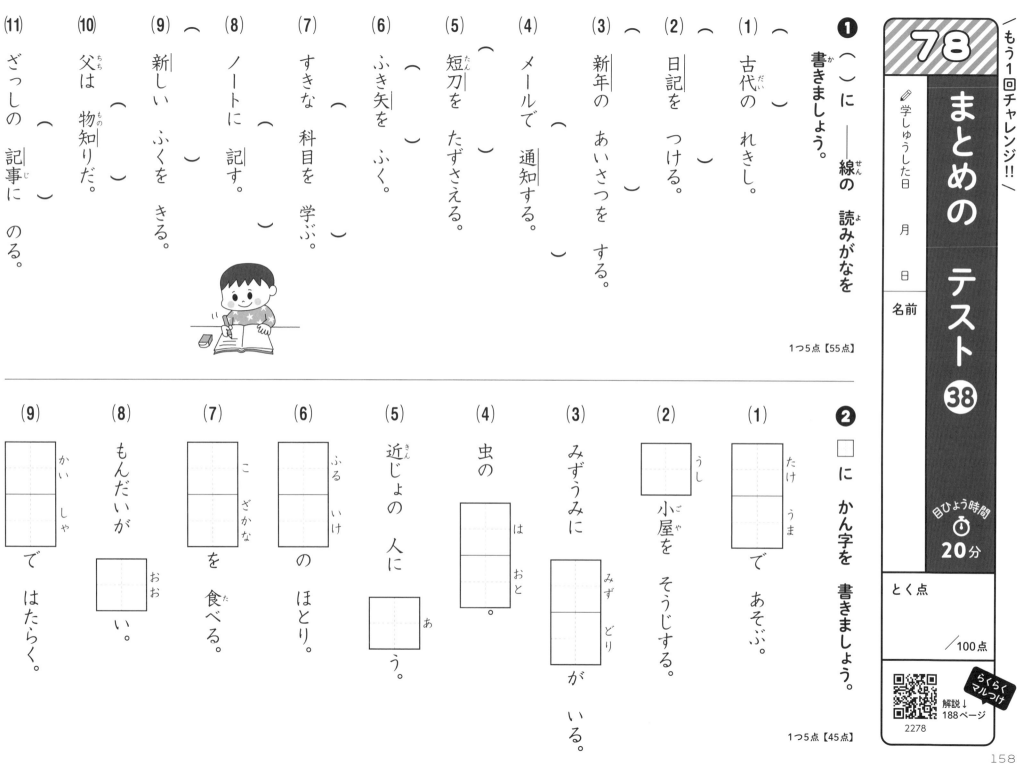

❶ （　）に ――線の 読みがなを 書きましょう。

1つ5点【55点】

(1) 古代の れきし。（　）

(2) 日記を つける。（　）

(3) 新年の あいさつを する。（　）

(4) メールで 通知する。（　）

(5) 短刀を たずさえる。（　）

(6) ふき矢を ふく。（　）

(7) すきな 科目を 学ぶ。（　）

(8) ノートに 記す。（　）

(9) 新しい ふくを きる。（　）

(10) 父は 物知りだ。（　）

(11) ざっしの 記事に のる。（　）

❷ □に かん字を 書きましょう。

1つ5点【45点】

(1) □□（たけうま）で あそぶ。

(2) □（うし）小屋を そうじする。

(3) みずうみに □□（みずどり）が いる。

(4) 虫の □□（はおと）。

(5) 近じょの 人に □（あ）う。

(6) □□（ふるいけ）の ほとり。

(7) □□（こざかな）を 食べる。

(8) もんだいが □（おお）い。

(9) □□（かいしゃ）で はたらく。

79 まとめの テスト 39

学しゅうした日　月　日

名前

目ひょう時間 20分

とく点　／100点

らくらくマルつけ

解説↓188ページ

2279

1 つぎの 文には まちがって いる かん字が 二つ あります。その かん字を ぬき出して 直しましょう。　1つ10点【20点】

一頭の 大きな 午が 近づいて きた。男は 弓矢を かまえ、さむらいは 馬から 下りて 力を ぬいた。

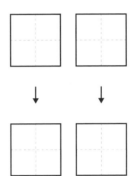

□→□　□→□

2 （ ）に ――線の 読みがなを 書きましょう。　1つ5点【30点】

(1)
① 赤い 金魚。（　　）
② 小魚を つる。（　　）

(2)
① 野鳥が とび立つ。（　　）
② 池に 水鳥が いる。（　　）

(3)
① そ父は 古風な 人だ。（　　）
② 古本を すてる。（　　）

3 つぎの 文の □に 合う かん字を 〈 〉から えらび、書きましょう。　1つ5点【30点】

(1) チ〈地・池〉
① 広い 土□。
② 電□を 入れかえる。

(2) キ〈気・汽〉
① □車に のる。
② 元□に なる。

(3) シン〈新・親〉
① □聞を 読む。
② □切な 友人。

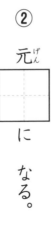

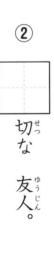

4 つぎの かん字の 矢じるし↓の ぶ分は 何画目に 書きますか。数字で 書きましょう。　1つ10点【20点】

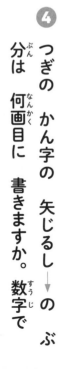

(1) 馬　（　　）画目

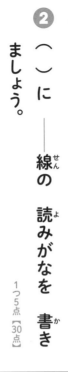

(2) 鳥　（　　）画目

79 まとめの テスト 39

学しゅうした日　　月　　日

名前

目ひょう時間 20分

とく点　　／100点

解説↓ 188ページ

らくらくマルつけ

2279

1 つぎの 文には まちがって いる かん字が 二つ あります。その かん字を ぬき出して 直しましょう。 1つ10点【20点】

一頭の 大きな 午が 近づいて きた。男は 弓矢を かまえ、さむらいは 馬から 下りて 力を ぬいた。

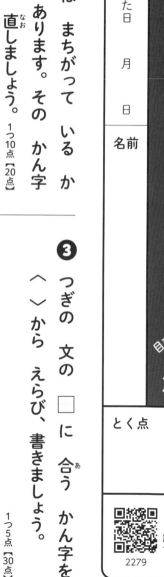

□ → □

□ → □

2 （ ）に ——線の 読みがなを 書きましょう。 1つ5点【30点】

(1) ① 赤い 金魚。（　　　）
② 小魚を つる。（　　　）

(2) ① 野鳥が とび立つ。（　　　）
② 池に 水鳥が いる。（　　　）

(3) ① そ父は 古風な 人だ。（　　　）
② 古本を すてる。（　　　）

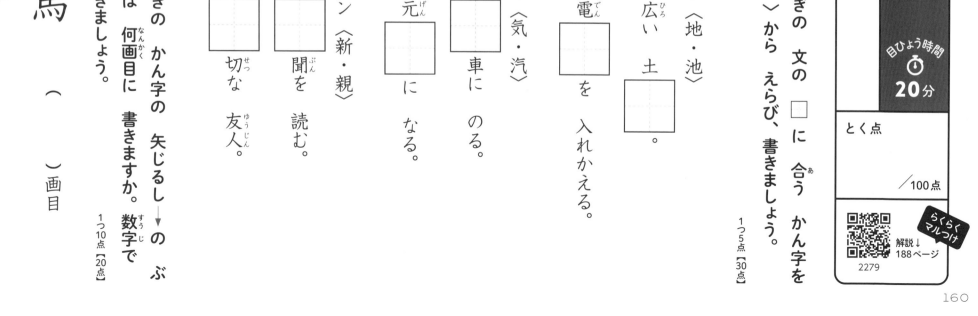

3 つぎの 文の □ に 合う かん字を 〈 〉から えらび、書きましょう。 1つ5点【30点】

(1) チ〈地・池〉
① 広い 土□。
② 電□を 入れかえる。

(2) キ〈気・汽〉
① □車に のる。
② 元□に なる。

(3) シン〈新・親〉
① □聞を 読む。
② □切な 友人。

4 つぎの かん字の 矢じるし↓の ぶ分は 何画目に 書きますか。数字で 書きましょう。 1つ10点【20点】

(1) 馬　（　　　）画目

(2) 鳥　（　　　）画目

80

まとめの テスト 40

学しゅうした日　月　日

名前

目ひょう時間 20分

とく点

／100点

らくらくマルつけ

解説↓ 188ページ

2280

1 カードを 組み合わせて、二字の ことばを 四つ 作りましょう。（同じ カードは 一どしか つかえません。）

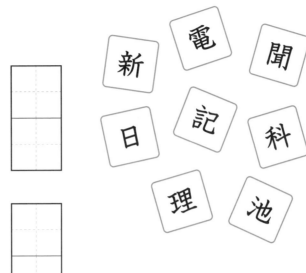

1つ10点【40点】

聞　電　新　科　記　日　池　理

2 はんたいの いみの ことばを かん字と おくりがなで 書きましょう。

1つ10点【20点】

(1) 古い ↔ （　　　）

(2) 少ない ↔ （　　　）

3 つぎは、あやかさんが まゆさんに 出した 絵はがきの 文しょうです。――線を かん字で 書きましょう。

1つ5点【40点】

まゆちゃんへ

わたしは 今、家ぞくと 北海道に 来て います。今日は ぼく場で たくさんの ①うしや ②うまを 見ました。お③ひるには 名ぶつの ラーメンを 食べました。④うみが 近くて ⑤さかなも とても おいしいです。

まゆちゃんは ⑥げんきに して いますか。夏休みが おわって また ⑦あえるのを ⑧たのしみに して います。

あやかより

① ② ③ ④ ⑤ ⑥ ⑦ ⑧

80

まとめのテスト 40

学しゅうした日　月　日

名前

目ひょう時間 20分

とく点　／100点

らくらくマルつけ　解説↓188ページ　2280

1 カードを組み合わせて、二字のことばを四つ作りましょう。（同じカードは一どしかつかえません。）　1つ10点【40点】

聞　電　新　科　記　日　池　理

2 はんたいのいみのことばを、かん字とおくりがなで書きましょう。　1つ10点【20点】

(1) 古い ↔ （　　　）

(2) 少ない ↔ （　　　）

3 つぎは、あやかさんがまゆさんに出した絵はがきの文しょうです。——線をかん字で書きましょう。　1つ5点【40点】

まゆちゃんへ
わたしは今、家ぞくと北海道に来ています。今日はぼく場でたくさんの①うしや②うまを見ました。お③ひるには名ぶつのラーメンを食べました。④うみが近くて⑤さかなもとてもおいしいです。
まゆちゃんは⑥げんきにしていますか。夏休みがおわってまた⑦あえるのを⑧たのしみにしています。
あやかより

①　②　③　④　⑤　⑥　⑦　⑧

81

そうふくしゅう＋先どり①

目ひょう時間 20分

学しゅうした日　月　日

名前

とく点　／100点

らくらくマルつけ　解説↓189ページ　2281

1 かん字の 足し算を しましょう。　1つ6点【30点】

(1) 日＋青＝□

(2) 夕＋夕＝□

(3) 口＋鳥＝□

(4) 山＋石＝□

(5) 七＋刀＝□

2 はんたいの いみの ことばを かん字と おくりがなで 書きましょう。　1つ5点【20点】

(1) 古い ↔ （　　）

(2) みじかい ↔ （　　）

(3) 強い ↔ （　　）

(4) 太い ↔ （　　）

3 つぎの 二字の ことばの □に 入る 同じ かん字を あとから それぞれ えらび、記ごうで 書きましょう。　1つ5点【20点】

(1) 台□・洋□・□車　（　　）

(2) □線・□前・□正　（　　）

(3) 人□・図□・円□　（　　）

(4) □計・□図・□体　（　　）

ア 直　イ 形　ウ 風　エ 合

4 （　）に ――線の 読みがなを 書きましょう。　1つ6点【30点】

(1) ねだんが 安い。（　　）

(2) お客さまが 来る。（　　）（　　）

(3) 次の 日に なる。（　　）

(4) 親指を けがする。（　　）

(5) 図書係に なる。（　　）

もう1回チャレンジ!!

81

そうふくしゅう+先どり①

目ひょう時間 20分

学しゅうした日　月　日

名前

とく点　／100点

らくらくマルつけ　解説↓189ページ　2281

1 かん字の 足し算を しましょう。 1つ6点【30点】

(1) 日 ＋ 青 ＝ □

(2) 夕 ＋ 夕 ＝ □

(3) 口 ＋ 鳥 ＝ □

(4) 山 ＋ 石 ＝ □

(5) 七 ＋ 刀 ＝ □

2 はんたいの いみの ことばを かん字と おくりがなで 書きましょう。 1つ5点【20点】

(1) 古い ↔ （　　）

(2) みじかい ↔ （　　）

(3) 強い ↔ （　　）

(4) 太い ↔ （　　）

3 つぎの 二字の ことばの □に 入る 同じ かん字を あとから それぞれ えらび、記ごうで 書きましょう。 1つ5点【20点】

(1) 台□・洋□・□車 （　　）

(2) □線・□前・正□ （　　）

(3) 人□・図□・円□ （　　）

(4) □計・□図・□体 （　　）

ア 直　イ 形　ウ 風　エ 合

4 （　）に ——線の 読みがなを 書きましょう。 1つ6点【30点】

(1) ねだんが 安い。 （　　）

(2) お客さまが 来る。 （　　）

(3) 次の 日に なる。 （　　）

(4) 親指を けがする。 （　　）

(5) 図書係に なる。 （　　）

82 そうふくしゅう+先どり②

目ひょう時間 20分

学しゅうした日　月　日

名前

とく点

／100点

らくらくマルつけ

解説↓189ページ

2282

1 カードを　二まい　組み合わせて、できる　かん字を　□に　書きましょう。（同じ　カードは　一どしか　つかえません。）　1つ5点【20点】

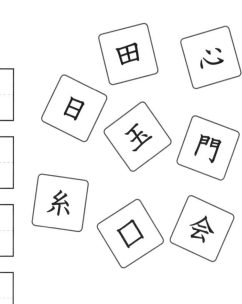

心　田　門　日　玉　会　糸　口

□　□　□　□

2 □に　合う　かん字を　〈　〉から　えらび、書きましょう。　1つ5点【20点】

(1) キョウ〈強・教〉

① すきな　□科は　算数だ。

② がんばって　勉□する。

(2) コウ〈公・考〉

① □正な　はんだん。

② 思□を　めぐらせる。

3 ―線を　かん字と　おくりがなで　書きましょう。　1つ6点【30点】

(1) えきまで　あるく。（　　）

(2) ノートに　しるす。（　　）

(3) しつもんに　こたえる。（　　）

(4) 大きな　声で　はなす。（　　）

(5) スピーチを　きく。（　　）

4 （　）に　―線の　読みがなを　書きましょう。　1つ6点【30点】

(1) あまい　味が　する。（　　）

(2) お湯を　わかす。（　　）

(3) ルールを　守る。（　　）

(4) 友だちを　助ける。（　　）

(5) ボールを　手に　取る。（　　）

82 そうふくしゅう＋先どり②

目ひょう時間 20分

学しゅうした日　月　日

名前

とく点　／100点

らくらくマルつけ

解説↓189ページ

2282

❶ カードを 二まい 組み合わせて、できる かん字を □に 書きましょう。（同じ カードは 一どしか つかえません。） 1つ5点【20点】

心　田　日　玉　門　糸　口　会

□　□　□　□

❷ □に 合う かん字を 〈 〉から えらび、書きましょう。 1つ5点【20点】

(1) キョウ〈強・教〉

① すきな □科は 算数だ。

② がんばって 勉□する。

(2) コウ〈公・考〉

① □正な はんだん。

② 思□を めぐらせる。

❸ ——線を かん字と おくりがなで 書きましょう。 1つ6点【30点】

(1) えきまで あるく。（　　）

(2) ノートに しるす。（　　）

(3) しつもんに こたえる。（　　）

(4) 大きな 声で はなす。（　　）

(5) スピーチを きく。（　　）

❹ （ ）に ——線の 読みがなを 書きましょう。 1つ6点【30点】

(1) あまい 味が する。（　　）

(2) お湯を わかす。（　　）

(3) ルールを 守る。（　　）

(4) 友だちを 助ける。（　　）

(5) ボールを 手に 取る。（　　）

83 そうふくしゅう＋先どり ③

目ひょう時間 20分

学しゅうした日　月　日

名前

とく点　　／100点

らくらくマルつけ　解説↓190ページ

2283

❶ つぎの □ に かん字を 書き、ことばの いみを あとから えらび、（ ）に 記ごうで 書きましょう。 1つ5点【30点】

(1) □（くび）を 長く する （　　）

(2) □（あたま）を かかえる （　　）

(3) □（かお）が 広い （　　）

ア 知り合いが 多い。

イ 今か 今かと まちわびる。

ウ よい 考えが 出なくて こまる。

❷ □ に かん字を 入れて 四字じゅく語を かんせい させましょう。 1つ5点【20点】

(1) 東西南□（ぼく）

(2) 春□（か）秋冬

(3) 公□（めい）正大

(4) 一石二□（ちょう）

❸ つぎの 文の ――線に 合う かん字を 〈 〉から えらび、○で かこみましょう。 1つ5点【20点】

(1) 会ぎで 発ゲンする。 〈 元 ・ 言 〉

(2) コウ通じこを ふせぐ。 〈 広 ・ 交 〉

(3) デン車で 通学する。 〈 電 ・ 田 〉

(4) 四角い 図ケイを かく。 〈 計 ・ 形 〉

❹ □ に かん字を 書きましょう。 1つ6点【30点】

(1) □（はたけ）を たがやす。

(2) □（こおり）で ひやす。

(3) 大きな 家に □（す）む。

(4) ボールを □（う）つ。

(5) □□（へいわ）な せかい。

83

そうふくしゅう＋先どり ③

目ひょう時間 20分

学しゅうした日　月　日

名前

とく点　/100点

らくらくマルつけ　解説↓190ページ　2283

1 つぎの□に かん字を 書き、ことばの いみを あとから えらび、（　）に 記ごうで 書きましょう。　1つ5点【30点】

(1) □（くび）を 長く する　（　　）

(2) □（あたま）を かかえる　（　　）

(3) □（かお）が 広い　（　　）

ア 知り合いが 多い。

イ 今か 今かと まちわびる。

ウ よい考えが 出なくて こまる。

2 □に かん字を 入れて 四字じゅく語を かんせい させましょう。　1つ5点【20点】

(1) 東西南□（ぼく）

(2) 春□（か）秋冬

(3) 公□（めい）正大

(4) 一石二□（ちょう）

3 つぎの 文の ――線に 合う かん字を 〈　〉から えらび、○で かこみましょう。　1つ5点【20点】

(1) 会ぎで 発<u>ゲン</u>する。〈元 ・ 言〉

(2) <u>コウ</u>通じこを ふせぐ。〈広 ・ 交〉

(3) <u>デン</u>車で 通学する。〈電 ・ 田〉

(4) 四角い 図<u>ケイ</u>を かく。〈計 ・ 形〉

4 □に かん字を 書きましょう。　1つ6点【30点】

(1) □（はたけ）を たがやす。

(2) □（こおり）で ひやす。

(3) 大きな 家に □（す）む。

(4) ボールを □（う）つ。

(5) □□（へいわ）な せかい。

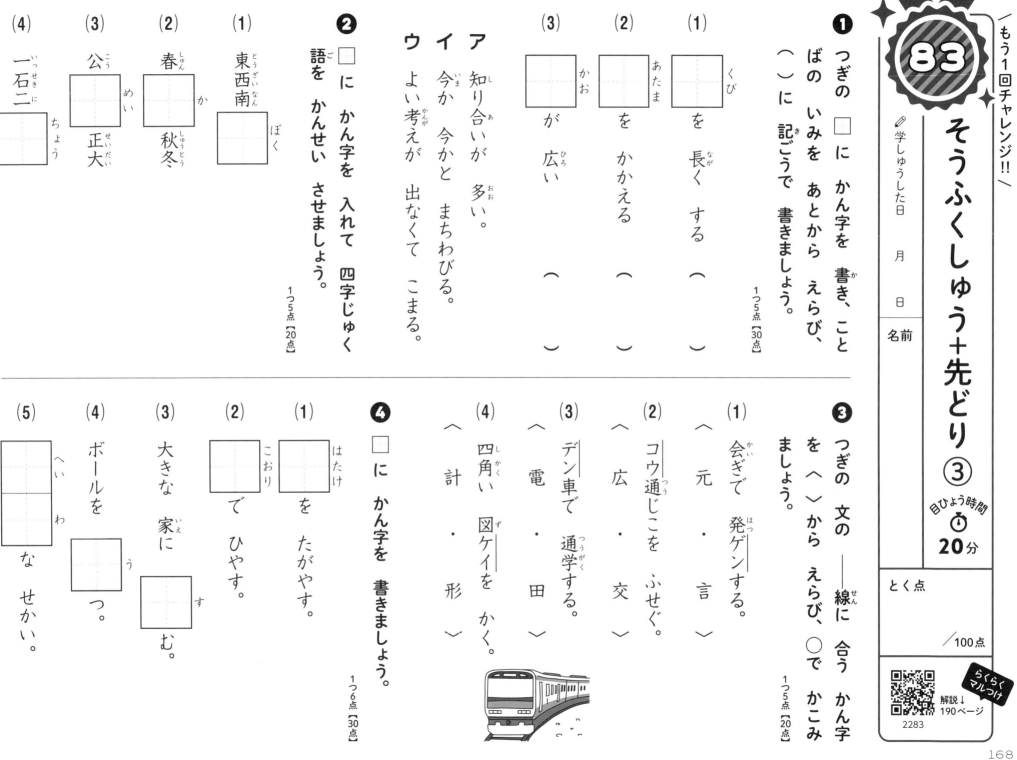

漢字ギガドリル　小学2年

答え

わからなかった問題は、ポイントの解説をよく読んで、確認してください。

1 家ぞくを　しょうかいしよう　3ページ

❶ (1)親子　(2)父母　(3)母親　(4)父　(5)親　(6)父　(7)母　(8)才

❷ (1)目　(2)人口

まちがえたら、1年の漢字を見直しましょう。

ポイント

❶(1)「親」の音読みは「シン」、訓読みは「おや」「した(しい)」などです。「シン」と読む熟語には「親友」「親切」、「おや」と読む熟語には「父親」などがあります。

(2)「父」の音読みは「フ」、訓読みは「ちち」です。「フ」と読む熟語には「父母」「父兄」、「ちち」と読む熟語には「父親」などがあります。

(3)「母」の音読みは「ボ」、訓読みは「はは」です。「ボ」と読む熟語には「母校」「母体」、「はは」と読む熟語には「母親」などがあります。

(8)「才」の音読みは「サイ」です。年齢を数えるのに使うほか、「天才」「しゅう才(秀才)」などの熟語があります。三画目は右に少し出します。

2 兄弟を　しょうかいしよう　5ページ

❶ (1)兄弟　(2)姉　(3)妹　(4)兄　(5)弟　(6)兄　(7)姉　(8)妹

❷ (1)花見　(2)足音

まちがえたら、1年の漢字を見直しましょう。

ポイント

❶(1)「兄」の音読みは「キョウ」、訓読みは「あに」です。「キョウ」と読む熟語には「兄弟」などがあります。「弟」の音読みは「ダイ」、訓読みは「おとうと」です。「ダイ」と読む熟語には「兄弟」などがあります。

(2)「姉」の訓読みは「あね」です。「姉さん」は熟字訓(特別な読み方をする熟語)です。

(3)「妹」の訓読みは「いもうと」です。右側を「末」と書かないように注意させましょう。

(6)「兄さん」は熟字訓です。

3 家の　外で　あそぼう　7ページ

❶ (1)家　(2)戸　(3)門　(4)家　(5)戸外　(6)正門　(7)家　(8)外

❷ (1)手　(2)足

まちがえたら、1年の漢字を見直しましょう。

ポイント

❶(1)「家」の音読みは「カ」「ケ」、訓読みは「いえ」「や」です。「カ」と読む熟語には「家ぞく(家族)」、「ケ」と読む熟語には「家来」などがあります。

(2)「戸」の音読みは「コ」、訓読みは「と」です。「コ」と読む熟語には(5)の「戸外」、「と」と読む熟語には「雨戸」などがあります。

(3)(6)「門」の音読みは「モン」です。「名門」「門番」などの熟語があります。

(5)「外」の音読みは「ガイ」、訓読みは「そと」「ほか」「はず(れる)」などです。「ガイ」と読む熟語には「外出」「外国」などがあります。

4 きせつの　へんか　9ページ

❶ (1)春　(2)夏　(3)秋　(4)冬　(5)青春　(6)秋　(7)冬　(8)春

❷ (1)水車　(2)糸

まちがえたら、1年の漢字を見直しましょう。

ポイント

❶(1)「春」の音読みは「シュン」、訓読みは「はる」です。「シュン」と読む熟語には(5)の「青春」、「はる」と読む熟語には「春先」などがあります。

(2)「夏」の音読みは「カ」、訓読みは「なつ」です。「カ」と読む熟語には「夏き(夏期)」、「なつ」と読む熟語には「夏ふく(夏服)」などがあります。

(3)「秋」の音読みは「シュウ」、訓読みは「あき」です。「シュウ」と読む熟語には(6)の「秋分」、「あき」と読む熟語には「秋空」などがあります。

(4)「冬」の音読みは「トウ」、訓読みは「ふゆ」です。「トウ」と読む熟語には(7)の「冬みん(冬眠)」、「ふゆ」と読む熟語には「冬山」などがあります。

5 まとめの テスト❶ 11ページ

❶ (1)しん (2)ぼ (3)さい (4)きょうだい (5)あね (6)とう (7)ぼこう (8)ちちおや (9)にい (10)ねえ (11)いもうと

❷ (1)外 (2)春 (3)夏 (4)門 (5)外出 (6)家 (7)戸口 (8)秋 (9)冬

ポイント

❶ (1)(8)「親」には「シン」という音読みと「おや」という訓読みがあります。
(2)「母」には「ボ」という音読みと「はは」という訓読みがあります。
(6)「父さん」、(9)「兄さん」、(10)「姉さん」は熟字訓です。

❷ (1)と(5)は同じ漢字で「外」と書くことに注意させましょう。

6 まとめの テスト❷ 13ページ

❶ (1)しゅんかしゅうとう (2)せいもん (3)がい (4)しゅん (5)か (6)しゅう (7)ふゆ (8)か (9)あまど (10)あきぞら (11)ふゆやま

❷ (1)弟 (2)母 (3)父親 (4)天才 (5)親 (6)姉 (7)妹 (8)親 (9)兄

ポイント

❶ (1)季節を表す四字熟語です。それぞれの音読みを確認させましょう。
(2)「門」を使った熟語には、ほかに「校門」「門番」などがあります。
(3)「外」には「そと」などの訓読みがあります。
(11)「冬」を訓読みで読む熟語です。

❷ (2)「母」の二画目は、はねます。横画は最後に書きます。
(3)「おや」と(5)「した(しむ)」と(8)「シン」は同じ漢字で「親」と書きます。

7 まとめの テスト❸ 15ページ

❶ (1)春 (2)夏 (3)秋 (4)冬

❷ (1)親しい (2)外れる

❸ (1)母、門 (2)秋、戸

❹ 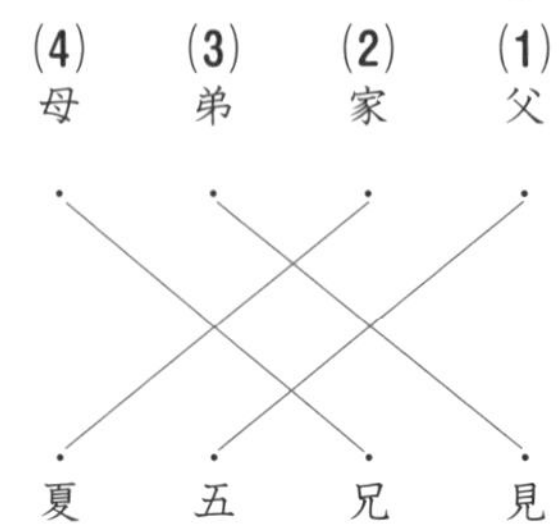

ポイント

❶ 四季を表す漢字です。

❷ 送りがなを正しく書けるように注意させましょう。

❸ (1)まず「父」の下に合わせられる漢字を探します。「父母」「母校」「校門」という熟語ができます。
(2)まず「雨」の上に合わせられる漢字を探します。「秋雨」「雨戸」「戸外」という熟語ができます。

❹ (1)「父」「五」は四画です。
(2)「家」「夏」は十画です。
(3)「弟」「見」は七画です。
(4)「母」「兄」は五画です。

8 まとめの テスト❹ 17ページ

❶ 姉、秋、外、親
(順番はちがっていても○)

❷ (1)3 (2)5 (3)7

❸ (1)母 ①ははかた ②ぼこう
(2)春 ①せいしゅん ②はるさき

❹ ①家 ②夏 ③妹 ④才

ポイント

❶「禾」の右に合わせられるのは「火」、というように組み合わせていきましょう。

❷ (2)「母」の横画は最後に書きます。
(3)「弟」の真ん中の縦ぼうは六画目に書き、はねずに止めます。上に突き出さないことにも注意させましょう。

❸ (1)「方」「校」と組み合わせて熟語ができる漢字は「母」です。「母」の読み方が変わることにも注意させましょう。

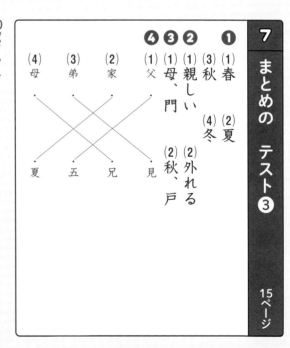

9 時間を　かくにんしよう① 19ページ

❶ (1)午前 (2)午後 (3)少 (4)正午 (5)前 (6)後 (7)少年 (8)後

(1)王 (2)玉

まちがえたら、1年の漢字を見直しましょう。

ポイント

❶ (1)「午」の音読みは「ゴ」です。縦ぼうは上に突き出さないことに注意させましょう。「前」の音読みは「ゼン」、訓読みは「まえ」です。「ゼン」と読む熟語には、「午前」「い前（以前）」「目前」などがあります。

(2)「後」の音読みは「ゴ」「コウ」、訓読みは「のち」「あと」「うし（ろ）」などです。「ゴ」と読む熟語には、「前後」「さい後（最後）」などがあります。

(3)「少」の音読みは「ショウ」、訓読みは「すく（ない）」「すこ（し）」です。「ショウ」と読む熟語には、(7)の「少年」「少数」などがあります。「ショウ」の読みが同じで形が似ている「小」と間違えないように注意させましょう。

10 時間を　かくにんしよう② 21ページ

❶ (1)時間 (2)何時 (3)五分 (4)八時 (5)間 (6)何 (7)分 (8)分

(1)親 (2)父

まちがえたら、見直しましょう。≫3ページ

ポイント

❶ (1)「時」の音読みは「ジ」、訓読みは「とき」です。「ジ」と読む熟語には、「時代」「同時」などがあります。「間」の音読みは「カン」「ケン」、訓読みは「あいだ」「ま」です。「カン」と読む熟語には、「夜間」、「ケン」と読む熟語には、「人間」（ここでは「ゲン」とにごる）などがあります。

(2)「何」の訓読みは「なに」「なん」です。「なに」と読む熟語には、「何事」、「なん」と読む熟語には、「何回」などがあります。

(3)「分」の音読みは「ブン」「フン」「ブ」、訓読みは「わ（ける）」「わ（かれる）」などです。「ブン」と読む熟語には、「自分」「気分」などがあります。「分」の上の部分（一画目と二画目）はくっつけないよう注意させましょう。

11 一日の　できごと 23ページ

❶ (1)早朝 (2)昼 (3)夜 (4)生活 (5)朝日 (6)昼 (7)夜空 (8)夜間

(1)兄弟 (2)姉

まちがえたら、見直しましょう。≫5ページ

ポイント

❶ (1)「朝」の音読みは「チョウ」、訓読みは「あさ」です。「チョウ」と読む熟語には、「朝食」「朝礼」などがあります。

(2)「昼」の音読みは「チュウ」、訓読みは「ひる」です。「チュウ」と読む熟語には、(6)の「昼食」「昼夜」などがあります。「昼」の下の部分を「且」としないように注意させましょう。

(3)「夜」の音読みは「ヤ」、訓読みは「よ」「よる」です。「ヤ」と読む熟語には、「夜間」、「よ」と読む熟語には(7)の「夜空」などがあります。

(4)「活」の音読みは「カツ」です。「活動」「活発」などの熟語があります。

12 今日は　何曜日 25ページ

❶ (1)今週 (2)月曜日 (3)一週間 (4)日曜日 (5)毎朝 (6)今 (7)毎日 (8)週

(1)家 (2)町外

まちがえたら、見直しましょう。≫7ページ

ポイント

❶ (1)「今」の音読みは「コン」、訓読みは「いま」です。「コン」と読む熟語には、「今回」「今月」などがあります。「週」の音読みは「シュウ」です。「来週」「毎週」などの熟語があります。

(2)「曜」の音読みは「ヨウ」です。「月曜日」「火曜日」など、曜日を表すのに使います。右上の部分を「羽」と書かないように注意させましょう。

(5)「毎」の音読みは「マイ」です。「毎回」「毎月」などの熟語があります。下の部分を「母」と書かないように注意させましょう。

13 まとめの テスト❺ 27ページ

❶
(1) よる (2) ごぜん
(3) ぜんじつ (4) ご
(5) しょうじょ (6) あいだ
(7) よ (8) ちゅうかん
(9) ちゅうや (10) ぶ
(11) あと

❷
(1) 活 (2) 今 (3) 週
(4) 水曜日 (5) 毎月 (6) 時
(7) 今年 (8) 朝 (9) 何年

ポイント

❶ (1)「よる」、(7)「よ」という読み方の違いに注意させましょう。
(4)「ご」、(11)「あと」という読み方の違いに注意させましょう。

❷ (6)形の似ている「寺」などと間違えないように注意させましょう。

14 まとめの テスト❻ 29ページ

❶
(1) ひるま (2) あさ
(3) ねんしょう (4) かつ
(5) こんげつ (6) まいしゅう
(7) きょう (8) はくちゅう
(9) かようび (10) すく
(11) じ

❷
(1) 後 (2) 人前 (3) 後
(4) 何 (5) 十分 (6) 手間
(7) 目前 (8) 間 (9) 分

ポイント

❶ (1)「ひる」も「ま」も訓読みで読む熟語です。(8)は「はく」も「ちゅう」も音読みで読みます。
(3)「しょう」、(10)「すく(ない)」という違う読み方に注意させましょう。
(7)「今日」は熟字訓です。「今」を使う熟字訓はほかに「今年」「今朝」があります。

❷ (2)(7)「前」の上の部分を「艹」と書かないように注意させましょう。
(6)「手間」、(8)「世間」は同じ漢字を使うことに注意させましょう。

15 まとめの テスト❼ 31ページ

❶
(1) ①にんげん ②じかん
(2) ①なまえ ②ぜんご
(3) ①あさひ ②そうちょう
(4) ①よぞら ②ちゅうや

❷
(1) ①うし ②あと
(2) ①あいだ ②ま
(3) ①なに ②なん

❸ (◯をつけるところ)
(1) 分かれる (2) 少ない

ポイント

❶ (1)「間」の読み方が①「げん」、②「かん」と変わることに注意させましょう。
(2)「前」の読み方が①「まえ」、②「ぜん」と変わります。
(3)「朝」の読み方が①「あさ」、②「ちょう」と変わります。
(4)「夜」の読み方が①「よ」、②「や」と変わります。

❷ 同じ漢字の異なる訓読みに注意させましょう。
(1)「後」にはほかに「のち」という訓読みもあります。

16 まとめの テスト❽ 33ページ

❶
(1) 門→間 (2) 十→午

❷ 何、後、朝、活
(順番はちがっていても◯)

❸ (1) 外 (2) 前

❹ ①曜 ②少
③昼 ④毎週

ポイント

❶❷ 形の似ている漢字に注意させましょう。
「𠦝」に合わせられるのは「月」というふうに組み合わせていきましょう。右部分の「可」は「氵」とも組み合わせられますが、「亻」と合わせられるのが「可」しかないので、「何」にします。

❸ (1)「内外」という反対の意味の漢字を組み合わせた熟語も確認しておきましょう。
(2)「後」の反対の「前」が入ります。

17 顔を よく 見よう

35ページ

❶
(1)頭　(2)顔　(3)首
(4)毛　(5)頭上　(6)顔
(7)毛　(8)一頭

(1)夏
(2)冬休

まちがえたら、見直しましょう。 ≫9ページ

ポイント

❶(1)「頭」の音読みは「トウ」「ズ」、訓読みは「あたま」です。「トウ」と読む熟語には「先頭」、「ズ」と読む熟語には、(5)の「頭上」などがあります。

(2)「顔」の音読みは「ガン」、訓読みは「かお」です。「ガン」と読む熟語には、(6)の「顔面」のほか「童顔」などがあります。

(3)「首」の音読みは「シュ」、訓読みは「くび」です。「シュ」と読む熟語には、「首相」「首都」などがあります。

(4)「毛」の音読みは「モウ」、訓読みは「け」です。「モウ」と読む熟語には、(7)の「毛ふ(毛布)」、「け」と読む熟語には、「毛糸」などがあります。

18 心の 中の こと

37ページ

❶
(1)心　(2)思　(3)考
(4)自分　(5)思考　(6)心
(7)自　(8)心

(1)名前
(2)前後

まちがえたら、見直しましょう。 ≫19ページ

ポイント

❶(1)「心」の音読みは「シン」、訓読みは「こころ」です。「シン」と読む熟語には、(6)の「心配」のほか「感心」「用心」などがあります。

(2)「思」の音読みは「シ」、訓読みは「おも(う)」です。「シ」と読む熟語には、(5)の「思考」のほか「意思」「思想」などがあります。

(3)「考」の音読みは「コウ」、訓読みは「かんが(える)」です。「コウ」と読む熟語には、「さん考(参考)」「さい考(再考)」などがあります。

(4)「自」の音読みは「ジ」「シ」、訓読みは「みずか(ら)」です。「ジ」と読む熟語には、「自由」「自動」、「シ」と読む熟語には、「自ぜん(自然)」などがあります。

19 体を うごかそう

39ページ

❶
(1)体　(2)強　(3)走
(4)元気　(5)体力　(6)走
(7)元　(8)強

(1)人間
(2)気分

まちがえたら、見直しましょう。 ≫21ページ

ポイント

❶(1)「体」の音読みは「タイ」、訓読みは「からだ」です。「タイ」と読む熟語には、(5)の「体力」のほか「体育」「全体」などがあります。

(2)「強」の音読みは「キョウ」、訓読みは「つよ(い)」などです。「キョウ」と読む熟語には、(8)の「勉強」のほか「強力」「強弱」などがあります。

(3)「走」の音読みは「ソウ」、訓読みは「はし(る)」です。「ソウ」と読む熟語には、(6)の「きょう走(競走)」のほか「助走」などがあります。

(4)「元」の音読みは「ゲン」「ガン」、訓読みは「もと」です。「ゲン」と読む熟語には、「元気」「ふく元(復元)」、「ガン」と読む熟語には、「元日」などがあります。

20 話し合おう

41ページ

❶
(1)友人　(2)話　(3)言
(4)聞　(5)話　(6)言
(7)友　(8)言

(1)今夜
(2)活気

まちがえたら、見直しましょう。 ≫23ページ

ポイント

❶(1)「友」の音読みは「ユウ」、訓読みは「とも」です。「ユウ」と読む熟語には、「友人」のほか「親友」「交友」などがあります。

(2)「話」の音読みは「ワ」、訓読みは「はな(す)」「はなし」です。「ワ」と読む熟語には、(5)の「会話」のほか「電話」などがあります。

(3)「言」の音読みは「ゲン」「ゴン」、訓読みは「い(う)」「こと」です。「ゲン」と読む熟語には、(6)の「発言」のほか「言語」「方言」などがあります。

(4)「聞」の音読みは「ブン」、訓読みは「き(く)」「き(こえる)」です。「ブン」と読む熟語には、「新聞」などがあります。

21 まとめの テスト⑨ 43ページ

❶ (1)ねんとう (2)がん (3)しゅ (4)じ (5)し (6)しこう (7)あたま (8)がお (9)てくび (10)みずか (11)かんが

❷ (1)心 (2)体 (3)強 (4)友 (5)体 (6)強 (7)走 (8)心 (9)毛

ポイント

❶ (1)(7)は「頭」を違う読み方で読むことに注意させましょう。(1)「年頭」は、年のはじめという意味です。(2)(8)は「顔」を違う読み方で読むことに注意させましょう。(2)「童顔」は、子どもっぽさのある顔つきという意味です。

❷ (3)「強」の三画目は、はねます。(7)「走」の七画目（最後の画）は右にはらいます。

22 まとめの テスト⑩ 45ページ

❶ (1)げん (2)そう (3)しゅわ (4)げん (5)けんぶん (6)ひもと (7)はし (8)き (9)い (10)しょうたい (11)はなし

❷ (1)親友 (2)毛虫 (3)自 (4)思 (5)頭 (6)顔 (7)心 (8)自 (9)強気

ポイント

❶ (1)「ふく元（復元）」は、元の状態に戻すという意味です。(5)「見聞」は、実際に見たり聞いたりすることという意味です。

❷ (3)「自」は、「白」と形が似ているので注意させましょう。(5)「頭」の七画目（左側の最後の画）は、右上の方向にはらいます。

23 まとめの テスト⑪ 47ページ

❶ 元　あしもと、げんき、がんじつ（読みがなの順番はちがっていても○）

❷ (1)考える (2)自ら

❸ (1)①がん ②かお (2)①とう ②あたま

❹ (1)6 (2)2 (3)3 (4)5

ポイント

❶ 「足元」「元気」「元日」という熟語ができます。「元」の読み方が変わることに注意させましょう。

❷ (2)「自から」などと書かないように注意させましょう。

❸ 同じ漢字の異なる読み方に注意させましょう。(1)(2)とも①が音読み、②が訓読みです。

❹ (2)「友」は横画を一画目に書きます。(3)「心」は左から順に書きます。

24 まとめの テスト⑫ 49ページ

❶ 前後、思考、元気、親友（順番はちがっていても○）

❷ (1)  (2)  (3)  (4) 

❸ 頭、話、妹、曜（順番はちがっていても○）

❹ ①体 ②聞 ③力強 ④走

ポイント

❶ 「思」と熟語を作れるのは「考」というふうに組み合わせていきましょう。

❷ (1)上の左の点を一画目に書きます。

❸ 「女」の右側に合わせられるのは「未」というふうに組み合わせていきましょう。

25 学校へ 行こう

51ページ

❶
(1) 歩　(2) 通学　(3) 行
(4) 来　(5) 歩　(6) 大通
(7) 通行　(8) 来年

(1) 先週
(2) 毎

まちがえたら、見直しましょう。 ≫25ページ

ポイント

❶(1)「歩」の音読みは「ホ」、訓読みは「ある(く)」「あゆ(む)」です。「ホ」と読む熟語には、(5)の「歩道」のほか「歩行」「進歩」(ここでは「ポ」と読む)などがあります。
(2)「通」の音読みは「ツウ」、訓読みは「とお(る)」「かよ(う)」などです。「ツウ」と読む熟語には、(7)の「通行」のほか「交通」などがあります。
(3)「行」の音読みは「コウ」「ギョウ」、訓読みは「い(く)」「ゆ(く)」「おこな(う)」です。「コウ」と読む熟語には「旅行」「行進」などがあります。
(4)「来」の音読みは「ライ」、訓読みは「く(る)」です。「ライ」と読む熟語には、(8)の「来年」のほか「本来」などがあります。

26 学校の 帰り道

53ページ

❶
(1) 帰　(2) 道　(3) 遠
(4) 近　(5) 帰　(6) 道
(7) 近　(8) 帰

(1) 先頭
(2) 首

まちがえたら、見直しましょう。 ≫35ページ

ポイント

❶(1)「帰」の音読みは「キ」、訓読みは「かえ(る)」「かえ(す)」です。「キ」と読む熟語には、(5)の「帰たく(帰宅)」、(8)の「帰国」などがあります。
(2)「道」の音読みは「ドウ」、訓読みは「みち」です。「ドウ」と読む熟語には、(6)の「道路」のほか「歩道」「水道」などがあります。
(3)「遠」の音読みは「エン」、訓読みは「とお(い)」です。「エン」と読む熟語には、「遠足」「遠方」などがあります。
(4)「近」の音読みは「キン」、訓読みは「ちか(い)」です。「キン」と読む熟語には、(7)の「近所」などがあります。

27 教室の ようす

55ページ

❶
(1) 教室　(2) 黒　(3) 校内
(4) 教　(5) 室内　(6) 黒
(7) 内　(8) 教

(1) 中心
(2) 自

まちがえたら、見直しましょう。 ≫37ページ

ポイント

❶(1)「教」の音読みは「キョウ」、訓読みは「おし(える)」「おそ(わる)」です。「キョウ」と読む熟語には、「教室」のほか「教育」「教会」などがあります。「室」の音読みは「シツ」です。「病室」「温室」などの熟語があります。
(2)「黒」の音読みは「コク」、訓読みは「くろ」「くろ(い)」です。「コク」と読む熟語には、「黒板」のほか「暗黒」などがあります。
(3)「内」の音読みは「ナイ」、訓読みは「うち」です。「ナイ」と読む熟語には、(3)の「校内」、(5)の「室内」のほか「車内」などがあります。

28 図書室へ 行こう

57ページ

❶
(1) 図書室　(2) 読　(3) 一回
(4) 読書　(5) 下書　(6) 図
(7) 見回　(8) 図

(1) 強力
(2) 足元

まちがえたら、見直しましょう。 ≫39ページ

ポイント

❶(1)「図」の音読みは「ズ」「ト」です。「ズ」と読む熟語には、(6)の「図工」のほかに「図画」などがあります。「書」の音読みは「ショ」、訓読みは「か(く)」です。「ショ」と読む熟語には、(4)の「読書」のほか「書店」「文書」などがあります。
(2)「読」の音読みは「ドク」「トク」「トウ」、訓読みは「よ(む)」です。「ドク」と読む熟語には、(4)の「読書」のほか「音読」などがあります。「トウ」と読む熟語には「読点」などがあります。
(3)「回」の音読みは「カイ」、訓読みは「まわ(る)」「まわ(す)」です。「カイ」と読む熟語には「回転」などがあります。

29 まとめの テスト⑬ 59ページ

❶
(1)ほこう (2)つう
(3)こう (4)けらい
(5)かえ (6)えん
(7)きん (8)とお
(9)おこな (10)ちかみち
(11)とお

❷
(1)教 (2)図書室 (3)白黒
(4)車内 (5)音読 (6)回
(7)図 (8)書 (9)回

ポイント

❶ (1)(9)「行」の異なる読み方に注意させましょう。
(6)(11)「遠」の異なる読み方に注意させましょう。
(8)「通」にはほかに「とお(す)」「かよ(う)」という訓読みもあります。
(9)「行」にはほかに「い(く)」「ゆ(く)」という訓読みもあります。

❷ (2)「書」は横画が多いので、長さなどに注意させましょう。二画目は右に突き出します。
(3)「黒」は、下の四つの点の向きに注意させましょう。
(6)(9)は「回」という同じ字を書くことに注意させましょう。

30 まとめの テスト⑭ 61ページ

❶
(1)きょう (2)しつ
(3)こく (4)しつない
(5)ず (6)しょ
(7)とう (8)かい
(9)くろ (10)うち
(11)よ

❷
(1)歩 (2)帰 (3)歩道
(4)遠 (5)近日 (6)歩
(7)通 (8)行 (9)来

ポイント

❶ (3)(9)「黒」の異なる読み方に注意させましょう。
(7)「読点」は、文中で意味の切れ目を示して読みやすくするために用いる点(、)のことです。

❷ (1)「歩」には「あゆ(む)」のほかに「ある(く)」という訓読みがあります。
(2)「帰」の四画目は右に突き出しません。
(4)「遠」の八画目は、はねません。
(9)「来」の五画目の縦ぼうは、はねません。

31 まとめの テスト⑮ 63ページ

❶
(1)道 ①ほどう ②ちかみち
(2)図 ①ちず ②としょ

❷ (1)辶 (2)宀

❸ (1)6 (2)7 (3)3

❹
(1)①きょうしつ ②おし
(2)①どくしょ ②よ

ポイント

❶ (1)「道」の読み方が、①「どう」、②「みち」と変わることに注意させましょう。
(2)「図」の読み方が、①「ず」、②「と」と変わることに注意させましょう。

❷ (1)「しんにょう(しんにゅう)」の漢字です。
(2)「うかんむり」の漢字です。

❸ (2)下の横画は、最後に書きます。

❹ 同じ漢字の異なる読み方に注意させましょう。(1)(2)とも①が音読み、②が訓読みです。

32 まとめの テスト⑯ 65ページ

❶ 内 しつない、うちき、しゃない
(読みがなの順番はちがっていても○)

❷ (1)強 (2)遠 (3)帰

❸
(1)通、道、週
(2)何、体、休

❹ (○をつけるところ)
(1)回る (2)行う

ポイント

❶ 「室内」「内気」「車内」という熟語ができます。「内」の読み方が変わることに注意させましょう。

❷ (2)「遠近」という反対の意味を組み合わせた熟語もあります。

❸ (1)「しんにょう(しんにゅう)」の漢字です。
(2)「にんべん」の漢字です。

❹ (2)「行う」を「行なう」と書かないように注意させましょう。

33 じゅぎょうを　うけよう　67ページ

❶ (1)国語　(2)算数　(3)語学　(4)算　(5)数字　(6)国　(7)語　(8)人数

(1)話　(2)聞

まちがえたら、見直しましょう。
≫41ページ

ポイント

❶ (1)「国」の音読みは「コク」、訓読みは「くに」です。「コク」と読む熟語には、「国語」のほか「外国」「国家」(ここでは「コッ」と読む)、「くに」と読む熟語には、(6)の「雪国」(ここでは「グニ」とにごる)などがあります。「語」の音読みは「ゴ」、訓読みは「かた(る)」「かた(らう)」です。「ゴ」と読む熟語には、(3)の「語学」のほか「日本語」などがあります。

(2)「算」の音読みは「サン」です。「算数」のほかに「計算」「暗算」(ここでは「ザン」とにごる)などの熟語があります。「数」の音読みは「スウ」、訓読みは「かず」「かぞ(える)」です。「スウ」と読む熟語には、(5)の「数字」、(8)の「人数」(ここでは「ズウ」とにごる)のほか「点数」などがあります。

34 計算を　しよう　69ページ

❶ (1)計算　(2)万　(3)答　(4)合計　(5)答　(6)計　(7)万年　(8)合体

(1)行　(2)来週

まちがえたら、見直しましょう。
≫51ページ

ポイント

❶ (1)「計」の音読みは「ケイ」、訓読みは「はか(る)」「はか(らう)」です。「ケイ」と読む熟語には、(1)の「計算」、(4)「合計」のほか「計画」「集計」などがあります。

(2)「万」の音読みは「マン」です。「万一」などの熟語があります。

(3)「答」の音読みは「トウ」、訓読みは「こた(える)」「こた(え)」です。「トウ」と読む熟語には、「回答」「返答」などがあります。「合」の音読みは「ゴウ」「ガッ」「カッ」、訓読みは「あ(う)」「あ(わす)」などです。「ゴウ」と読む熟語には、(4)の「合計」、(8)の「合体」のほか「合同」などがあります。

35 音楽を　聞こう　71ページ

❶ (1)音楽　(2)声　(3)歌手　(4)一組　(5)声　(6)楽　(7)歌声　(8)組

(1)水道　(2)遠足

まちがえたら、見直しましょう。
≫53ページ

ポイント

❶ (1)「楽」の音読みは「ガク」「ラク」、訓読みは「たの(しい)」「たの(しむ)」です。「ガク」と読む熟語には、「音楽」のほか「声楽」などがあります。「ラク」と読む熟語には、「気楽」などがあります。

(2)「声」の音読みは「セイ」、訓読みは「こえ」です。「セイ」と読む熟語には、(5)の「発声」のほか「音声」「名声」などがあります。

(3)「歌」の音読みは「カ」、訓読みは「うた」「うた(う)」です。「カ」と読む熟語には、「歌手」のほか「校歌」「短歌」などがあります。

(4)「組」の音読みは「ソ」、訓読みは「くみ」「く(む)」です。「ソ」と読む熟語には、「組しき(組織)」などがあります。

36 工作を　しよう　73ページ

❶ (1)図工　(2)作　(3)図形　(4)切　(5)工作　(6)人形　(7)大切　(8)作文

(1)室　(2)内気

まちがえたら、見直しましょう。
≫55ページ

ポイント

❶ (1)「工」の音読みは「コウ」「ク」です。「コウ」と読む熟語には、「図工」のほか(5)の「工作」「工場」など、「ク」と読む熟語には、「大工」などがあります。

(2)「作」の音読みは「サク」「サ」、訓読みは「つく(る)」です。「サク」と読む熟語には、(5)の「工作」のほか「作文」「作品」などがあります。

(3)「形」の音読みは「ケイ」「ギョウ」、訓読みは「かた」「かたち」です。「ケイ」と読む熟語には、「図形」のほか「形式」などがあります。「ギョウ」と読む熟語には、(6)の「人形」などがあります。

(4)「切」の音読みは「セツ」、訓読みは「き(る)」「き(れる)」です。「セツ」と読む熟語には、(7)の「大切」のほか「親切」などがあります。

37 まとめの テスト⑰ 75ページ

❶ (1)こく (2)ご (3)けいさん (4)すう (5)ごうけい (6)いちまんえん (7)かいとう (8)ごう (9)くに (10)かた (11)かず

❷ (1)楽 (2)音声 (3)校歌 (4)組 (5)工 (6)作 (7)形 (8)切手 (9)楽

ポイント

❶ (1)(9)「国」の異なる読み方に注意させましょう。

(2)(10)「語」の異なる読み方に注意させましょう。

❷ (1)「楽」は、上の左右の四つの点の向きに注意させましょう。

(3)「歌」の十画目は、はねます。

(4)「組」は、右側は「目」ではなく、最後の画を長く書きます。

(5)「工」の三画目は、上の横ぼうよりも長く書きます。「工場」は「こうば」と読むこともあります。

38 まとめの テスト⑱ 77ページ

❶ (1)きらく (2)ごえ (3)こっか (4)あかぐみ (5)く (6)てづく (7)えんけい (8)き (9)せいがく (10)はながた (11)うたごえ

❷ (1)口答 (2)語 (3)算 (4)人数 (5)計 (6)万一 (7)国 (8)合図 (9)国王

ポイント

❶ (1)(9)「楽」の「らく」「がく」という読み方の違いに注意させましょう。

(5)「工」を「く」と読む熟語には、ほかに「大工」などがあります。

(9)(11)「声」の異なる読み方に注意させましょう。

❷ (5)時間などをはかる場合は「計る」を用います。二年では学習していませんが「測る」「量る」などとの使い分けが必要です。

(7)(9)「国」は七画目の点を忘れないように注意させましょう。

39 まとめの テスト⑲ 79ページ

❶ 組、切、形、語（順番はちがっていても○）

❷ (1)合わせる (2)計る (3)数える (4)答える

❸ (1)工 ①だいく ②こうさく (2)形 ①えんけい ②にんぎょう (3)声 ①めいせい ②うたごえ (4)楽 ①きらく ②おんがく

ポイント

❶「七」の右側に合わせられるのは「刀」、「糸」の右側に合わせられるのは「且」というふうに、組み合わせていきましょう。

❷ 漢字だけでなく送りがなまで正しく書けるようにさせましょう。

❸ (1)①大工、②工作、(2)①円形、②人形、(3)①名声、②歌声、(4)①気楽、②音楽、という熟語ができます。四つとも、入れる漢字の読み方が①②で変わることにも注意させましょう。

40 まとめの テスト⑳ 81ページ

❶ (1)彳 (2)言 (3)亻

❷ (1)算 (2)国 (3)切 (4)図

❸ (1)4 (2)2

❹ ①楽 ②作 ③形 ④切 ⑤黒 ⑥組

ポイント

❶ (1)行・後、(2)話・計、(3)作・何、という漢字ができます。

❷ (1)「計算」「算数」、(2)「雪国」「国王」、(3)「親切」「切手」、(4)「地図」「図工」という熟語ができます。

❸ (2)「万」の二画目は、はねることにも注意させましょう。

41 線を 引こう① 83ページ

❶
(1)点 (2)引 (3)直線
(4)直 (5)点数 (6)引力
(7)直 (8)引

(1)書道
(2)回答

まちがえたら、見直しましょう。 ≫57ページ

ポイント

❶ (1)「点」の音読みは「テン」です。(5)の「点数」のほかに「弱点」「終点」などの熟語があります。

(2)「引」の音読みは「イン」、訓読みは「ひ(く)」「ひ(ける)」です。「イン」と読む熟語には、(6)の「引力」のほか「引火」などがあります。

(3)「線」の音読みは「セン」です。「直線」のほかに「線路」「電線」などの熟語があります。

(4)「直」の音読みは「チョク」「ジキ」、訓読みは「ただ(ちに)」「なお(る)」「なお(す)」などです。「チョク」と読む熟語には「日直」「直前」などがあります。

42 線を 引こう② 85ページ

❶
(1)半分 (2)細 (3)太
(4)長 (5)前半 (6)細心
(7)長 (8)細

(1)外国
(2)数

まちがえたら、見直しましょう。 ≫67ページ

ポイント

❶ (1)「半」の音読みは「ハン」、訓読みは「なか(ば)」です。「半分」のほかに(5)の「前半」「半年」などの熟語があります。「半」は、縦ぼうを上に突き出して書くことにも注意させましょう。

(2)「細」の音読みは「サイ」、訓読みは「ほそ(い)」「こま(かい)」などです。「サイ」と読む熟語には、(6)の「細心」のほか「細部」などがあります。

(3)「太」の音読みは「タイ」「タ」、訓読みは「ふと(い)」「ふと(る)」です。「タイ」と読む熟語には「太陽」などがあります。「太」は、最後の点を書き忘れないように注意させましょう。

(4)「長」の音読みは「チョウ」、訓読みは「なが(い)」です。「チョウ」と読む熟語には、(7)の「身長」などがあります。

43 絵を かこう① 87ページ

❶
(1)図画 (2)用 (3)紙
(4)丸 (5)画用紙 (6)紙
(7)一丸 (8)手紙

(1)計算
(2)合

まちがえたら、見直しましょう。 ≫69ページ

ポイント

❶ (1)「画」の音読みは「ガ」「カク」です。「ガ」と読む熟語には、「図画」のほか「絵画」などがあります。「カク」と読む熟語には、「計画」「画数」などがあります。

(2)「用」の音読みは「ヨウ」、訓読みは「もち(いる)」です。「ヨウ」と読む熟語には、(5)の「画用紙」のほか「使用」「活用」などがあります。

(3)「紙」の音読みは「シ」、訓読みは「かみ」です。「シ」と読む熟語には、「表紙」「和紙」などがあります。

(4)「丸」の音読みは「ガン」、訓読みは「まる」「まる(い)」などです。「ガン」と読む熟語には、(7)の「一丸」、「まる」と読む熟語には、「丸太」などがあります。

44 絵を かこう② 89ページ

❶
(1)黄色 (2)絵本 (3)同
(4)黄金 (5)色 (6)絵画
(7)絵 (8)同時

(1)楽
(2)組

まちがえたら、見直しましょう。 ≫71ページ

ポイント

❶ (1)「黄」の音読みは「オウ」、訓読みは「き」です。「オウ」と読む熟語には、(4)の「黄金」のほか「黄土色」などがあります。「色」の音読みは「ショク」「シキ」、訓読みは「いろ」です。「ショク」と読む熟語には、「原色」などがあります。

(2)「絵」の音読みは「カイ」「エ」です。「カイ」と読む熟語には、(6)の「絵画」、「エ」と読む熟語には、(2)の「絵本」のほか「油絵」などがあります。

(3)「同」の音読みは「ドウ」、訓読みは「おな(じ)」です。「ドウ」と読む熟語には、(8)の「同時」「同意」などがあります。

まとめの テスト㉑ 91ページ

❶ (1)たい (2)にっちょく
(3)せん (4)いん
(5)はんとし (6)こうちょう
(7)さい (8)てんせん
(9)ただ (10)ひ
(11)こまぎ

❷ (1)黄 (2)色 (3)絵
(4)同 (5)絵画 (6)用
(7)同 (8)丸太 (9)用紙

ポイント

❶ (4)(10)「引」の異なる読み方に注意させましょう。
(2)(9)「直」の異なる読み方に注意させましょう。「直」には「なお(す)」「なお(る)」という訓読みもあります。
(11)「細」には「ほそ(い)」「ほそ(る)」という訓読みもあります。

❷ (1)「黄」の四画目の横ぼうは、一画目よりも長く書きます。
(2)「色」の六画目の最後は上にはねます。
(3)(5)は同じ「絵」という字を使うことに注意させましょう。
(9)「紙」の八画目・十画目は、どちらもはねます。

まとめの テスト㉒ 93ページ

❶ (1)が (2)よう
(3)し (4)まるがお
(5)おうどいろ (6)え
(7)どう (8)かくすう
(9)もち (10)まる
(11)しょく

❷ (1)直 (2)線 (3)引
(4)半 (5)長男 (6)細工
(7)太 (8)点 (9)直前

ポイント

❶ (1)(8)は「画」を「が」「かく」という異なる読み方で読みます。
(6)「絵」の「え」の読みは、訓読みではなく音読みです。

❷ (1)「直」の上の部分は「ナ」とせず「十」と書くように気をつけさせましょう。
(3)「引」の三画目は、はねます。
(8)「点」の下の四つの点の向きに注意させましょう。

まとめの テスト㉓ 95ページ

❶ (1)計 (2)細 (3)歩 (4)聞

❷ (1)①し ②てがみ
(2)①けいかく ②ずが

❸ (1)①細い ②細かい
(2)①直る ②直ちに

❹ 色 きいろ、しきし[いろがみ]、ねいろ
(読みがなの順番はちがっていても○)

ポイント

❶ (1)左右に組み合わせて「計」ができます。
(2)左右に組み合わせて「細」ができます。
(3)上下に組み合わせて「歩」ができます。
(4)「門」の中に「耳」を入れて「聞」ができます。

❷ 同じ漢字の異なる読み方です。(1)の「紙」は①が音読み、②が訓読みです。(2)の「画」は、どちらも音読みです。

❸ 同じ漢字の複数の訓読みに注意させましょう。送りがなが異なることにも注意させましょう。

❹ 「黄色」「色紙」「音色」ができます。「色」の読み方が変わることにも注意させましょう。

まとめの テスト㉔ 97ページ

❶ 計画、手紙、半分、日直
(順番はちがっていても○)

❷ (1)8 (2)4

❸ (○をつけるところ)
(1)絵 (2)紙 (3)黄 (4)行

❹ (1)長 (2)太

ポイント

❶ 「手」と合わせて熟語ができるのは「紙」というふうに、組み合わせていきましょう。

❷ (2)「引」の左側は三画で書きます。

❸ 同じ読みの漢字です。それぞれの漢字を用いる熟語と合わせて確認しておきましょう。
(1)「回」を使った熟語には「回数」などがあります。
(2)「糸」を使った熟語には「金糸」などがあります。
(3)「気」を使った熟語には「元気」などがあります。
(4)「後」を使った熟語には「後者」などがあります。

49 地図を　見よう① 99ページ

❶ (1)東北 (2)東西 (3)南北 (4)東 (5)西 (6)南 (7)北国 (8)西

(1)大工 (2)形

まちがえたら、見直しましょう。 ≫73ページ

ポイント

❶ (1)「東」の音読みは「トウ」、訓読みは「ひがし」です。「トウ」と読む熟語には、(1)の「東北」、(2)の「東西」のほか「東洋」などがあります。「北」の音読みは「ホク」、訓読みは「きた」です。「ホク」と読む熟語には、(3)の「南北」のほか「北上」「はい北（敗北）」（ここでは「ボク」とにごる）などがあります。

(2)「西」の音読みは「セイ」「サイ」、訓読みは「にし」です。「セイ」「サイ」と読む熟語には、(8)の「西洋」などがあります。「サイ」と読む熟語には、(5)の「かん西（関西）」などがあります。

(3)「南」の音読みは「ナン」、訓読みは「みなみ」です。「ナン」と読む熟語には、「南北」のほか「南国」などがあります。

50 地図を　見よう② 101ページ

❶ (1)交 (2)交番 (3)方 (4)角 (5)交 (6)番 (7)番犬 (8)角

(1)正直 (2)白線

まちがえたら、見直しましょう。 ≫83ページ

ポイント

❶ (1)「交」の音読みは「コウ」、訓読みは「まじ（わる）」「ま（ざる）」などです。「コウ」と読む熟語には、(2)の「交番」、(5)の「交さ点（交差点）」のほか「交代」などがあります。

(2)「番」の音読みは「バン」です。「番人」「番号」などの熟語があります。

(3)「方」の音読みは「ホウ」、訓読みは「かた」です。「ホウ」と読む熟語には、「方こう（方向）」のほか「方角」「地方」、「かた」と読む熟語には、「夕方」（ここでは「ガタ」とにごる）などがあります。

(4)「角」の音読みは「カク」、訓読みは「かど」「つの」です。「カク」と読む熟語には、「直角」「角度」などがあります。

51 公園へ　行こう 103ページ

❶ (1)公園 (2)台 (3)止 (4)園 (5)中止 (6)一台 (7)止 (8)公

(1)半 (2)太

まちがえたら、見直しましょう。 ≫85ページ

ポイント

❶ (1)「公」の音読みは「コウ」です。「コウ」と読む熟語には、(1)の「公園」のほか「公正」「公開」などがあります。「園」の音読みは「エン」です。「学園」「田園」などの熟語があります。

(2)「台」の音読みは「ダイ」「タイ」です。「ダイ」と読む熟語には「台本」、「タイ」と読む熟語には、「台風」などがあります。

(3)「止」の音読みは「シ」、訓読みは「と（まる）」「と（める）」です。「シ」と読む熟語には、(5)の「中止」のほか「休止」「きん止（禁止）」などがあります。

52 山のぼりを　しよう 105ページ

❶ (1)高 (2)岩 (3)谷 (4)地図 (5)高 (6)岩石 (7)地 (8)岩山

(1)用心 (2)紙

まちがえたら、見直しましょう。 ≫87ページ

ポイント

❶ (1)「高」の音読みは「コウ」、訓読みは「たか（い）」「たか（まる）」などです。「コウ」と読む熟語には、(5)の「高原」のほか「高校」「高級」「高所」などがあります。

(2)「岩」の音読みは「ガン」、訓読みは「いわ」です。「ガン」と読む熟語には、(6)の「岩石」、「いわ」と読む熟語には、(8)の「岩山」などがあります。

(3)「谷」の訓読みは「たに」です。「谷川」「谷間」などの熟語があります。

(4)「地」の音読みは「チ」「ジ」です。「チ」と読む熟語には「土地」、「ジ」と読む熟語には、(7)の「地面」などがあります。

53 まとめの テスト㉕ 107ページ

❶ (1)とう (2)ほくせい (3)なんごく (4)ほっ (5)ま (6)ばんにん (7)ほうがく (8)にしび (9)ばん (10)かた (11)かど

❷ (1)公 (2)田園 (3)土台 (4)止 (5)高 (6)岩 (7)谷 (8)止 (9)地下

ポイント

❶ (5)「交」には、ほかに「まじ(わる)」などの訓読みもあります。

❷ (7)(10)「方」の異なる読み方に注意させましょう。

(1)「公平」は、判断などがかたよっていないという意味です。

(4)「止」の下の横画は、左の縦ぼうより左に突き出します。

(4)(8)は、読みが異なりますが、どちらも「止」と書くことに注意させましょう。

(9)「地」の最後の画は、はねます。

54 まとめの テスト㉖ 109ページ

❶ (1)こうりつ (2)らくえん (3)だいほん (4)し (5)えんだか (6)いわ (7)たにがわ (8)こう (9)と (10)たか (11)だい

❷ (1)東 (2)西 (3)南 (4)北 (5)地 (6)番 (7)正方形 (8)直角 (9)地方

ポイント

❶ (4)(9)「止」の異なる読み方に注意させましょう。

❷ (2)「西」は、四・五画目をまっすぐ下に下ろさないように注意させましょう。

(3)「南」の九画目の縦ぼうは、上に突き出しません。「半」としないように注意させましょう。

(4)「北」の左側を「扌」としないように注意させましょう。五画目は上にはねます。

55 まとめの テスト㉗ 111ページ

❶ (1)西 (2)南

❷ (1)①校 ②交 (2)①角 ②画 (3)①学 ②楽

❸ (1)3 (2)5

❹ ①中心 ②公園 ③台 ④近 ⑤交番

ポイント

❶ 「東」と「西」、「北」と「南」が反対の方角です。

❷ 同じ音読みの漢字を使い分ける問題です。

(1)形も似ているので注意させましょう。

(2)①「角」を用いる熟語は、ほかに「三角」「角度」などがあります。

②「画」を用いる熟語は、ほかに「画数」などがあります。

❸ (1)「方」の三画目は、はねることにも注意させましょう。

56 まとめの テスト㉘ 113ページ

❶ (1)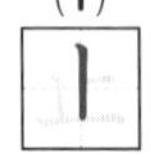 (2)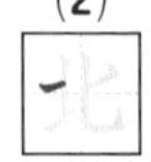 (3)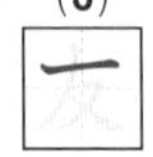 (4)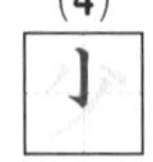

❷ (1)口 (2)糸 (3)田

❸ (1)①なんぼく ②みなみ (2)①とうざい ②にしび (3)①ほう ②ゆうがた

❹ (1)止まる (2)交わる

(○をつけるところ)

ポイント

❶ (1)「止」は、真ん中の縦ぼうを一画目に書きます。

(2)「北」の左側は、一→十→扌の順に書きます。

❷ (1)「台」「谷」という漢字ができます。

(2)「紙」「絵」という漢字ができます。

(3)「番」「町」という漢字ができます。

❸ 同じ漢字の異なる読み方です。どれも①は音読み、②は訓読みです。「東」「西」「南」「北」の音読みと訓読みを確認させましょう。

❹ (2)「交」にはほかに「ま(ぜる)」などの訓読みもあります。

57 海へ 行こう

115ページ

❶ (1)海 (2)船 (3)汽
(4)風 (5)海 (6)船
(7)台風 (8)汽車

(1)色紙
(2)同点

まちがえたら、見直しましょう。 ≫89ページ

ポイント

❶ (1)「海」の音読みは「カイ」、訓読みは「うみ」です。「カイ」と読む熟語には、(5)の「海岸」のほか「海外」「大海」などがあります。

(2)「船」の音読みは「セン」、訓読みは「ふね」「ふな」です。「セン」と読む熟語には、(6)の「客船」のほか「船長」「風船」などがあります。「ふな」と読む熟語には、「船出」などがあります。

(3)「汽」の音読みは「キ」です。「汽笛」のほかに、(8)の「汽車」「汽船」などの熟語があります。

(4)「風」の音読みは「フウ」、訓読みは「かぜ」「かざ」です。「フウ」と読む熟語には、(7)の「台風」「風習」などがあります。「かぜ」と読む熟語には、「北風」などがあります。

58 空を 見上げよう

117ページ

❶ (1)雲 (2)明 (3)星
(4)広 (5)星雲 (6)広大
(7)金星 (8)明

(1)西
(2)北上

まちがえたら、見直しましょう。 ≫99ページ

ポイント

❶ (1)「雲」の音読みは「ウン」、訓読みは「くも」です。「ウン」と読む熟語には、(5)の「星雲」のほか「白雲」「雲海」などがあります。「くも」と読む熟語には、「雨雲」(ここでは「ぐも」とにごる)などがあります。

(2)「明」の音読みは「メイ」「ミョウ」、訓読みは「あか(るい)」「あき(らか)」「あ(ける)」などです。「メイ」と読む熟語には、(8)の「せつ明(説明)」のほか「発明」「明暗」、「ミョウ」と読む熟語には、「明朝」などがあります。

(3)「星」の音読みは「セイ」、訓読みは「ほし」です。「セイ」と読む熟語には、(5)の「星雲」のほか(7)の「金星」「流星」などがあります。「ほし」と読む熟語には「星空」などがあります。

(4)「広」の音読みは「コウ」、訓読みは「ひろ(い)」「ひろ(める)」などです。「コウ」と読む熟語には、(6)の「広大」のほか「広野」などがあります。

59 天気の へんか

119ページ

❶ (1)晴 (2)雪 (3)日光
(4)弱 (5)晴天 (6)光
(7)雪 (8)光線

(1)交通
(2)夕方

まちがえたら、見直しましょう。 ≫101ページ

ポイント

❶ (1)「晴」の音読みは「セイ」、訓読みは「は(れる)」「は(らす)」です。「セイ」と読む熟語には、(5)の「晴天」のほか「かい晴(快晴)」などがあります。

(2)「雪」の音読みは「セツ」、訓読みは「ゆき」です。「セツ」と読む熟語には、(7)の「新雪」のほか「雪原」「風雪」などがあります。「ゆき」と読む熟語には、「大雪」などがあります。

(3)「光」の音読みは「コウ」、訓読みは「ひか(る)」「ひかり」です。「コウ」と読む熟語には、「日光」のほか(8)の「光線」などがあります。

(4)「弱」の音読みは「ジャク」、訓読みは「よわ(い)」「よわ(まる)」などです。「ジャク」と読む熟語には、「弱点」「強弱」などがあります。「よわ」と読む熟語には、「気弱」などがあります。

60 うつくしい 自ぜん

121ページ

❶ (1)野外 (2)草原 (3)山里
(4)鳴 (5)野原 (6)里
(7)野生 (8)鳴

(1)台風
(2)止

まちがえたら、見直しましょう。 ≫103ページ

ポイント

❶ (1)「野」の音読みは「ヤ」、訓読みは「の」です。「ヤ」と読む熟語には、「野外」のほか(7)の「野生」などがあります。「の」と読む熟語には、(5)の「野原」などがあります。

(2)「原」の音読みは「ゲン」、訓読みは「はら」です。「ゲン」と読む熟語には、「草原」のほか「原作」などがあります。

(3)「里」の音読みは「リ」、訓読みは「さと」です。「リ」と読む熟語には、(6)の「きょう里(郷里)」のほか「千里」などがあります。「さと」と読む熟語には、(3)の「山里」のほか「人里」などがあります。どちらも「ざと」とにごります。

(4)「鳴」の音読みは「メイ」、訓読みは「な(く)」「な(る)」などです。「メイ」と読む熟語には、(8)の「らい鳴(雷鳴)」のほか「悲鳴」などがあります。

61 まとめのテスト㉙ 123ページ

❶ (1)かいすい (2)せんちょう (3)きせん (4)ふう (5)はくうん[しらくも] (6)めいか (7)せい (8)うみ (9)あす (10)こうや (11)にゅうどうぐも

❷ (1)晴 (2)大雪 (3)光 (4)弱虫 (5)原 (6)里帰 (7)鳴 (8)月光 (9)秋晴

ポイント

❶ (4)「風」には「かぜ」「かざ」という訓読みがあります。

(5)「白雲」は、二通りの読み方があります。

(7)「星」には「ほし」という訓読みがあります。

(9)「明日（あす）」は熟字訓です。

❷ (2)「雪」の下の部分は「ヨ」です。真ん中の横画は右に突き出しません。

(4)「弱」は、下の点の向きに注意させましょう。

62 まとめのテスト㉚ 125ページ

❶ (1)せい (2)せつ (3)こう (4)じゃくてん (5)や (6)せんり (7)めい (8)きよわ (9)かわら (10)は (11)げんさく

❷ (1)海外 (2)船出 (3)汽車 (4)雲行 (5)風船 (6)明 (7)星空 (8)広 (9)風

ポイント

❶ (4)(8)「弱」の異なる読み方に注意させましょう。

(9)「川原」は熟字訓です。

❷ (2)「船」を「ふな」と読む熟語には、ほかに「船旅」などがあります。

(3)「汽」は、読みが同じで形が似ている「気」と間違えないように注意させましょう。

63 まとめのテスト㉛ 127ページ

❶ (1)明 (2)広

❷ (1)｜ (2)5

❸ 雪、星、岩、歩（順番はちがっていても○）

❹ (1)船 ①ふなで ②ふうせん
(2)星 ①きんせい ②ほしぞら
(3)野 ①のはら ②やがい
(4)弱 ①よわむし ②じゃくてん

ポイント

❷ (1)「光」は、上の真ん中の縦画を一画目に書きます。

❸ 「止」の下に合わせられるのは「少」というふうに組み合わせていきましょう。

❹ 熟語によって、答えの漢字の読み方が変わることにも注意させましょう。

(1)①「船出」、②「風船」という熟語ができます。

(2)①「金星」、②「星空」という熟語ができます。

(3)①「野原」、②「野外」という熟語ができます。

(4)①「弱虫」、②「弱点」という熟語ができます。

64 まとめのテスト㉜ 129ページ

❶ (1)日 (2)氵 (3)女

❷ (1)①うんかい ②あまぐも
(2)①せつげん ②おおゆき
(3)①げっこう ②ひかり

❸ ①風 ②海 ③船 ④晴 ⑤星

ポイント

❶ (1)「明」「晴」という漢字ができます。

(2)「汽」「海」という漢字ができます。

(3)「妹」「姉」という漢字ができます。

❷ 同じ漢字の異なる読み方に注意させましょう。いずれも①が音読み、②が訓読みです。

65 買いものを しよう① 131ページ

❶
(1)市場 (2)売 (3)買
(4)売 (5)売買 (6)市内
(7)場 (8)朝市

(1)高校 (2)土地

まちがえたら、見直しましょう。≫105ページ

ポイント

❶(1)「市」の音読みは「シ」、訓読みは「いち」です。「シ」と読む熟語には、(6)の「市内」のほか「都市」などがあります。「いち」と読む熟語には、「市場」のほか(8)の「朝市」などがあります。「場」の音読みは「ジョウ」、訓読みは「ば」です。「ジョウ」と読む熟語には、(7)の「会場」のほか「出場」などがあります。

(2)「売」の音読みは「バイ」、訓読みは「う(る)」「う(れる)」です。「バイ」と読む熟語には、(4)の「売店」、(5)の「売買」のほか「発売」などがあります。

(3)「買」の音読みは「バイ」、訓読みは「か(う)」です。「バイ」と読む熟語には、(5)の「売買」のほか「購買(こうばい)」などがあります。

66 買いものを しよう② 133ページ

❶
(1)書店 (2)米 (3)茶
(4)当 (5)店先 (6)白米
(7)茶 (8)本当

(1)船 (2)風車

まちがえたら、見直しましょう。≫115ページ

ポイント

❶(1)「店」の音読みは「テン」、訓読みは「みせ」です。「テン」と読む熟語には、「書店」のほか「売店」などがあります。

(2)「米」の音読みは「ベイ」「マイ」、訓読みは「こめ」です。「ベイ」と読む熟語には、「米国」などがあります。

(3)「茶」の音読みは「チャ」です。「茶色」「麦茶」などの熟語があります。

(4)「当」の音読みは「トウ」、訓読みは「あ(たる)」「あ(てる)」です。「トウ」と読む熟語には、(8)の「本当」のほか「当番」などがあります。

67 りょう理を しよう 135ページ

❶
(1)理 (2)肉 (3)小麦
(4)夕食 (5)理 (6)食
(7)麦茶 (8)食

(1)雨雲 (2)明

まちがえたら、見直しましょう。≫117ページ

ポイント

❶(1)「理」の音読みは「リ」です。(5)の「整理」のほか「理由」「地理」などの熟語があります。

(2)「肉」の音読みは「ニク」です。「肉体」「肉親」などの熟語があります。

(3)「麦」の訓読みは「むぎ」です。(7)の「麦茶」などの熟語があります。

(4)「食」の音読みは「ショク」、訓読みは「く(う)」「た(べる)」です。「ショク」と読む熟語には、(8)の「食事」などがあります。

68 りょ行を しよう 137ページ

❶
(1)京 (2)寺 (3)社
(4)電車 (5)寺 (6)社
(7)東京 (8)電話

(1)雪国 (2)強弱

まちがえたら、見直しましょう。≫119ページ

ポイント

❶(1)「京」の音読みは「キョウ」です。(7)の「東京」のほか「上京」などの熟語があります。

(2)「寺」の音読みは「ジ」、訓読みは「てら」です。「ジ」と読む熟語には、(5)の「寺院」のほか「寺社」などがあります。

(3)「社」の音読みは「シャ」、訓読みは「やしろ」です。「シャ」と読む熟語には、ほかに「会社」「社会」などがあります。

(4)「電」の音読みは「デン」です。「デン」と読む熟語には、(8)の「電話」のほか「電気」などがあります。

69 まとめの テスト㉝ 139ページ

❶ (1)しちょうそん (2)しゅつじょう (3)ばい (4)けんとう (5)てん (6)まい (7)ちゃ (8)か (9)ば (10)みせばん (11)ひあ

❷ (1)地理 (2)肉食 (3)麦 (4)食 (5)上京 (6)山寺 (7)電気 (8)食 (9)社

ポイント

❶ (2)(9)「場」の異なる読み方に注意させましょう。
(4)「見当」は、見通しや予想という意味です。
(6)「米」を「まい」と読む熟語には、ほかに「白米」などがあります。
(8)「買」には「バイ」という音読みもあります。

❷ (1)「理」の左側の下の画は、右上にはらいます。
(4)「食」の最後の画は、右へはらいます。
(5)「上京」とは、地方から東京へ行くという意味です。
(9)「社(やしろ)」とは、神をまつってある建物のことです。

70 まとめの テスト㉞ 141ページ

❶ (1)り (2)にくしん (3)むぎ (4)しょくせいかつ (5)きょうにんぎょう (6)じしゃ (7)でん (8)く (9)てら (10)しゃ (11)にく

❷ (1)市場 (2)夜店 (3)米 (4)茶 (5)立場 (6)売 (7)市 (8)当 (9)売買

ポイント

❶ (2)「肉親」とは、親子や兄弟など、近い血縁関係にある人のことです。
(8)「食」には、「た(べる)」という訓読みもあります。

❷ (1)「市場」は「いちば」「しじょう」という二通りの読み方があります。
(3)「米」の真ん中の縦画は、はねずに止めます。
(4)「茶」の下の部分を「木」と書かないように注意させましょう。

71 まとめの テスト㉟ 143ページ

❶ (1)電 (2)店

❷
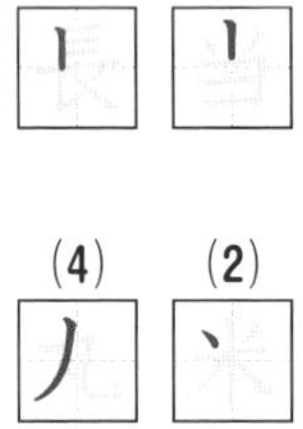

❸ (1)草、花、茶 (2)電、雲、雪

❹ (1)食べる (2)光る (3)晴れる

ポイント

❶ (1)「電話」「電力」「電車」という熟語ができます。
(2)「書店」「売店」「夜店」という熟語ができます。「店」は熟語によって「てん」「みせ」と読み方が変わることに注意させましょう。

❷ (1)真ん中の縦画を初めに書きます。

❸ (1)「くさかんむり」の漢字です。
(2)「あめかんむり」の漢字です。

72 まとめの テスト㊱ 145ページ

❶ (1)①はくまい ②こめ (2)①とう ②あ

❷ (1)弱 (2)近 (3)買 (4)外

❸ (1)イ (2)ウ (3)エ (4)ア

❹
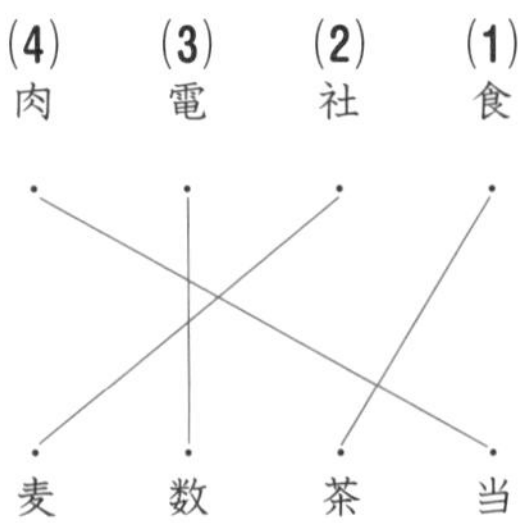

ポイント

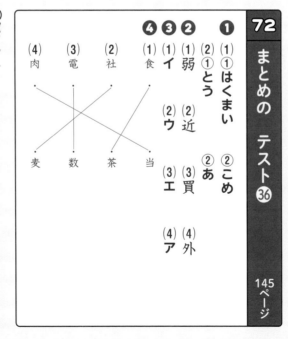

❶ 同じ漢字の異なる読み方です。いずれも①が音読み、②が訓読みです。

❷ (1)「強弱」、(2)「遠近」、(3)「売買」、(4)「内外」となります。

❸ (1)「市場」「朝市」「市内」という熟語ができます。
(2)「寺社」「山寺」「古寺」という熟語ができます。
(3)「肉食」「肉体」「肉親」という熟語ができます。
(4)「会場」「入場」「工場」という熟語ができます。

❹ (1)「食」と「茶」は九画です。
(2)「社」と「麦」は七画です。
(3)「電」と「数」は十三画です。
(4)「肉」と「当」は六画です。

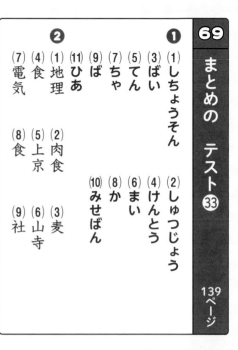

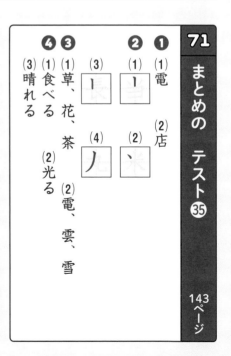

73 いろいろな どうぶつ

147ページ

❶ (1)子馬[小馬] (2)牛 (3)鳥 (4)馬車 (5)野鳥 (6)牛 (7)羽 (8)絵馬

(1)分野 (2)人里

まちがえたら、見直しましょう。≫121ページ

ポイント

❶ (1)「馬」の音読みは「バ」、訓読みは「うま」「ま」です。「バ」と読む熟語には、(4)の「馬車」のほか「乗馬」「馬力」などがあります。「ま」と読む熟語には、(8)の「絵馬」などがあります。
(2)「牛」の音読みは「ギュウ」、訓読みは「うし」です。「ギュウ」と読む熟語には、(6)の「牛にゅう(牛乳)」のほか「肉牛」などがあります。
(3)「鳥」の音読みは「チョウ」、訓読みは「とり」です。「チョウ」と読む熟語には、(5)の「野鳥」のほか「白鳥」などがあります。
(7)「羽」の訓読みは「は」「はね」です。「羽音」などの熟語があります。

74 魚つりを しよう

149ページ

❶ (1)池 (2)魚 (3)多 (4)金魚 (5)池 (6)会 (7)多数 (8)会話

(1)工場 (2)売

まちがえたら、見直しましょう。≫131ページ

ポイント

❶ (1)「池」の音読みは「チ」、訓読みは「いけ」です。「チ」と読む熟語には、「電池」などがあります。
(2)「魚」の音読みは「ギョ」、訓読みは「うお」「さかな」です。「ギョ」と読む熟語には、(4)の「金魚」のほか「人魚」などがあります。
(3)「多」の音読みは「タ」、訓読みは「おお(い)」です。「タ」と読む熟語には、(7)の「多数」のほか「多少」などがあります。
(6)「会」の音読みは「カイ」、訓読みは「あ(う)」です。「カイ」と読む熟語には、(8)の「会話」のほか「会社」などがあります。

75 科学の はっ見

151ページ

❶ (1)理科 (2)記 (3)新 (4)知 (5)科学 (6)記 (7)知 (8)新聞

(1)米国 (2)当番

まちがえたら、見直しましょう。≫133ページ

ポイント

❶ (1)「科」の音読みは「カ」です。(1)の「理科」、(5)の「科学」のほかに「科目」「教科」などの熟語があります。
(2)「記」の音読みは「キ」、訓読みは「しる(す)」です。「キ」と読む熟語には、(6)の「記号」のほか「記事」「記入」などがあります。
(3)「新」の音読みは「シン」、訓読みは「あたら(しい)」「あら(た)」です。「シン」と読む熟語には、(8)の「新聞」のほか「新品」などがあります。
(4)「知」の音読みは「チ」、訓読みは「し(る)」です。「チ」と読む熟語には、「知しき(知識)」のほか「知人」「通知」などがあります。

76 さむらいの 時だい

153ページ

❶ (1)刀 (2)弓矢 (3)古 (4)木刀 (5)弓 (6)古風 (7)矢 (8)古本

(1)理科 (2)肉体

まちがえたら、見直しましょう。≫135ページ

ポイント

❶ (1)「刀」の音読みは「トウ」、訓読みは「かたな」です。「トウ」と読む熟語には、(4)の「木刀」のほか「短刀」などがあります。
(2)「弓」の訓読みは「ゆみ」で、「弓矢」などの熟語があります。「矢」の訓読みは「や」で、(7)の「矢じるし(矢印)」などの熟語があります。
(3)「古」の音読みは「コ」、訓読みは「ふる(い)」「ふる(す)」です。「コ」と読む熟語には、(6)の「古風」のほか「古代」「中古」などがあります。

77 まとめのテスト㊲ 155ページ

❶ (1)ば (2)すいぎゅう (3)はくちょう[しらとり] (4)は (5)でんち (6)にんぎょ (7)た (8)かいけん (9)ことり (10)こうし (11)しらうお

❷ (1)教科書 (2)記入 (3)新 (4)刀 (5)弓矢 (6)古 (7)新年 (8)知 (9)中古

ポイント

❶ (2)(10)「牛」の異なる読み方に注意させましょう。
(3)(9)「鳥」の異なる読み方に注意させましょう。
(7)「多様」とは、さまざまな種類があり変化に富んでいるという意味です。
(11)「魚」には「うお」のほかに「さかな」という訓読みがあります。

❷ (1)「科」は、右側の二つの点の向きに注意させましょう。
(2)「記」の最後の画は、上にはねます。
(3)「新」には「あたら(しい)」「あら(た)」「にい」という訓読みがあります。
(8)「知」の左側は、四画目を上に突き出さないよう注意させましょう。

78 まとめのテスト㊳ 157ページ

❶ (1)こ (2)にっき (3)しんねん (4)つうち (5)とう (6)や (7)かもく (8)しる (9)あたら (10)し (11)き

❷ (1)竹馬 (2)牛 (3)水鳥 (4)羽音 (5)会 (6)古池 (7)小魚 (8)多 (9)会社

ポイント

❶ (2)(8)(11)「記」の異なる読み方に注意させましょう。
(4)(10)「知」の異なる読み方に注意させましょう。
(5)「刀」には「かたな」という訓読みがあります。

❷ (1)「馬」の六画目は、はねます。
(2)「牛」の四画目は、上へ突き出します。「午」と間違えないように注意させましょう。
(4)「羽」の三画目と六画目は、上向きにはねます。

79 まとめのテスト㊴ 159ページ

❶ 午→牛、力→刀
(順番はちがっていても○)

❷ (1)①きんぎょ ②こざかな (2)①やちょう ②みずどり (3)①こふう ②ふるほん

❸ (1)①地 ②池 (2)①汽 ②気 (3)①新 ②親

❹ (1)2 (2)6

ポイント

❶ 形の似ている漢字に注意させましょう。「牛」の四画目は、上に突き出します。「刀」の二画目は、上に突き出しません。

❷ 同じ漢字の異なる読み方です。いずれも①が音読み、②が訓読みです。

❸ 同じ音読みの漢字です。(1)「地」と「池」、(2)「汽」と「気」、(3)「新」と「親」は、音読みが同じで形も似ているので注意させましょう。

80 まとめのテスト㊵ 161ページ

❶ 電池、新聞、日記、理科
(順番はちがっていても○)

❷ (1)新しい (2)多い

❸ ①牛 ②馬 ③昼 ④海 ⑤魚 ⑥元気 ⑦会 ⑧楽

ポイント

❶「電」と熟語を作れるのは「池」、「聞」と熟語を作れるのは「新」というふうに、組み合わせていきましょう。

❷ それぞれ、送りがなも正しく書けるようにさせましょう。

81 そうふくしゅう＋先どり① 163ページ

❶ (1)晴 (2)多 (3)鳴 (4)岩 (5)切
❷ (1)新しい (2)長い (3)弱い (4)細い
❸ (1)ウ (2)ア (3)イ (4)エ
❹ (1)やす (2)きゃく (3)つぎ (4)おやゆび (5)としょがかり

ポイント

❶ 二つの漢字を、上下や左右に組み合わせてみて、できる漢字を考えます。
(1)左右に組み合わせて「晴」ができます。
(2)上下に組み合わせて「多」ができます。
(3)左右に組み合わせて「鳴」ができます。
(4)上下に組み合わせて「岩」ができます。
(5)左右に組み合わせて「切」ができます。

❷ 反対の意味の言葉は、セットで覚えるようにさせましょう。
(1)送りがなを「新らしい」などとしないように注意させましょう。

❸ (1)「台風」「洋風」「風車」という熟語ができます。
(2)「直線」「直前」「正直」という熟語ができます。
(3)「人形」「図形」「円形」という熟語ができます。
(4)「合計」「合図」「合体」という熟語ができます。

❹ 三年生で学習する漢字です。
(1)「安」の音読みは「アン」、訓読みは「やす(い)」です。「安心」「安全」などの熟語があります。
(2)「客」の音読みは「キャク」です。「来客」「客間」などの熟語があります。
(3)「次」の音読みは「ジ」、訓読みは「つ(ぐ)」「つぎ」です。「次回」「目次」などの熟語があります。左側は「冫」です。「氵」にしないようにしましょう。
(4)「指」の音読みは「シ」、訓読みは「ゆび」「さ(す)」です。「シ」と読む熟語には「指名」などがあります。「親指」は、「親」も「指」も訓読みで読む熟語です。
(5)「係」の音読みは「ケイ」、訓読みは「かか(る)」「かかり」です。「ケイ」と読む熟語には「かん係(関係)」などがあります。

82 そうふくしゅう＋先どり② 165ページ

❶ 思、絵、間、国
(順番はちがっていても〇)
❷ (1)①教 ②強 (2)①公 ②考
❸ (1)歩く (2)記す (3)答える (4)話す (5)聞く
❹ (1)あじ (2)ゆ (3)まも (4)たす (5)と

ポイント

❶ 「田」に組み合わせて漢字ができるのは「心」、というふうに、一つずつ組み合わせて確認させましょう。

❷ 同じ音読みの漢字です。それぞれの漢字の意味も考えて、熟語を覚えるようにさせましょう。
(2)①「公正」とは、公平で正しく、判断などがかたよっていないという意味です。

❸ 漢字だけでなく、送りがなまで正しく書けるようにさせましょう。

❹ 三年生で学習する漢字です。
(1)「味」の音読みは「ミ」、訓読みは「あじ」「あじ(わう)」です。「味方」「意味」などの熟語があります。右側の横画は下を長く書きます。「末」としないようにしましょう。
(2)「湯」の音読みは「トウ」、訓読みは「ゆ」です。右側を「易」としないようにしましょう。
(3)「守」の音読みは「シュ」「ス」、訓読みは「まも(る)」です。「シュ」と読む熟語には「守び(守備)」などがあります。
(4)「助」の音読みは「ジョ」、訓読みは「たす(ける)」「たす(かる)」です。「助言」「助走」などの熟語があります。
(5)「取」の音読みは「シュ」、訓読みは「と(る)」です。「シュ」と読む熟語には「取ざい(取材)」などがあります。左側は、五画目を右に突き出さないように注意させましょう。

83 そうふくしゅう＋先どり③ 167ページ

❶ (1)首・イ (2)頭・ウ (3)顔・ア

❷ (1)北 (2)夏 (3)明 (4)鳥

❸ (○をつけるところ)
(1)言 (2)交 (3)電 (4)形

❹ (1)畑 (2)氷 (3)住 (4)打 (5)平和

ポイント

❶ 体の部分を表す漢字を用いた慣用句です。意味と合わせて覚えるようにさせましょう。

❷ (1)(2)は、四つの漢字が対等に並ぶ構成の四字熟語です。
(3)「公明正大」は、公平でやましいところがないという意味です。
(4)「一石二鳥」は、一つの行為で二つの利益を得るという意味です。

❸ 同じ音読みの漢字です。それぞれの漢字を用いる熟語と合わせて確認しておきましょう。
(1)「元」を使った熟語には「元気」などがあります。
(2)「広」を使った熟語には「広野」などがあります。
(3)「田」を使った熟語には「水田」などがあります。
(4)「計」を使った熟語には「計算」などがあります。

❹ 三年生で学習する漢字です。
(1)「畑」の訓読みは「はた」「はたけ」で、音読みはありません。
(2)「氷」の音読みは「ヒョウ」、訓読みは「こおり」です。「氷山」「流氷」などの熟語があります。真ん中の縦画を一画目に書き、総画数は五画です。
(3)「住」の音読みは「ジュウ」、訓読みは「す(む)」「す(まう)」です。「ジュウ」と読む熟語には「住所」などがあります。
(4)「打」の音読みは「ダ」、訓読みは「う(つ)」です。二画目・五画目の縦画は、はねます。
(5)「平」には「ヘイ」のほかに「ビョウ」という音読みもあり、「平等」などの熟語があります。訓読みは「たい(ら)」「ひら」です。四画目の横画は、一画目よりも長く書きます。

漢字ギガドリル　小学2年　さくいん

二年生で習うすべての漢字を、音読みの五十音順に並べています。音読みを小学校で習わない漢字や、訓読みしかない漢字は、訓読みで並べています。

小学二年生のかん字（じ） 160字

※「—」は音読みまたは訓読みの読みがないことを表します。

姉 (シ) あね	家 カ ケ いえ や	外 ガイ (ゲ) そと ほか はずす はずれる	汽 キ —	兄 (ケイ) キョウ あに	古 コ ふるい ふるす	行 コウ ギョウ (アン) いく ゆく おこなう	才 サイ —	自 ジ シ みずから	週 シュウ —
妹 (マイ) いもうと	夏 カ (ゲ) なつ	角 カク かど つの	記 キ しるす	近 キン ちかい	午 ゴ —	交 コウ まじわる・まじえる・まじる・まざる・まぜる(かう・かわす)	細 サイ ほそい ほそる こまか こまかい	寺 ジ てら	春 シュン はる
引 イン ひく ひける	歌 カ うた うたう	楽 ガク ラク たのしい たのしむ	帰 キ かえる かえす	形 ケイ ギョウ かた かたち	後 ゴ コウ のち うしろ あと (おくれる)	光 コウ ひかる ひかり	作 サク サ つくる	時 ジ とき	書 ショ かく
雲 ウン くも	画 ガ カク —	活 カツ —	牛 ギュウ うし	計 ケイ はかる はからう	語 ゴ かたる かたらう	高 コウ たかい たか たかまる たかめる	算 サン —	室 シツ (むろ)	少 ショウ すくない すこし
園 エン (その)	回 カイ (エ) まわる まわす	間 カン ケン あいだ ま	魚 ギョ うお さかな	元 ゲン ガン もと	工 コウ ク —	合 ゴウ ガッ カッ あう あわす あわせる	止 シ とまる とめる	社 シャ やしろ	場 ジョウ ば
遠 エン (オン) とおい	会 カイ (エ) あう	丸 ガン まる まるい まるめる	京 キョウ (ケイ) —	言 ゲン ゴン いう こと	公 コウ (おおやけ)	国 コク くに	市 シ いち	弱 ジャク よわい よわる よわまる よわめる	色 ショク シキ いろ
黄 (コウ) オウ き (こ)	海 カイ うみ	岩 ガン いわ	強 キョウ (ゴウ) つよい つよまる つよめる (しいる)	原 ゲン はら	広 コウ ひろい ひろまる ひろめる ひろがる ひろげる	黒 コク くろ くろい	思 シ おもう	首 シュ くび	食 ショク (ジキ) くう (くらう) たべる
科 カ —	絵 カイ エ —	顔 ガン かお	教 キョウ おしえる おそわる	戸 コ と	考 コウ かんがえる	今 コン (キン) いま	紙 シ かみ	秋 シュウ あき	心 シン こころ

友 ユウ とも	麦 (バク) むぎ	聞 ブン (モン) きく きこえる	馬 バ うま ま	同 ドウ おなじ	点 テン ―	茶 チャ (サ) ―	太 タイ タ ふとい ふとる	切 セツ (サイ) きる きれる	新 シン あたらしい あらた にい
弓 (キュウ) ゆみ	明 メイ・ミョウ あかり・あかるい・あかるむ・あからむ・あきらか・あける・あく・あくる・あかす	米 ベイ マイ こめ	売 バイ うる うれる	道 ドウ (トウ) みち	電 デン ―	昼 チュウ ひる	体 タイ (テイ) からだ	雪 セツ ゆき	親 シン おや したしい したしむ
用 ヨウ もちいる	鳴 メイ なく なる ならす	歩 ホ (ブ) (フ) あるく あゆむ	買 バイ かう	読 ドク トク トウ よむ	刀 トウ かたな	長 チョウ ながい	台 ダイ タイ ―	船 セン ふね ふな	図 ズ ト (はかる)
曜 ヨウ ―	毛 モウ け	母 ボ はは	半 ハン なかば	内 ナイ (ダイ) うち	冬 トウ ふゆ	鳥 チョウ とり	弟 (テイ) ダイ (デ) おとうと	線 セン ―	数 スウ (ス) かず かぞえる
来 ライ くる (きたる) (きたす)	門 モン (かど)	方 ホウ かた	番 バン ―	何 (カ) なに なん	当 トウ あたる あてる	朝 チョウ あさ	谷 (コク) たに	前 ゼン まえ	西 セイ サイ にし
里 リ さと	矢 (シ) や	北 ホク きた	父 フ ちち	南 ナン (ナ) みなみ	東 トウ ひがし	直 チョク ジキ ただちに なおす なおる	地 チ ジ ―	組 ソ くむ くみ	声 セイ (ショウ) こえ (こわ)
理 リ ―	夜 ヤ よ よる	毎 マイ ―	風 フウ (フ) かぜ かざ	肉 ニク ―	答 トウ こたえる こたえ	通 ツウ (ツ) とおる とおす かよう	池 チ いけ	走 ソウ はしる	星 セイ (ショウ) ほし
話 ワ はなす はなし	野 ヤ の	万 マン (バン) ―	分 ブン・フン ブ わける わかれる わかる わかつ	羽 (ウ) は はね	頭 トウ ズ (ト) あたま (かしら)	店 テン みせ	知 チ しる	多 タ おおい	晴 セイ はれる はらす